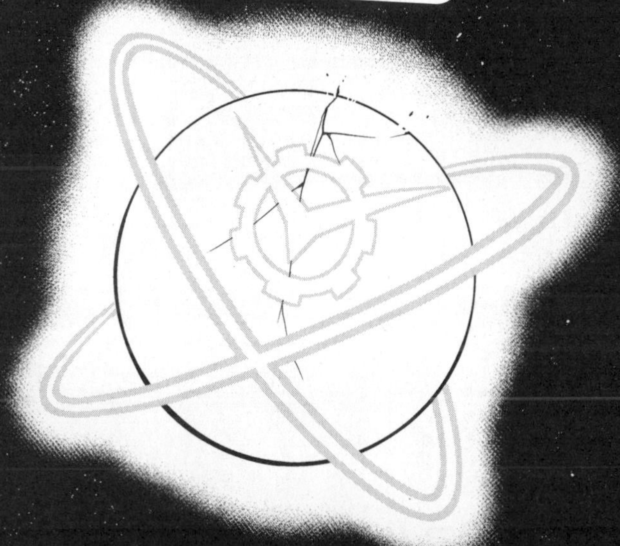

SUPER DRAGONBALL HEROES

Mission Dunkles Dämonenreich!

3

VOLLSTÄNDIGES WIEDERERWACHEN

YOSHITAKA NAGAYAMA

CHARAKTERVORSTELLUNG

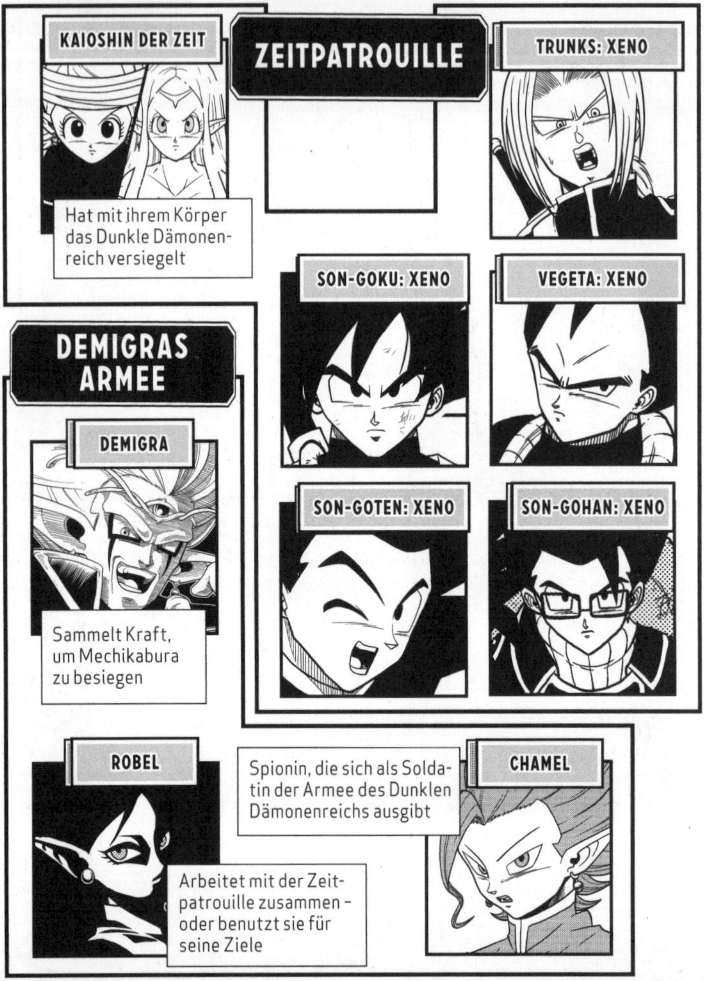

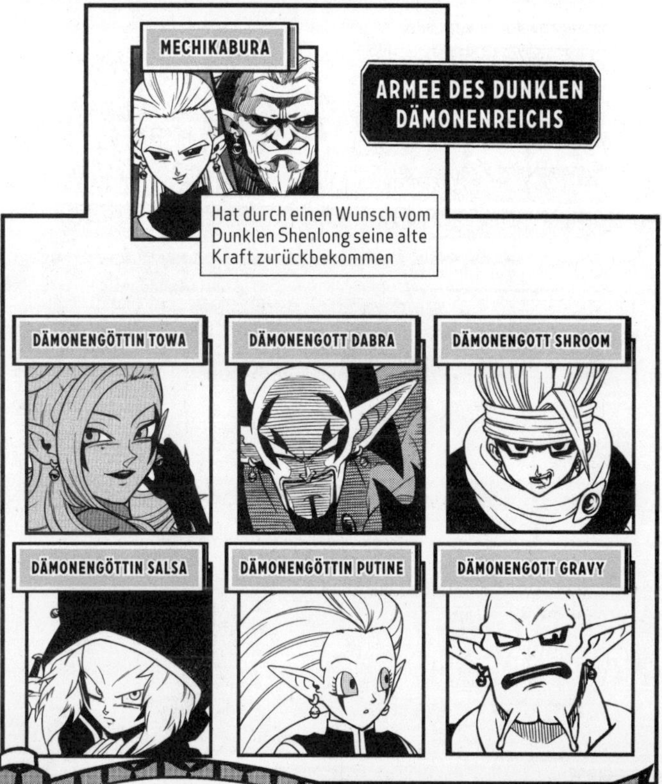

WAS BISHER GESCHAH

Weil Trunks eine Zeitmaschine benutzt hat, zitiert ihn die Kaioshin der Zeit zu sich und macht ihn zu einem Mitglied der Zeitpatrouille. Son-Goku und die anderen Xeno-Krieger sind auch dabei!
Zur selben Zeit plant Mechikabura, der Boss des Dunklen Dämonenreichs, dieses wiedererwachen zu lassen, und will zu diesem Zweck die »sieben dunklen Dragon Balls« zusammenbekommen… Als die Kaioshin der Zeit das bemerkt, beruft sie die Zeitpatrouille ein.

Doch Mechikabura hat bereits alle dunklen Dragon Balls in die Hände bekommen und wünscht sich vom Dunklen Shenlong, dass seine alte Kraft wiederhergestellt werden soll. Kurz vor Vollendung der Zeremonie kämpft die Zeitpatrouille gegen die Dämonengötter, um der Kaioshin der Zeit Rückendeckung zu geben. Beim Dunklen Dämonenreich angekommen, schafft diese es mithilfe des Zeitlabyrinths, Mechikabura zu versiegeln! Doch leider ist nun auch sie selbst versiegelt… Kurz bevor sie gemeinsam mit dem Dunklen Dämonenreich verschwindet, ruft sie Trunks noch ein paar Abschiedsworte zu…

Super Dragonball Heroes

Mission Dunkles Dämonenreich!

3 Vollständiges Wiedererwachen

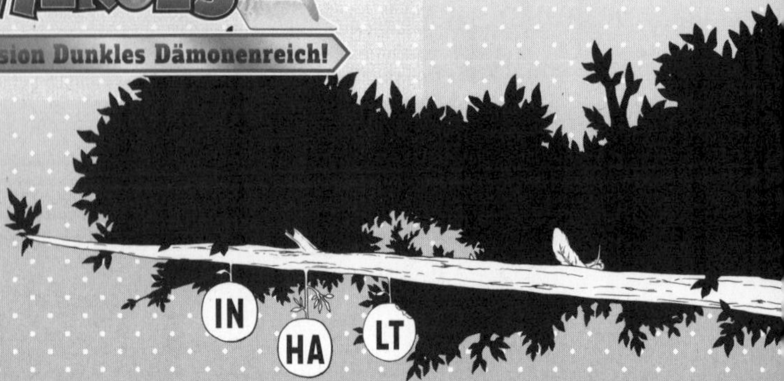

Inhalt

Kapitel 12 Vollständiges Wiedererwachen ____ 5

Kapitel 13 Gogeta vs. Dunkler Gogeta ____ 36

Kapitel 14 Das Tor zur Hölle ____ 68

Kapitel 15 Das Schlüsselschwert ____ 98

Kapitel 16 Göttliche Kraft ____ 130

Kapitel 17 Der letzte Kampf ____ 162

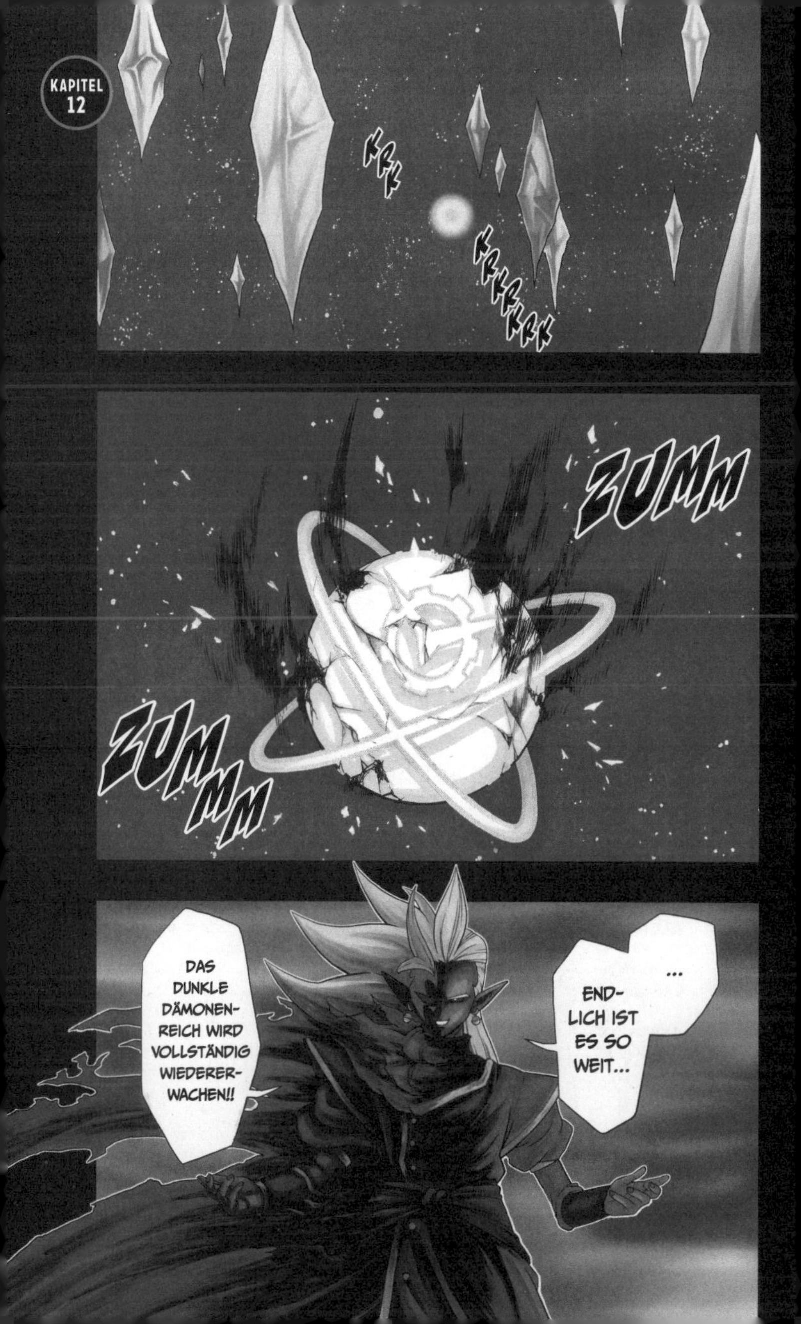
KAPITEL 12
KRK
KRKRKRKRK
ZUMM
ZUMMM
... ENDLICH IST ES SO WEIT...
DAS DUNKLE DÄMONENREICH WIRD VOLLSTÄNDIG WIEDERERWACHEN!!

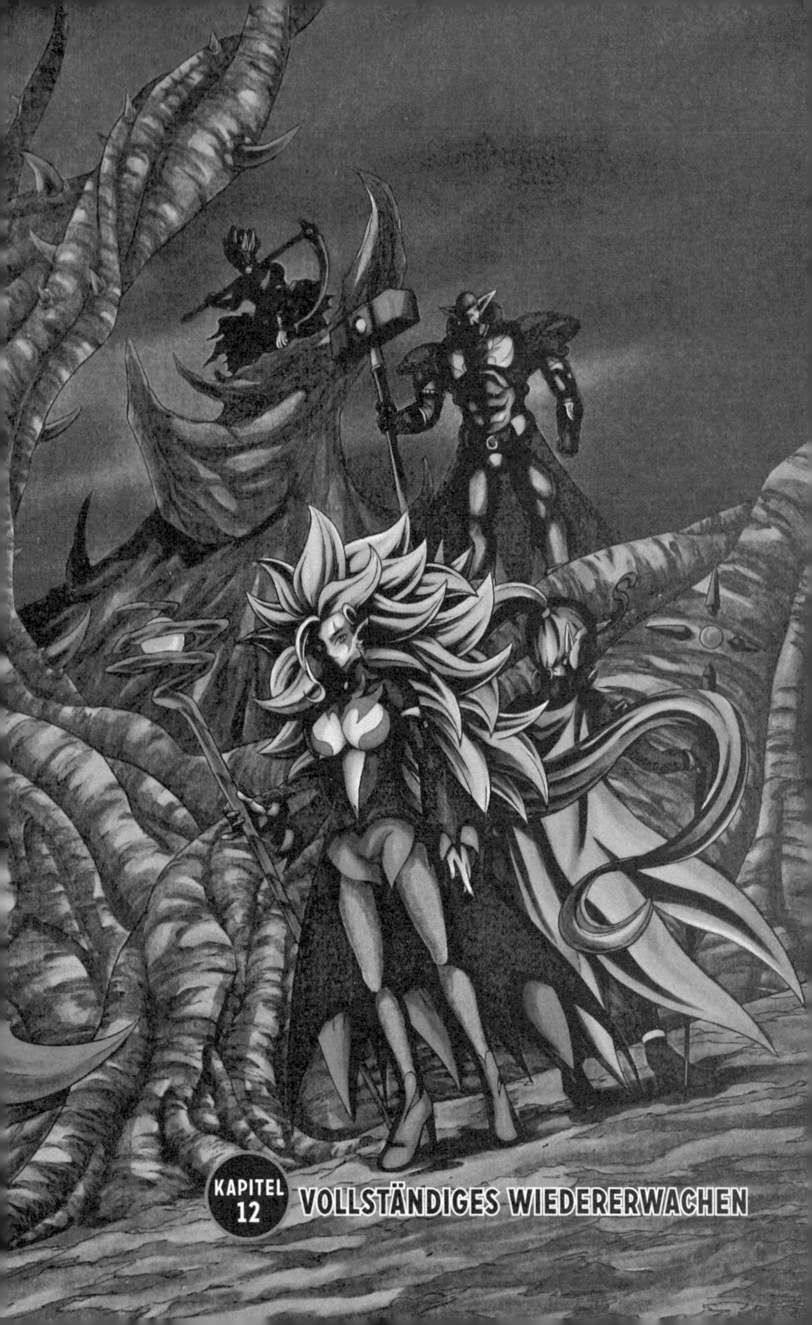
KAPITEL 12
VOLLSTÄNDIGES WIEDERERWACHEN

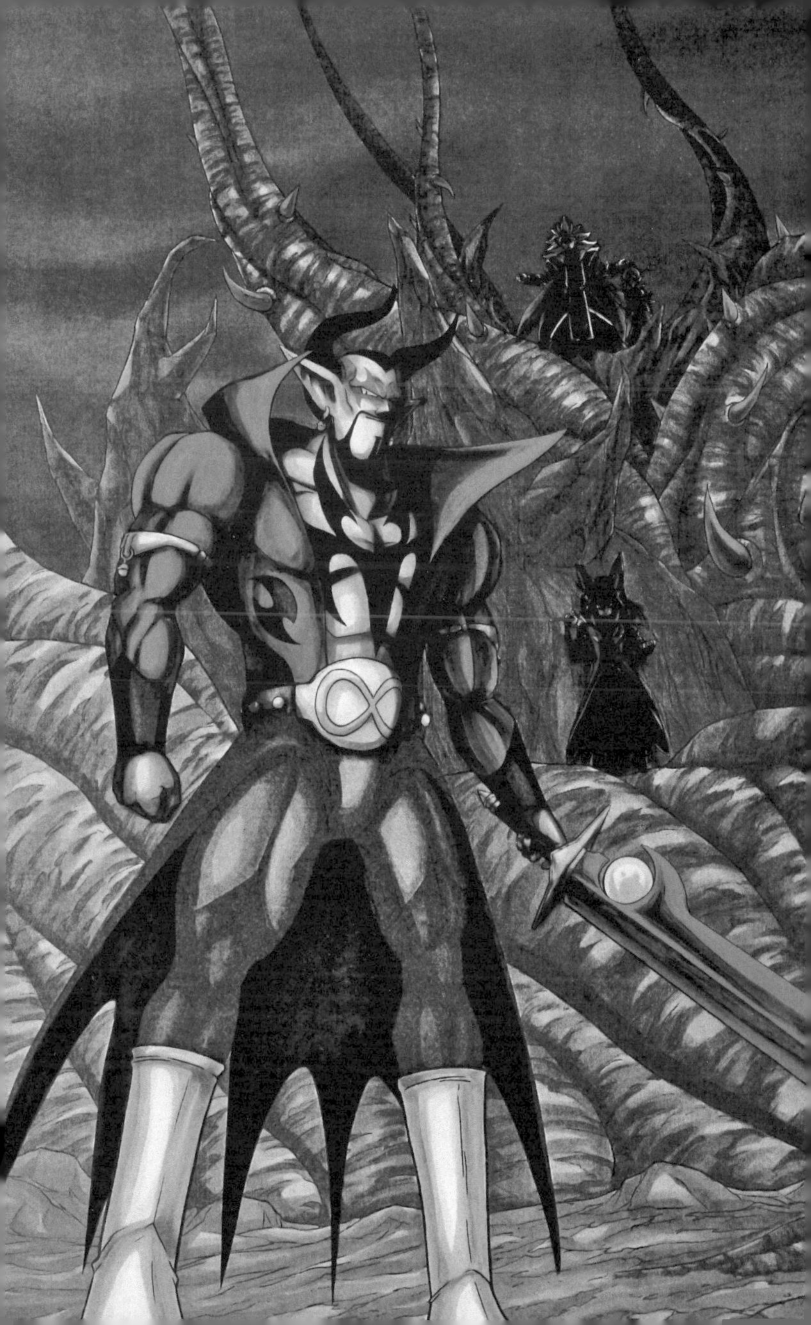

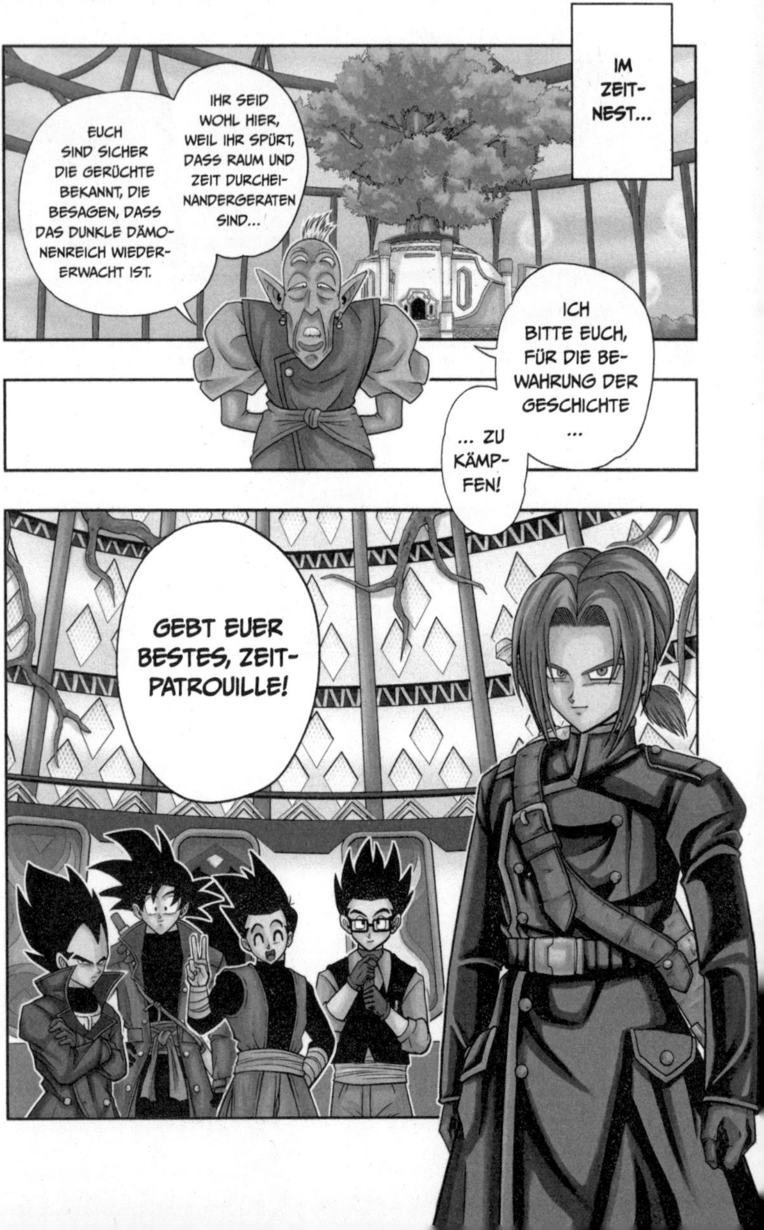
IM ZEIT-NEST...
EUCH SIND SICHER DIE GERÜCHTE BEKANNT, DIE BESAGEN, DASS DAS DUNKLE DÄMONENREICH WIEDERERWACHT IST.
IHR SEID WOHL HIER, WEIL IHR SPÜRT, DASS RAUM UND ZEIT DURCHEINANDERGERATEN SIND...
ICH BITTE EUCH, FÜR DIE BEWAHRUNG DER GESCHICHTE ...
... ZU KÄMPFEN!
GEBT EUER BESTES, ZEIT-PATROUILLE!

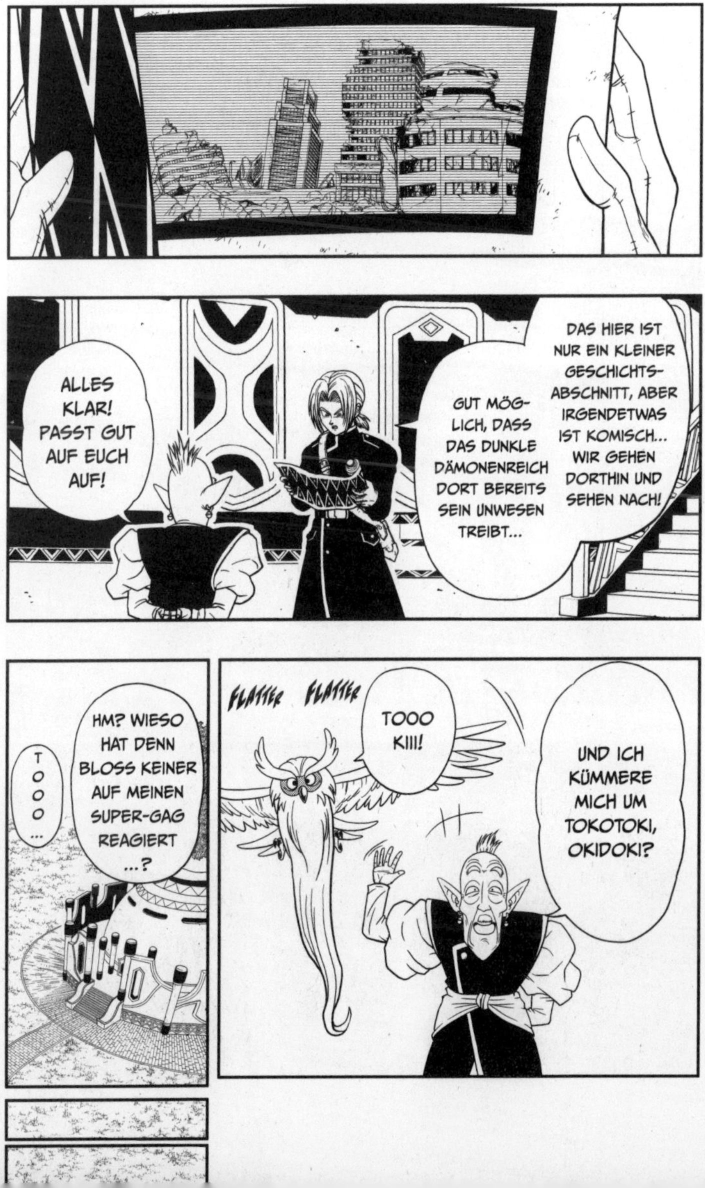
DAS HIER IST NUR EIN KLEINER GESCHICHTS-ABSCHNITT, ABER IRGENDETWAS IST KOMISCH... WIR GEHEN DORTHIN UND SEHEN NACH!
GUT MÖG-LICH, DASS DAS DUNKLE DÄMONENREICH DORT BEREITS SEIN UNWESEN TREIBT...
ALLES KLAR! PASST GUT AUF EUCH AUF!
UND ICH KÜMMERE MICH UM TOKOTOKI, OKIDOKI?
TOOO KIII!
FLATTER FLATTER
HM? WIESO HAT DENN BLOSS KEINER AUF MEINEN SUPER-GAG REAGIERT ...?
TOOO ...

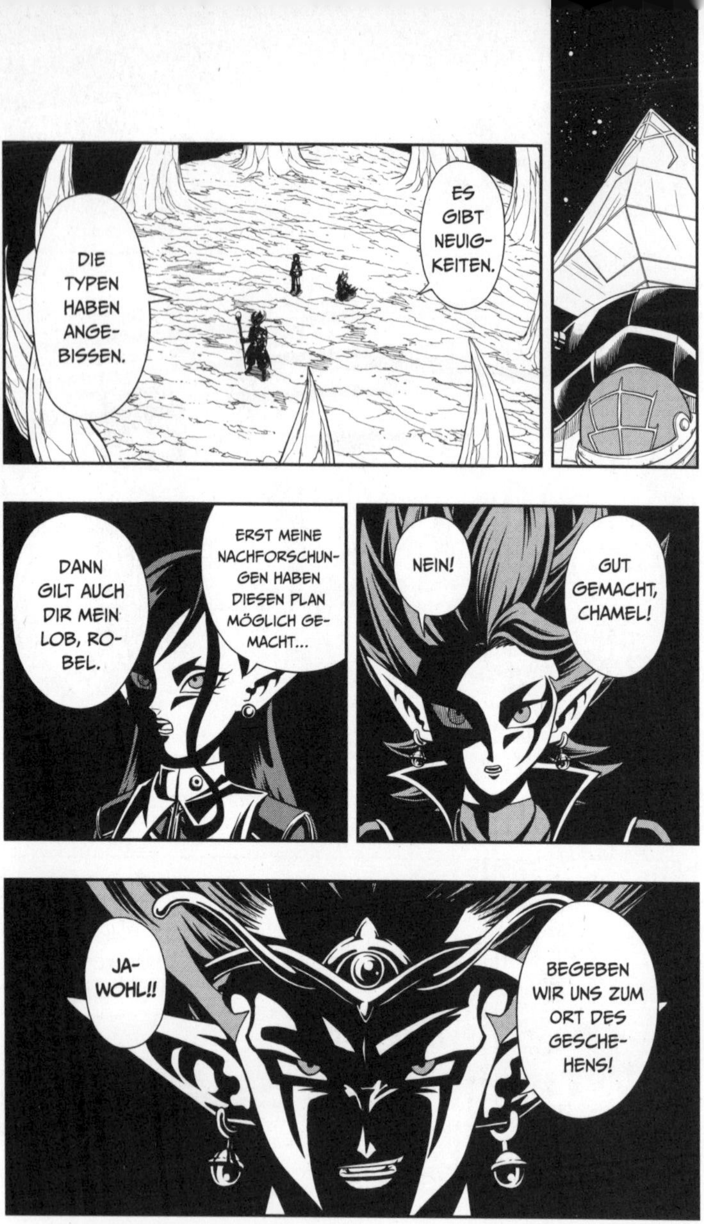
ES GIBT NEUIGKEITEN.
DIE TYPEN HABEN ANGEBISSEN.
GUT GEMACHT, CHAMEL!
NEIN!
ERST MEINE NACHFORSCHUNGEN HABEN DIESEN PLAN MÖGLICH GEMACHT...
DANN GILT AUCH DIR MEIN LOB, ROBEL.
BEGEBEN WIR UNS ZUM ORT DES GESCHEHENS!
JAWOHL!!

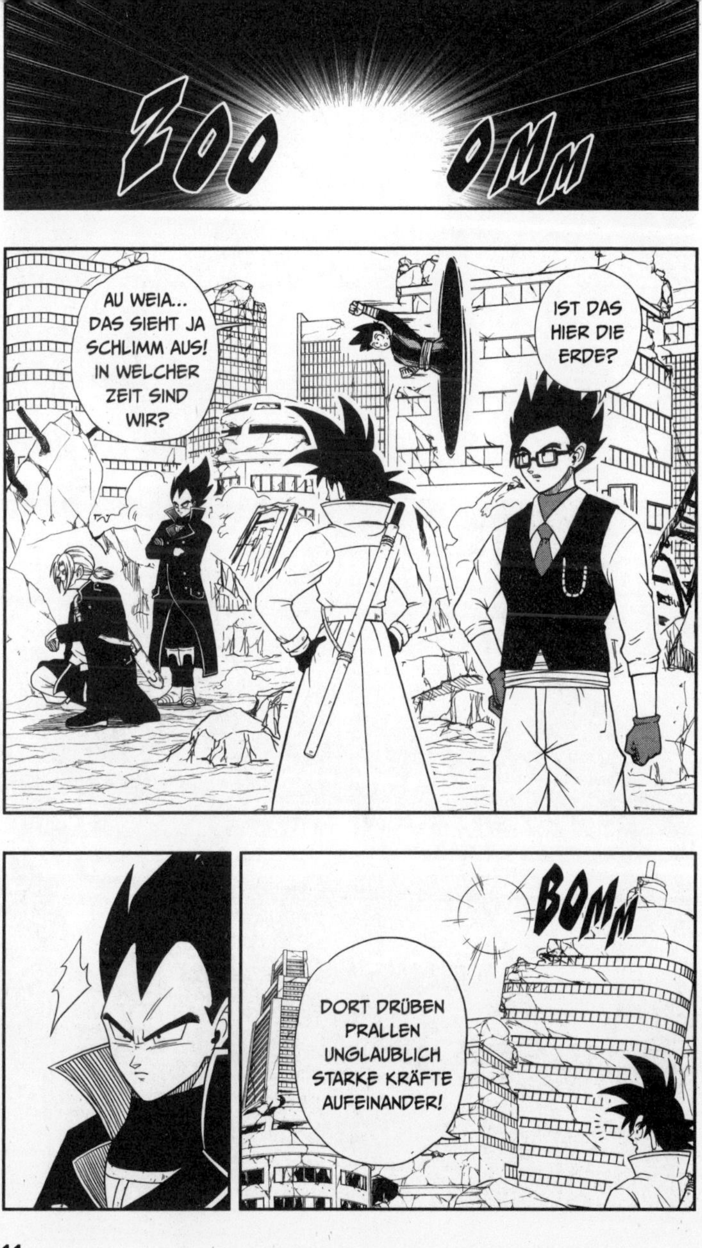
ZOOOMM
AU WEIA... DAS SIEHT JA SCHLIMM AUS! IN WELCHER ZEIT SIND WIR?
IST DAS HIER DIE ERDE?
BOMM
DORT DRÜBEN PRALLEN UNGLAUBLICH STARKE KRÄFTE AUFEINANDER!

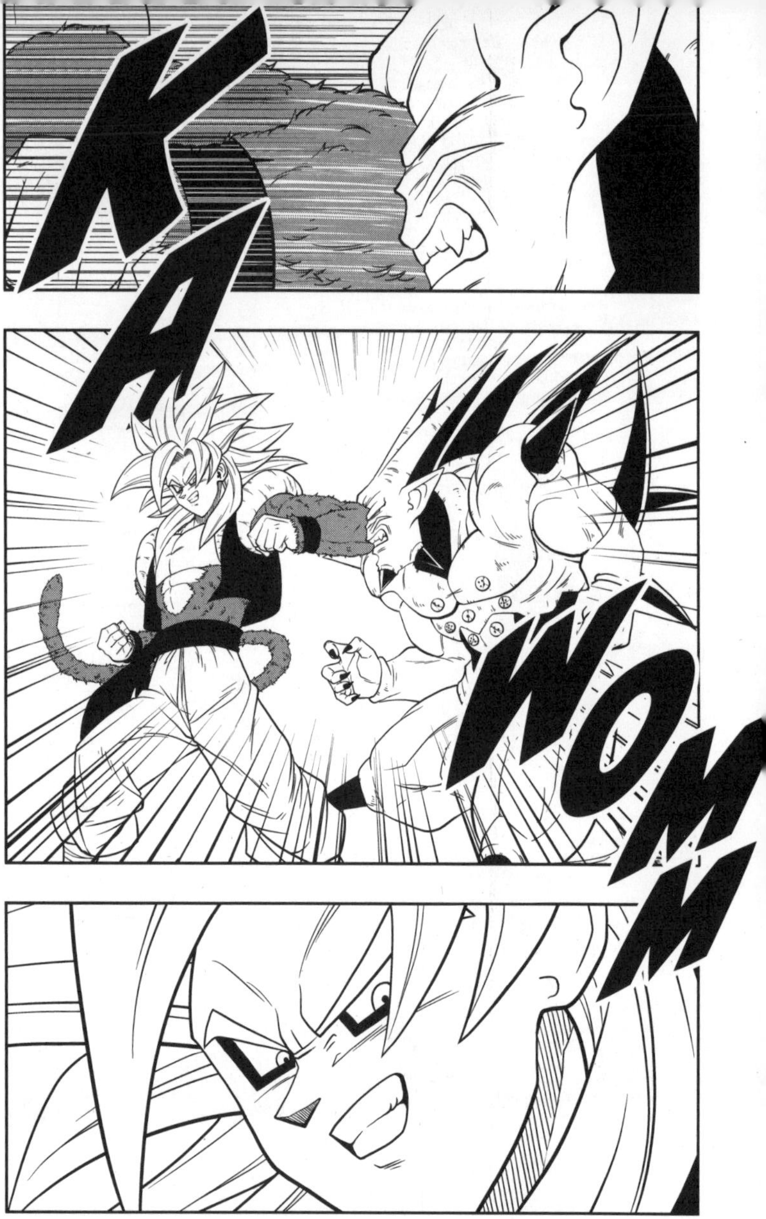
KAA
WOMM

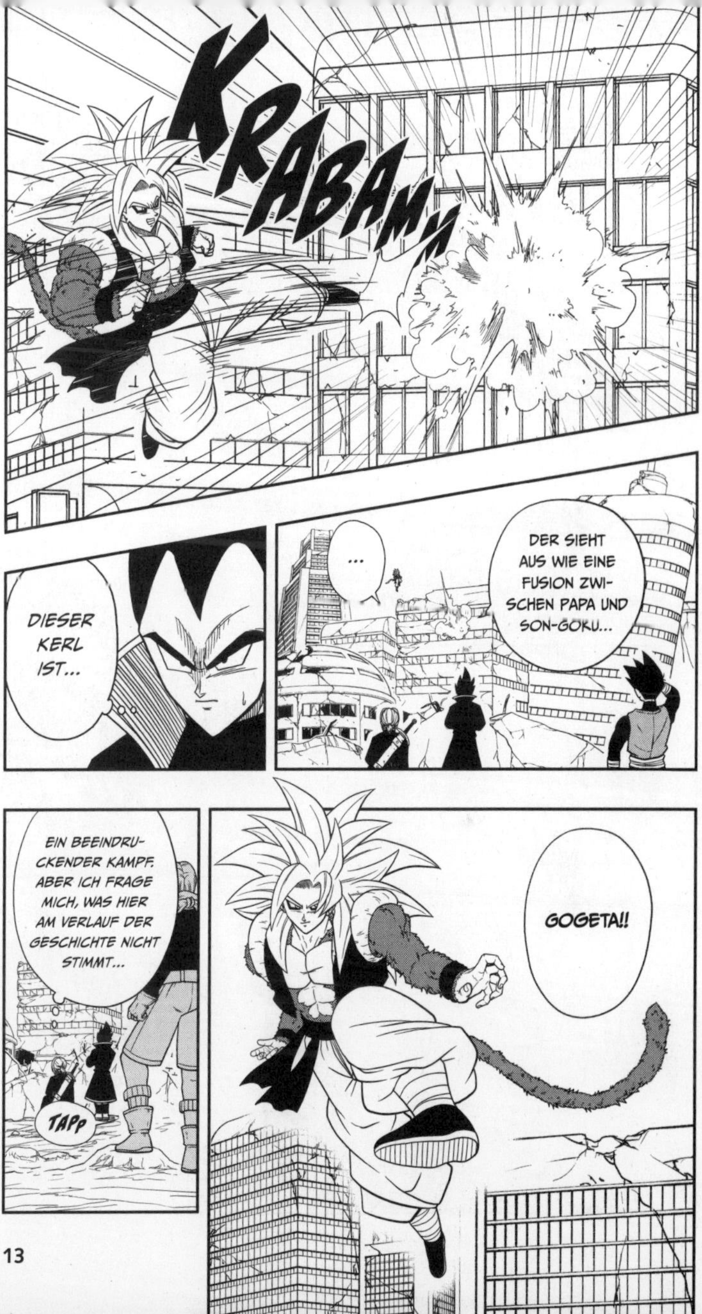
KRABAMM
DER SIEHT AUS WIE EINE FUSION ZWI-SCHEN PAPA UND SON-GOKU...
...
DIESER KERL IST...
GOGETA!!
EIN BEEINDRU-CKENDER KAMPF. ABER ICH FRAGE MICH, WAS HIER AM VERLAUF DER GESCHICHTE NICHT STIMMT...
TAPP

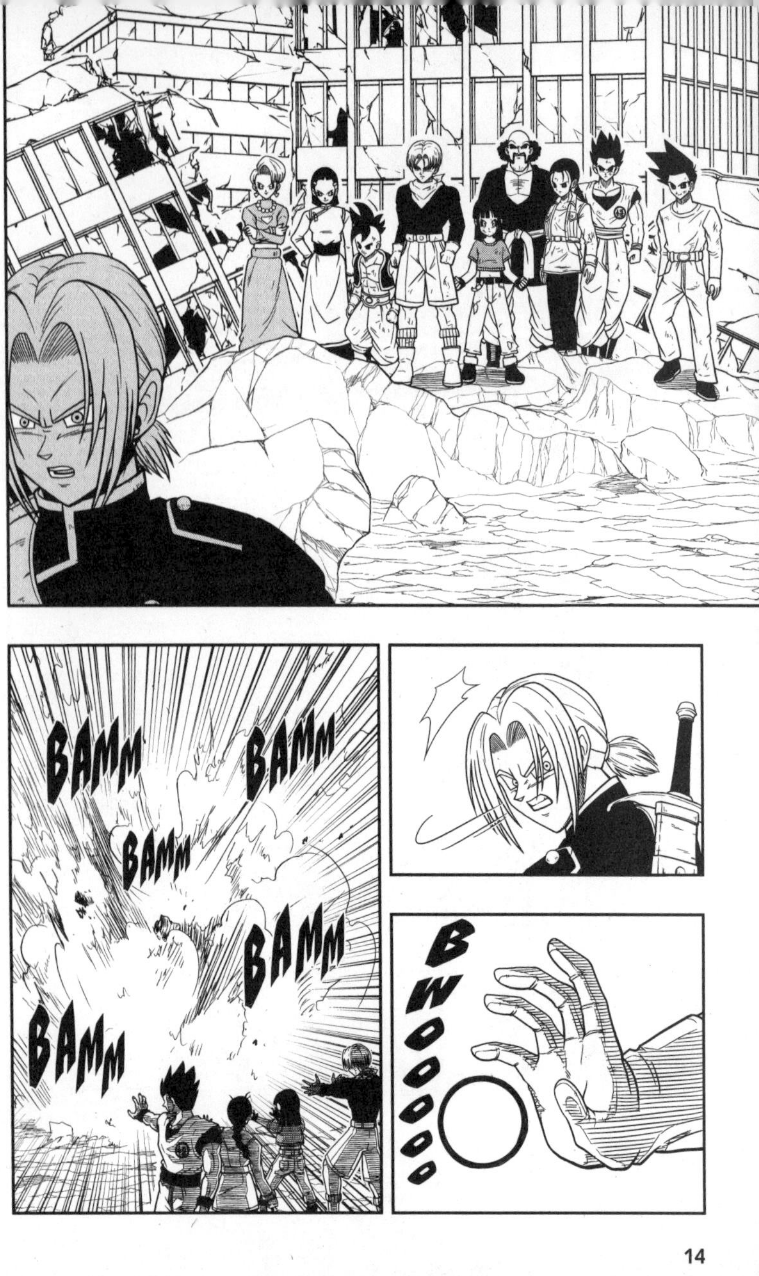
BWOOOOO
BAMM
BAMM
BAMM
BAMM
BAMM

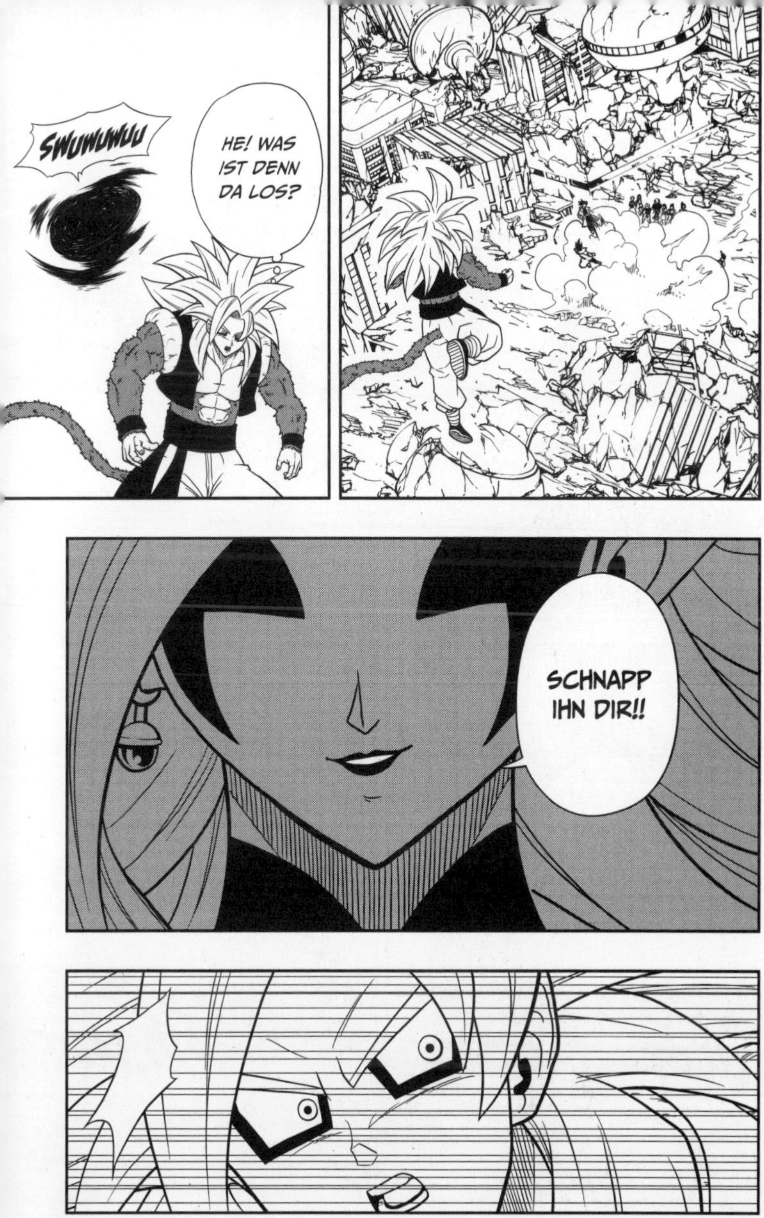
SWUWUWU
HE! WAS IST DENN DA LOS?
SCHNAPP IHN DIR!!

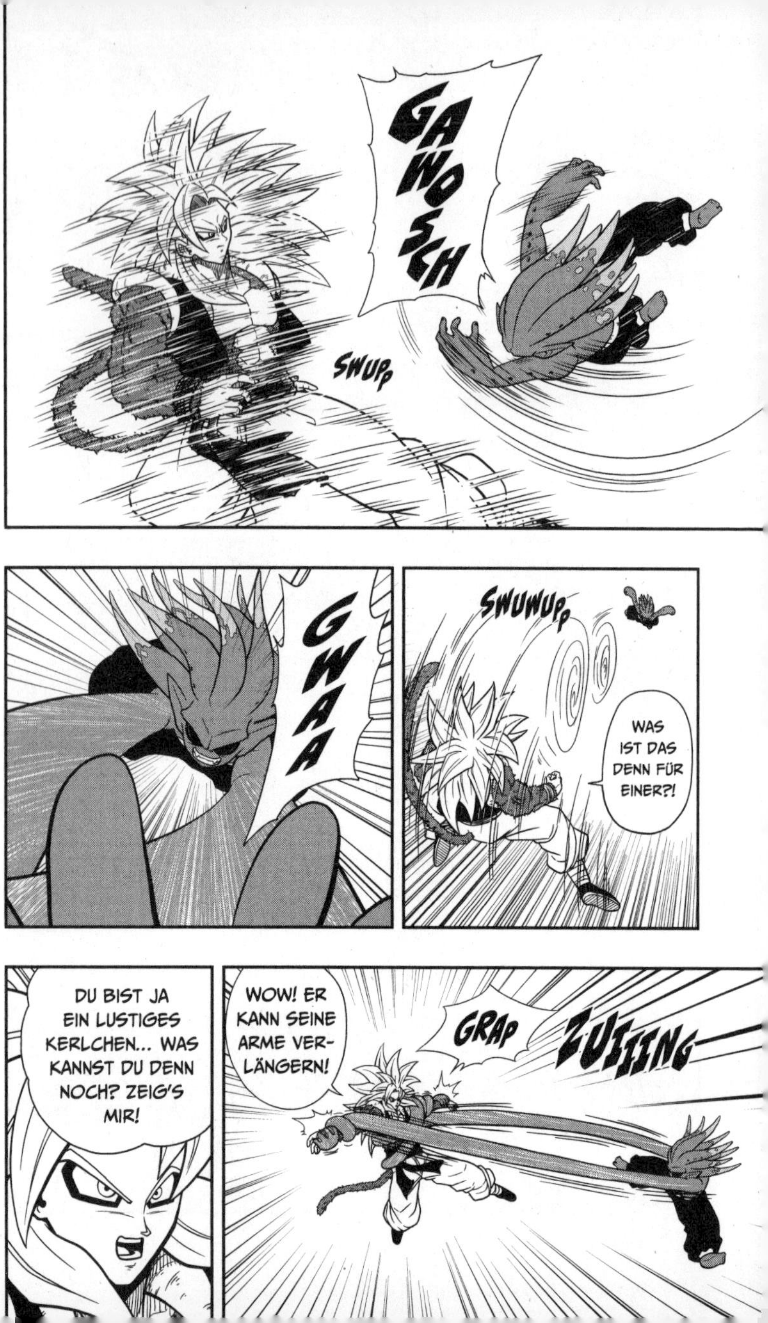
GAWOSCH
SWUPP
SWUWUPP
WAS IST DAS DENN FÜR EINER?!
GWAAA
WOW! ER KANN SEINE ARME VERLÄNGERN!
GRAP
ZUIIING
DU BIST JA EIN LUSTIGES KERLCHEN... WAS KANNST DU DENN NOCH? ZEIG'S MIR!

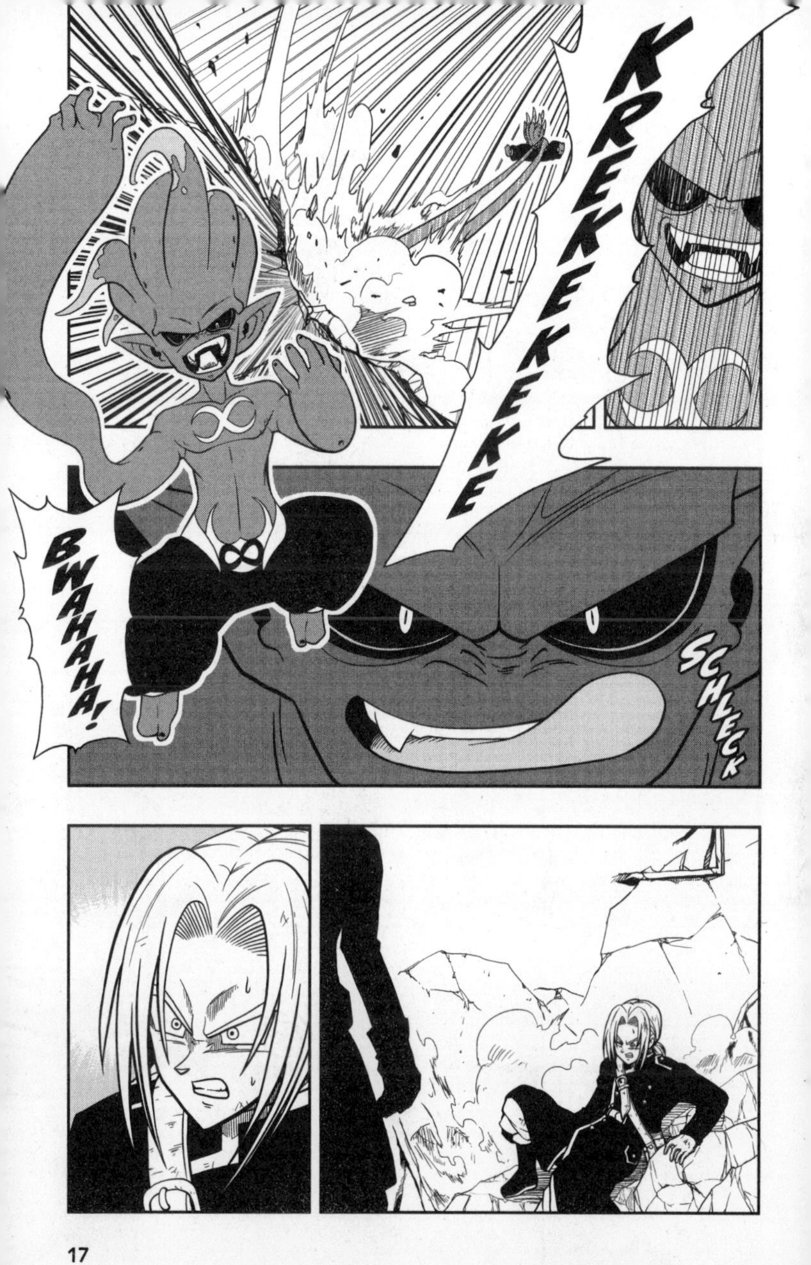
KREKEKEKEKE
BWAHAHAHA!
SCHLECK

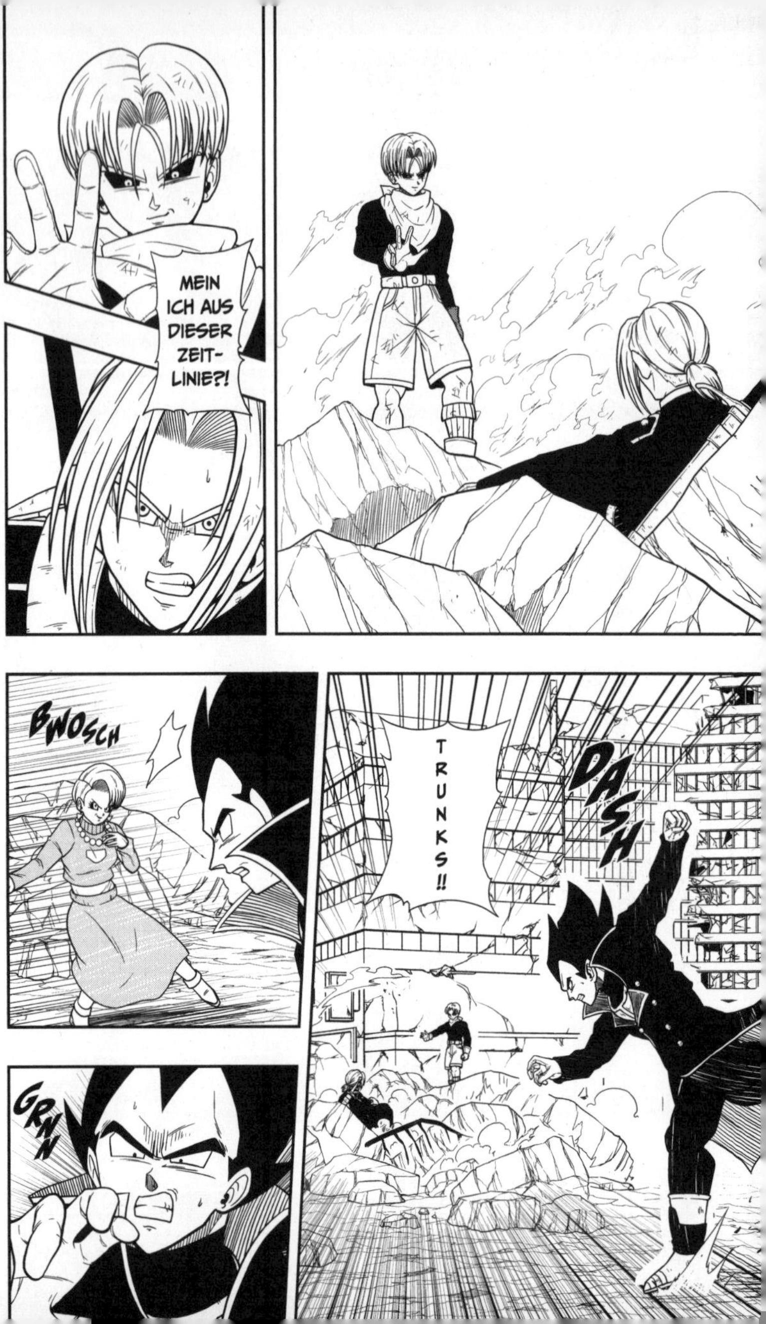
MEIN ICH AUS DIESER ZEIT-LINIE?!
TRUNKS!!
DASH
BWOSCH
GRNN

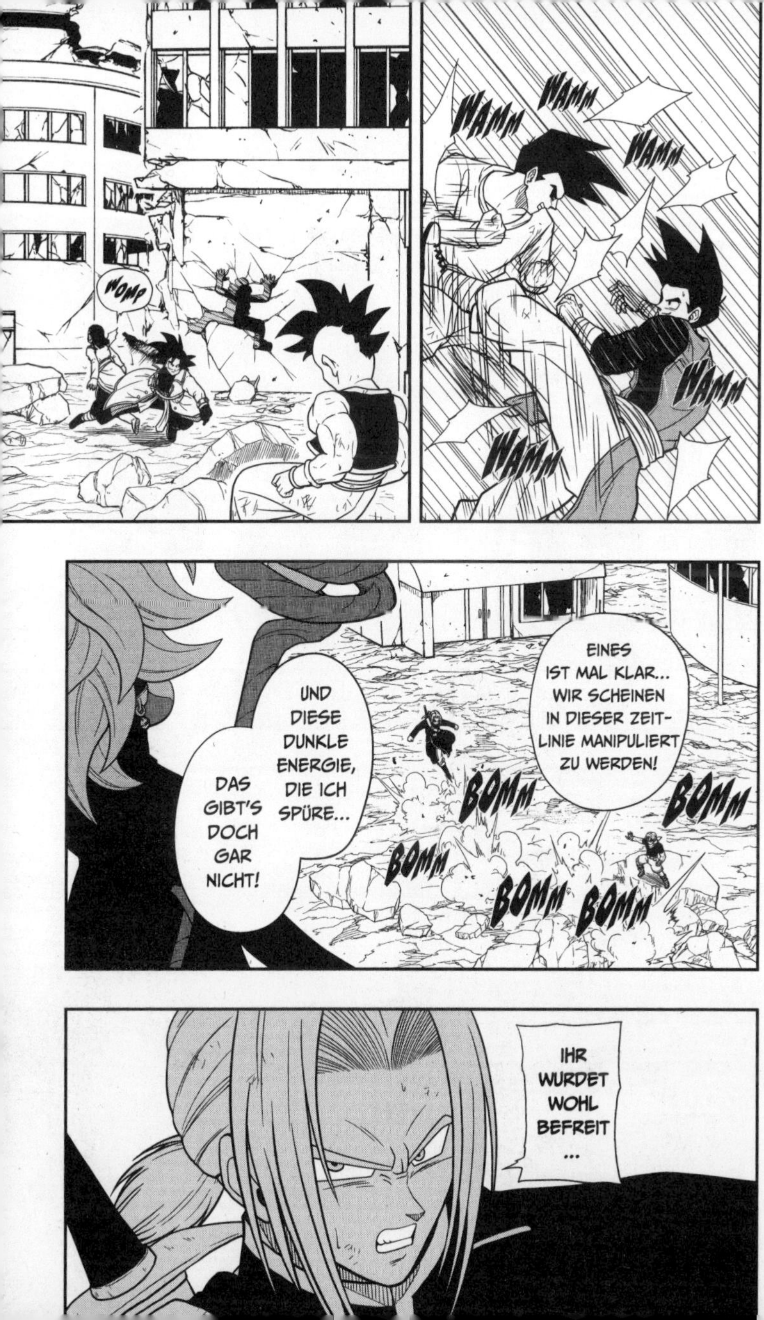
WAMM
WAMM
WAMM
WAMM
WAMM
WOMP
EINES IST MAL KLAR... WIR SCHEINEN IN DIESER ZEIT-LINIE MANIPULIERT ZU WERDEN!
BOMM
BOMM
BOMM
BOMM
BOMM
UND DIESE DUNKLE ENERGIE, DIE ICH SPÜRE...
DAS GIBT'S DOCH GAR NICHT!
IHR WURDET WOHL BEFREIT ...

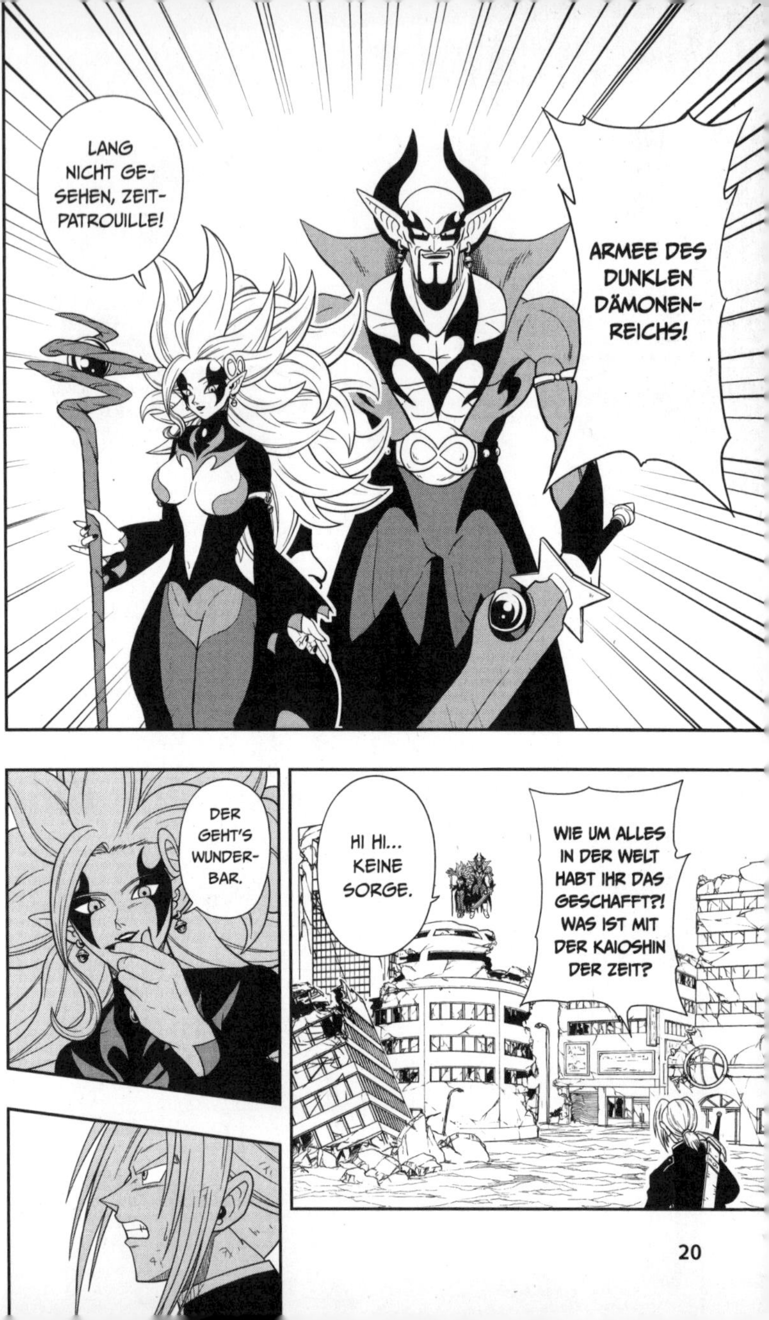
ARMEE DES DUNKLEN DÄMONEN-REICHS!
LANG NICHT GE-SEHEN, ZEIT-PATROUILLE!
WIE UM ALLES IN DER WELT HABT IHR DAS GESCHAFFT?! WAS IST MIT DER KAIOSHIN DER ZEIT?
HI HI... KEINE SORGE.
DER GEHT'S WUNDER-BAR.

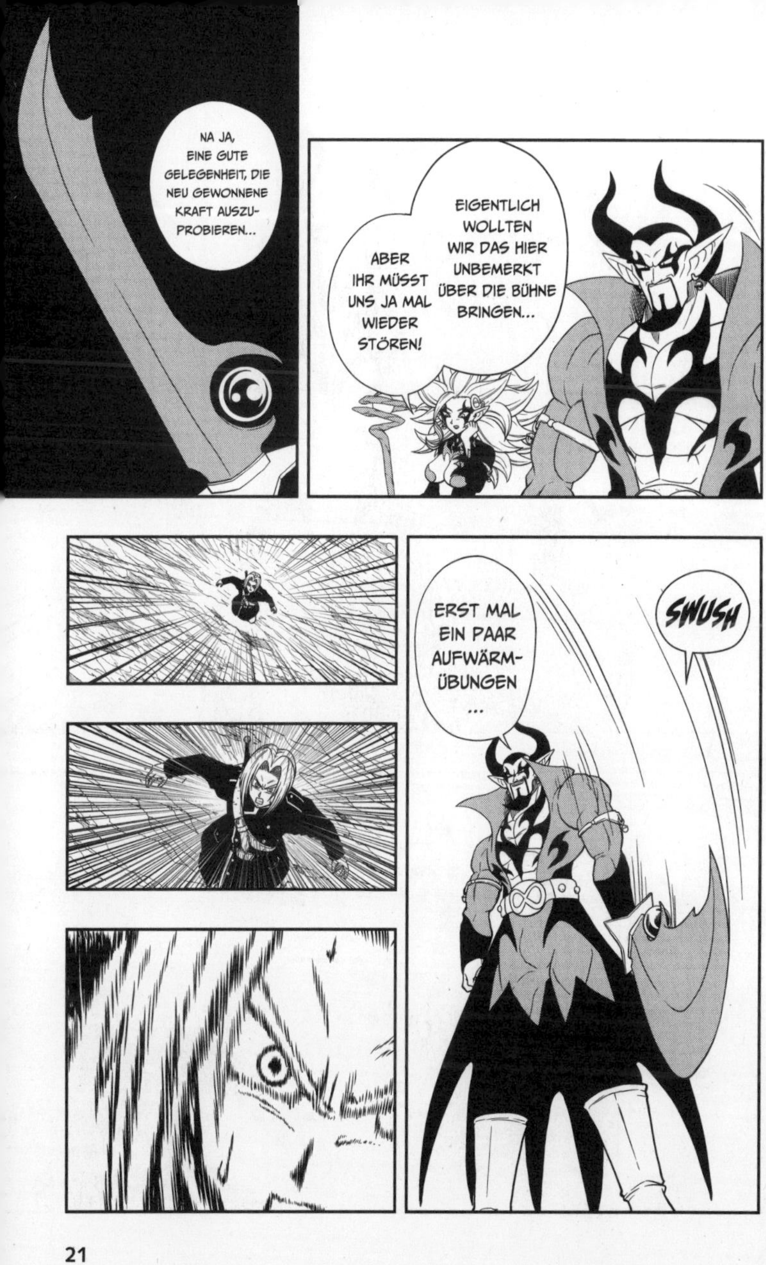
NA JA, EINE GUTE GELEGENHEIT, DIE NEU GEWONNENE KRAFT AUSZU-PROBIEREN...
EIGENTLICH WOLLTEN WIR DAS HIER UNBEMERKT ÜBER DIE BÜHNE BRINGEN...
ABER IHR MÜSST UNS JA MAL WIEDER STÖREN!
ERST MAL EIN PAAR AUFWÄRM-ÜBUNGEN ...
SWUSH

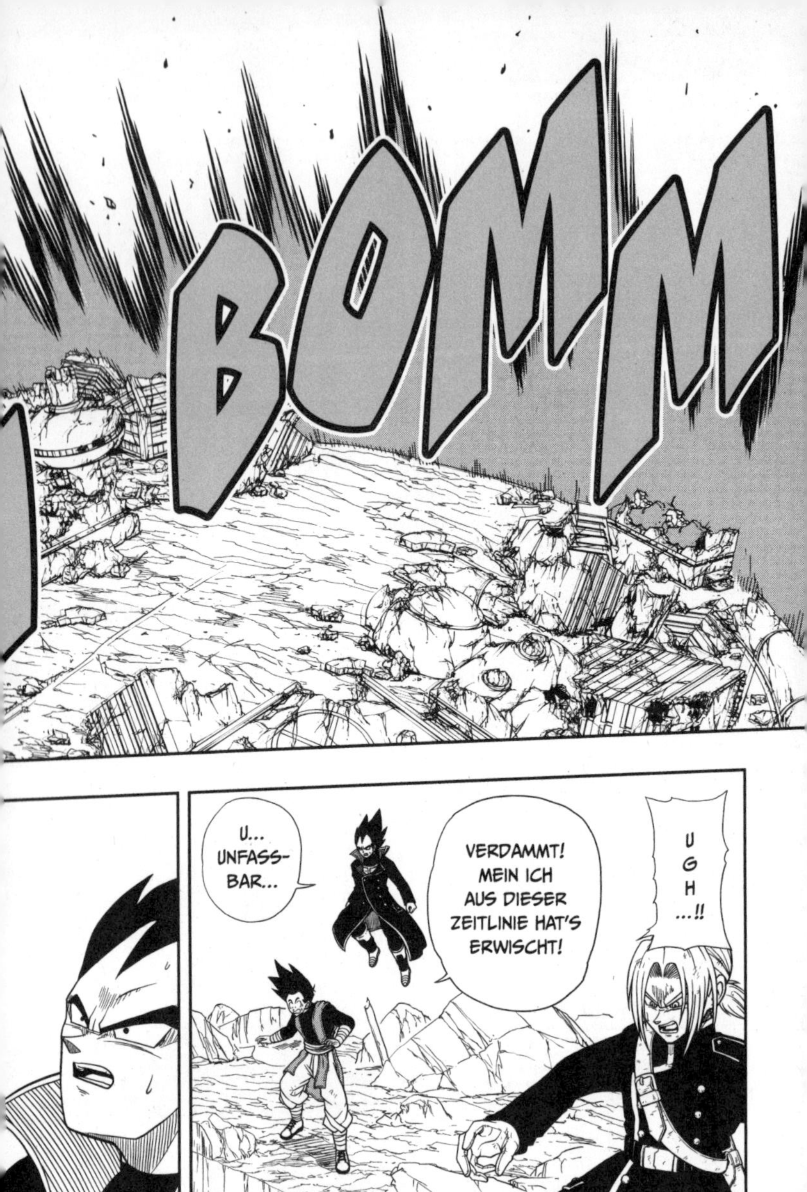
BOMM
UGH ...!!
VERDAMMT! MEIN ICH AUS DIESER ZEITLINIE HAT'S ERWISCHT!
U... UNFASS-BAR...

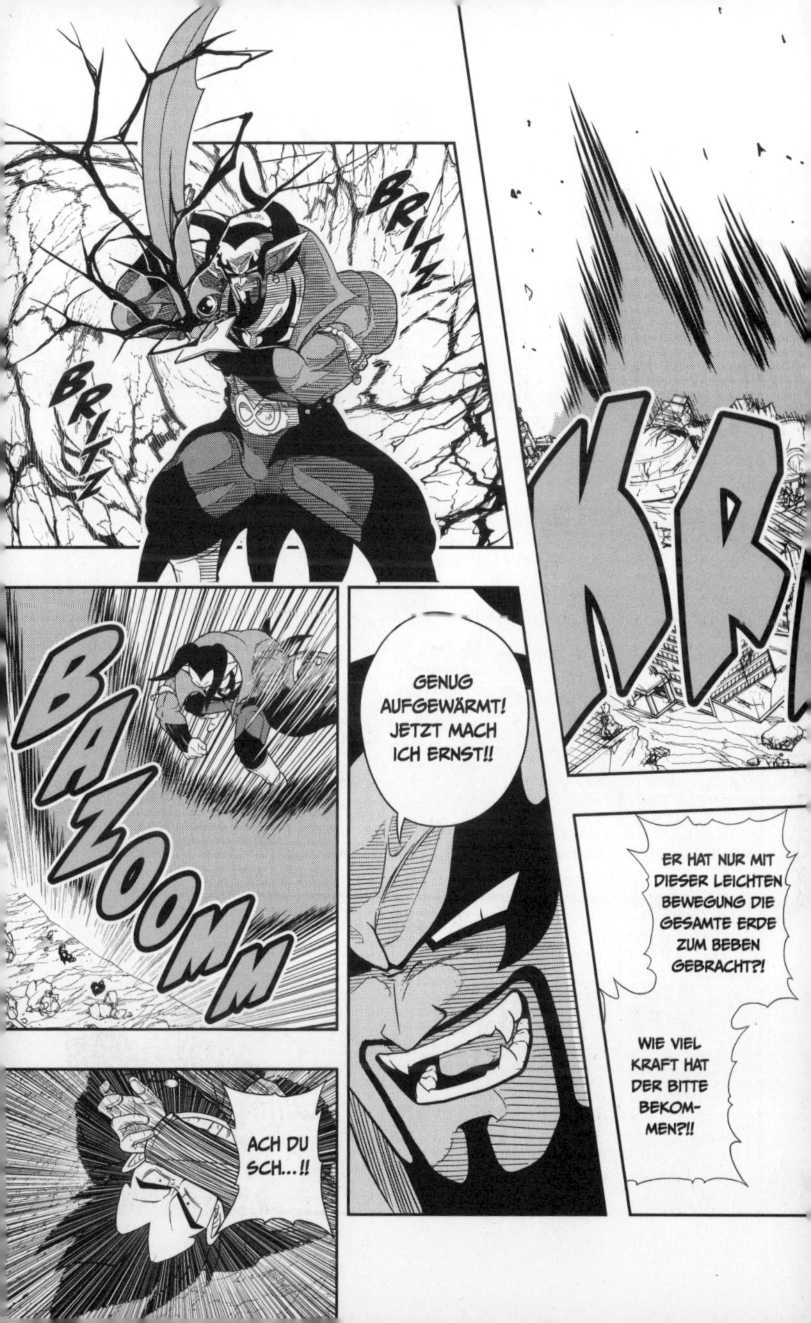

BRITZ
BRITZ
KRA
ER HAT NUR MIT DIESER LEICHTEN BEWEGUNG DIE GESAMTE ERDE ZUM BEBEN GEBRACHT?!
WIE VIEL KRAFT HAT DER BITTE BEKOM-MEN?!!
GENUG AUFGEWÄRMT! JETZT MACH ICH ERNST!!
BAZOOMM
ACH DU SCH...!!

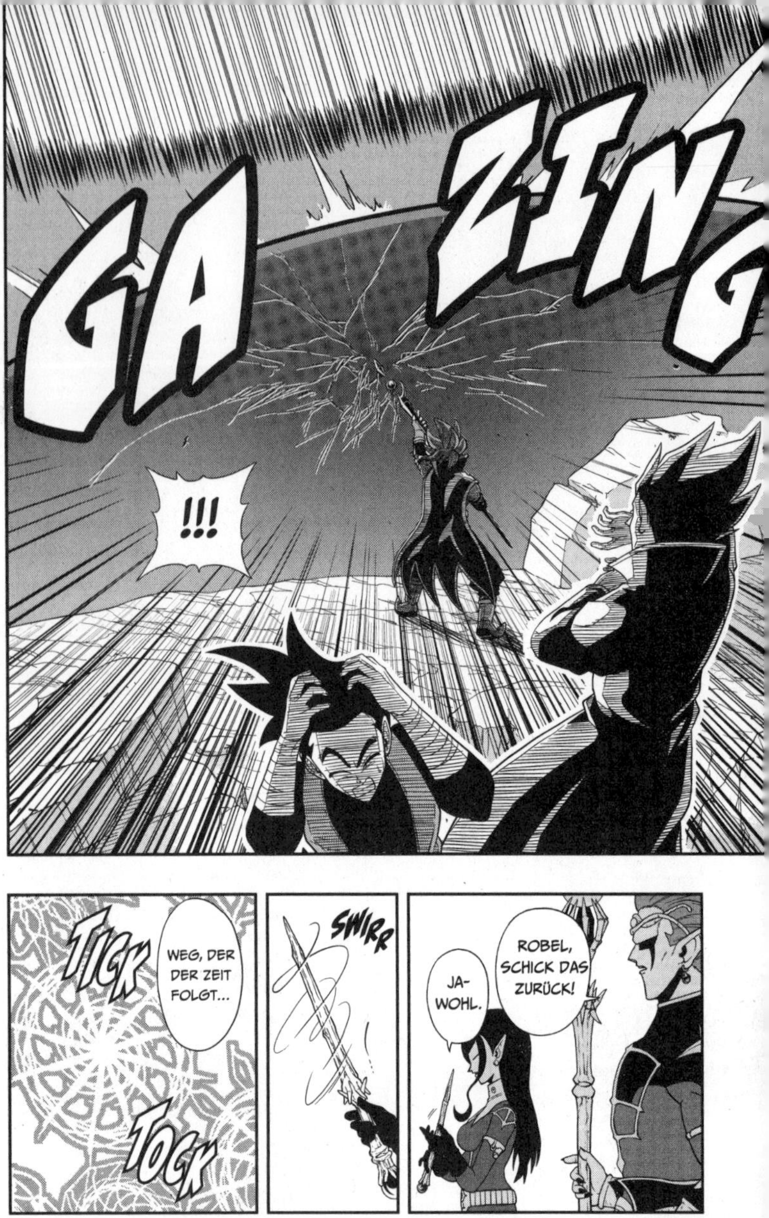
GA
ZING
!!!
TICK
TOCK
WEG, DER DER ZEIT FOLGT...
SWIRR
ROBEL, SCHICK DAS ZURÜCK!
JA-WOHL.

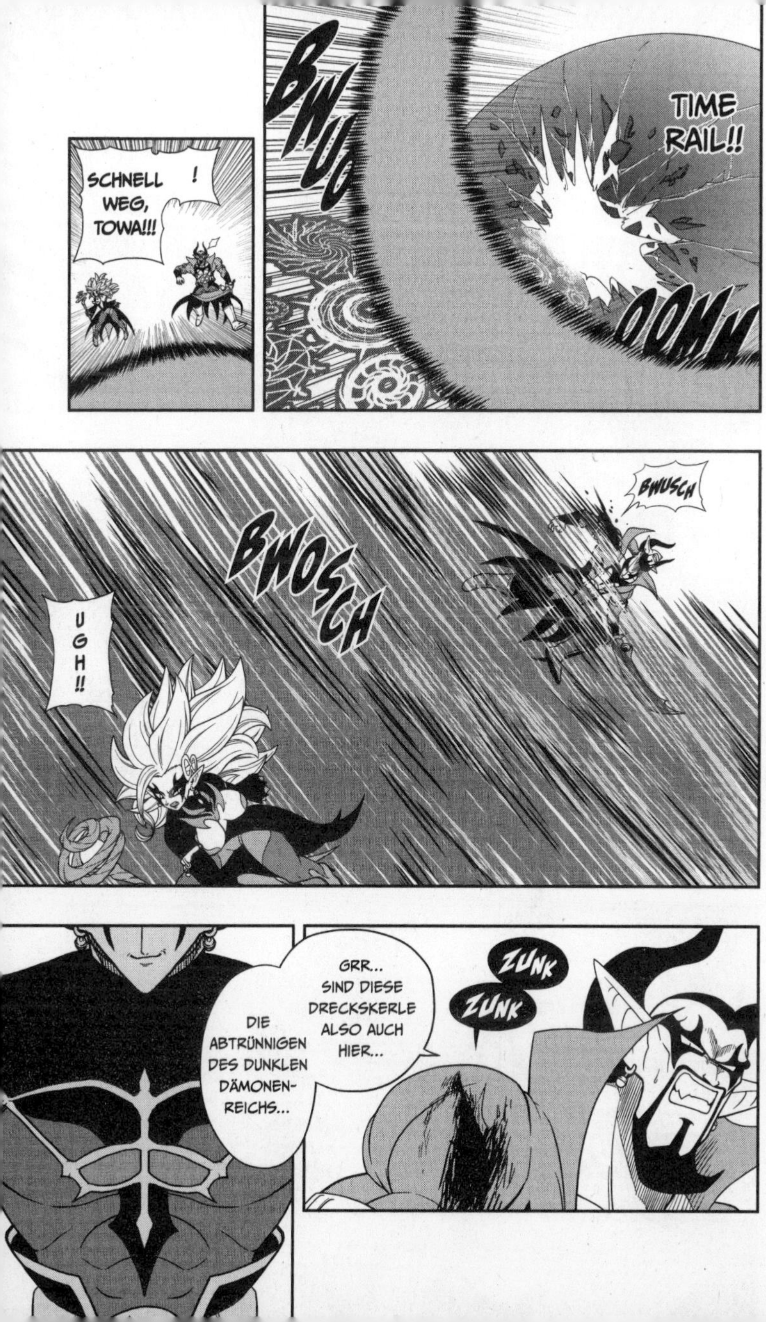
TIME RAIL!!
SCHNELL WEG, TOWA!!!
BWUSCH
BWOSCH
UGH!!
ZUNK
ZUNK
GRR... SIND DIESE DRECKSKERLE ALSO AUCH HIER...
DIE ABTRÜNNIGEN DES DUNKLEN DÄMONENREICHS...

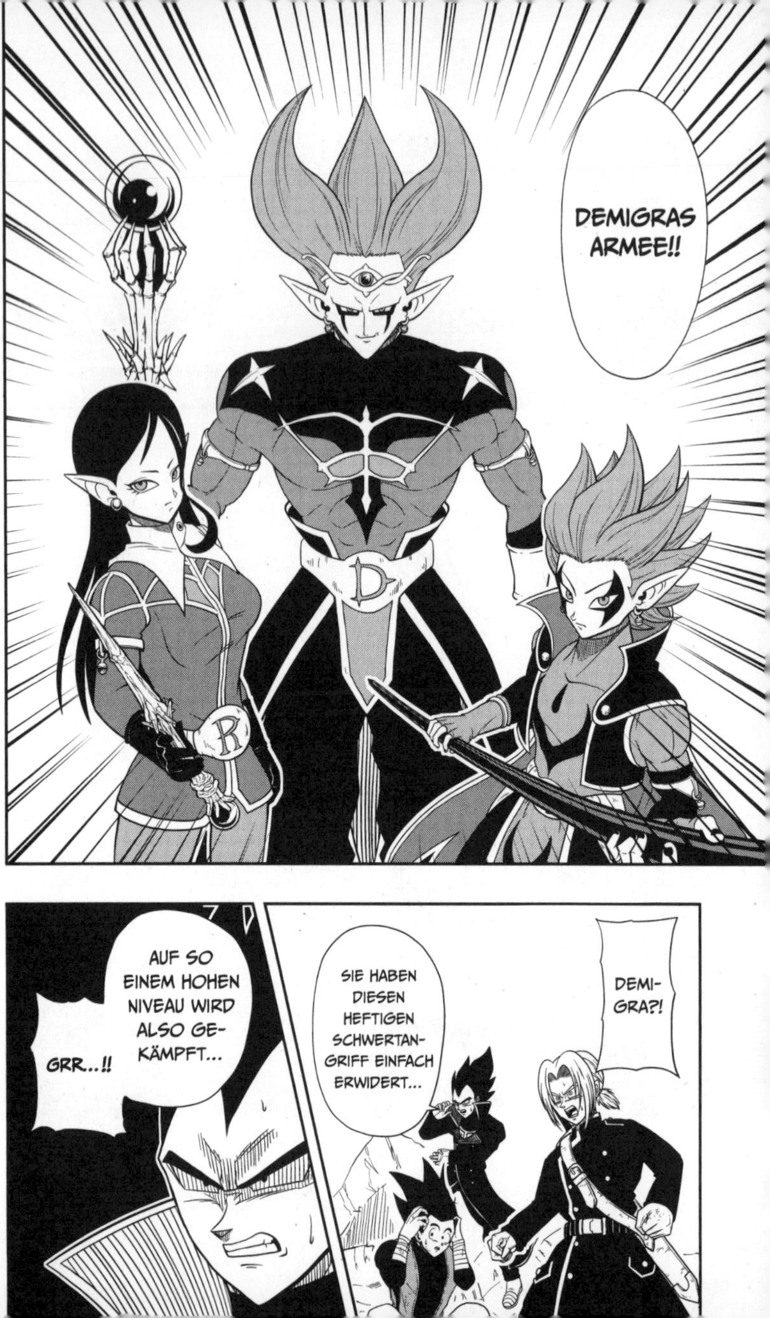
DEMIGRAS ARMEE!!
DEMI-GRA?!
SIE HABEN DIESEN HEFTIGEN SCHWERTAN-GRIFF EINFACH ERWIDERT...
AUF SO EINEM HOHEN NIVEAU WIRD ALSO GE-KÄMPFT...
GRR...!!

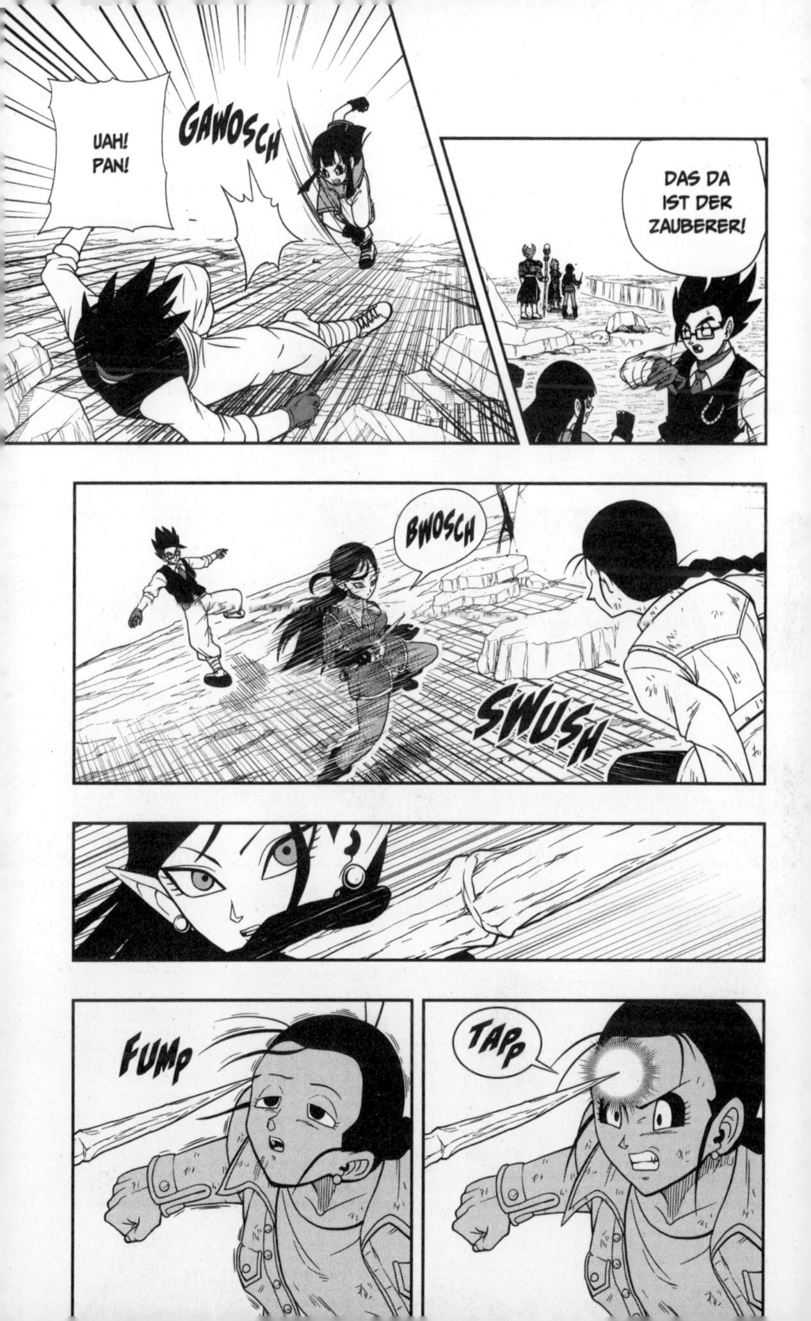
DAS DA
IST DER
ZAUBERER!
UAH!
PAN!
GAWOSCH
BWOSCH
SWUSH
TAPP
FUMP

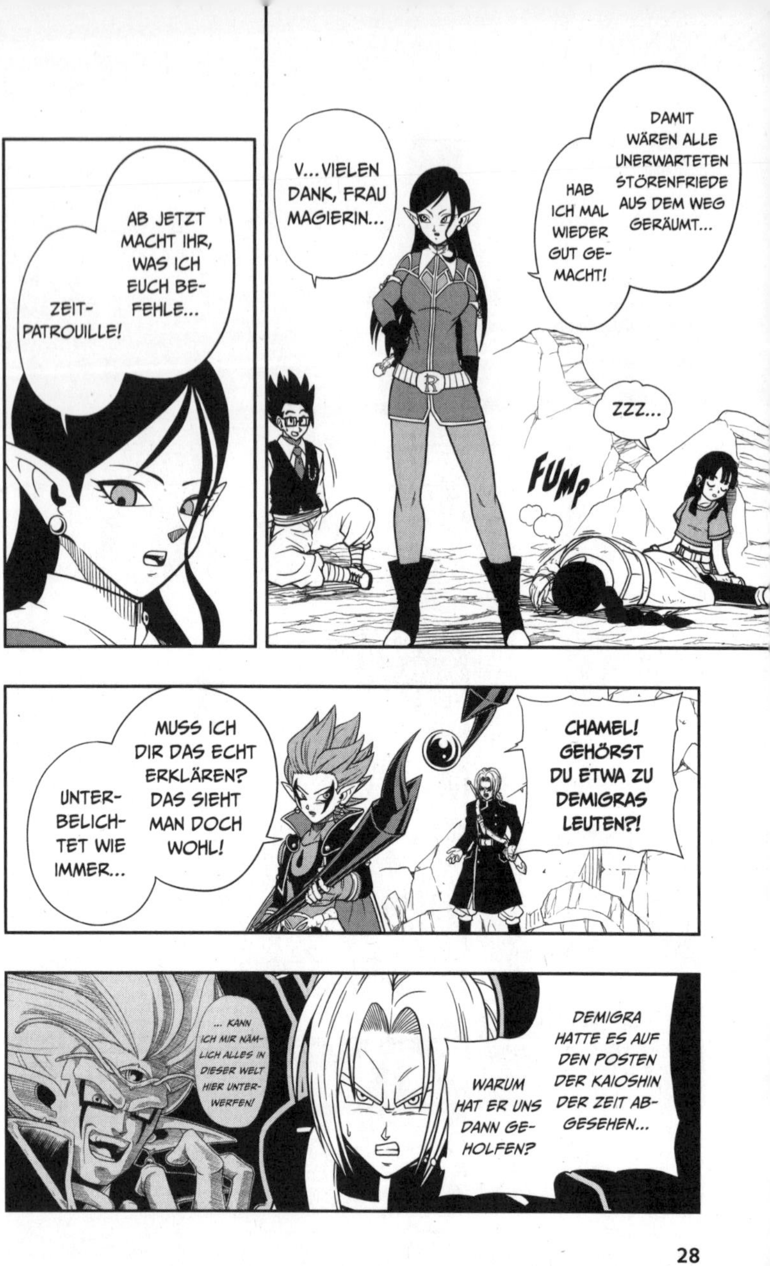
DAMIT WÄREN ALLE UNERWARTETEN STÖRENFRIEDE AUS DEM WEG GERÄUMT...
HAB ICH MAL WIEDER GUT GEMACHT!
V... VIELEN DANK, FRAU MAGIERIN...
ZZZ...
FUMP
AB JETZT MACHT IHR, WAS ICH EUCH BEFEHLE...
ZEIT-PATROUILLE!
CHAMEL! GEHÖRST DU ETWA ZU DEMIGRAS LEUTEN?!
MUSS ICH DIR DAS ECHT ERKLÄREN? DAS SIEHT MAN DOCH WOHL!
UNTERBELICHTET WIE IMMER...
DEMIGRA HATTE ES AUF DEN POSTEN DER KAIOSHIN DER ZEIT ABGESEHEN...
WARUM HAT ER UNS DANN GEHOLFEN?
... KANN ICH MIR NÄMLICH ALLES IN DIESER WELT HIER UNTERWERFEN!

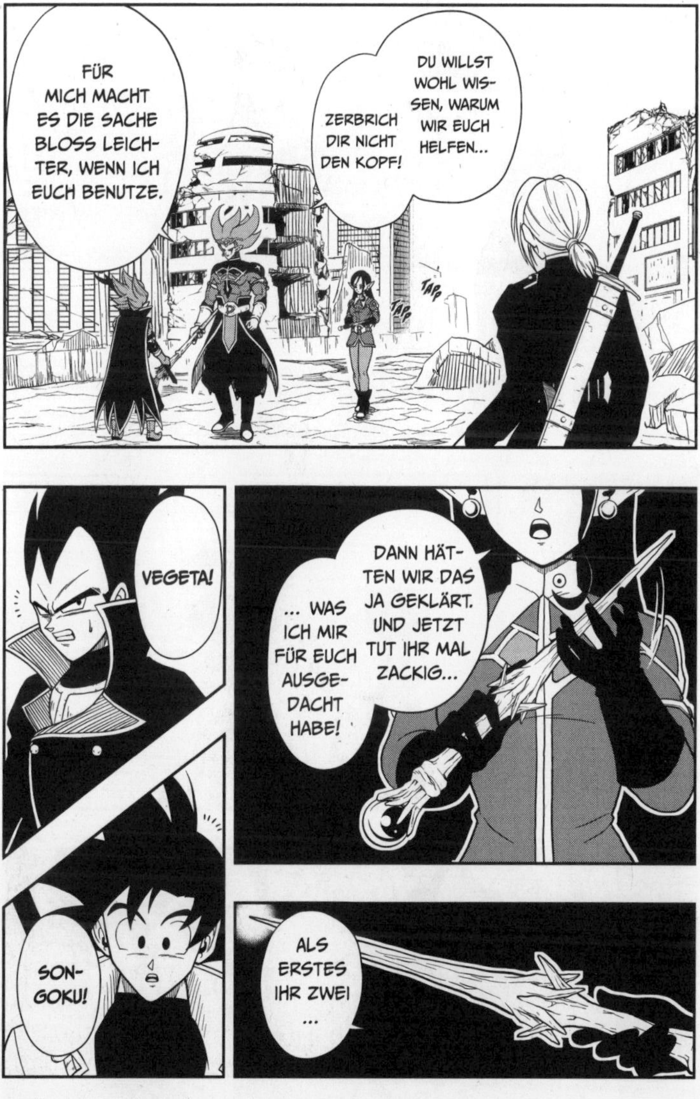
DU WILLST WOHL WISSEN, WARUM WIR EUCH HELFEN...
ZERBRICH DIR NICHT DEN KOPF!
FÜR MICH MACHT ES DIE SACHE BLOSS LEICHTER, WENN ICH EUCH BENUTZE.
TAPP
TAPP
DANN HÄTTEN WIR DAS JA GEKLÄRT. UND JETZT TUT IHR MAL ZACKIG...
... WAS ICH MIR FÜR EUCH AUSGEDACHT HABE!
VEGETA!
ALS ERSTES IHR ZWEI ...
SON-GOKU!

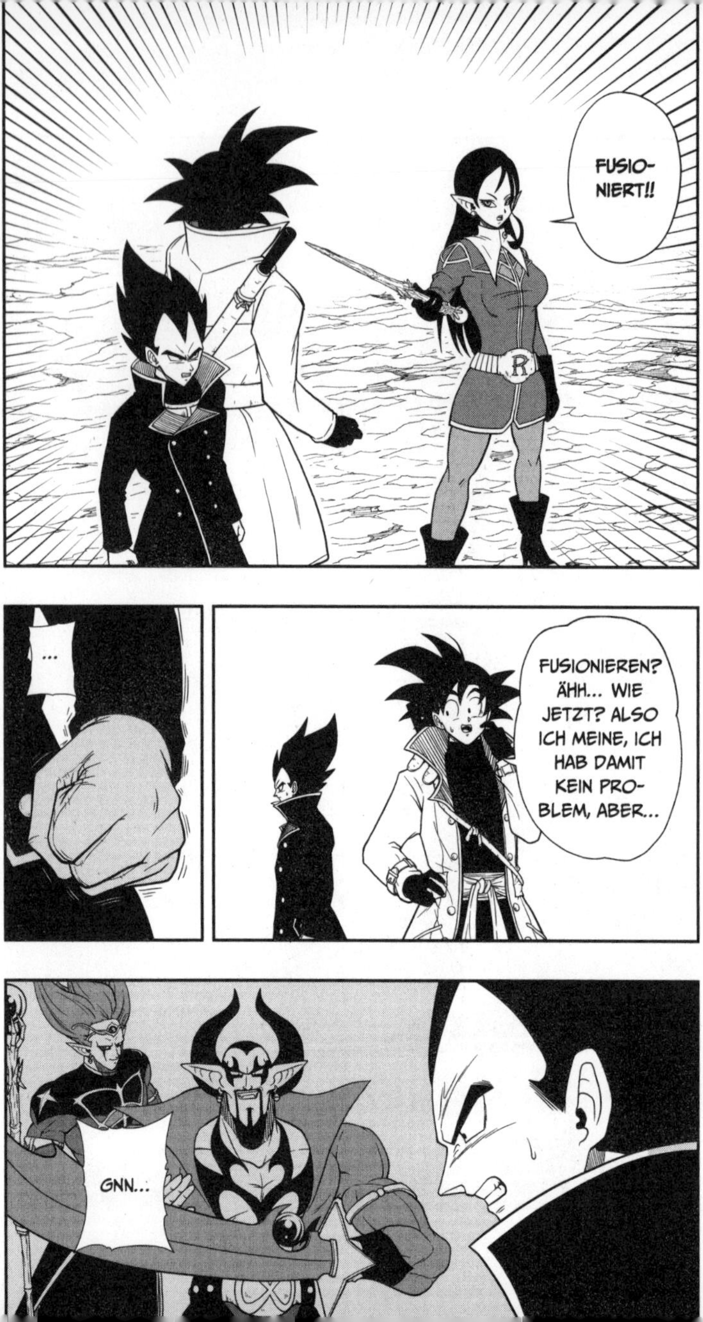
FUSIO-
NIERT!!
...
FUSIONIEREN? ÄHH... WIE JETZT? ALSO ICH MEINE, ICH HAB DAMIT KEIN PRO-BLEM, ABER...
GNN...

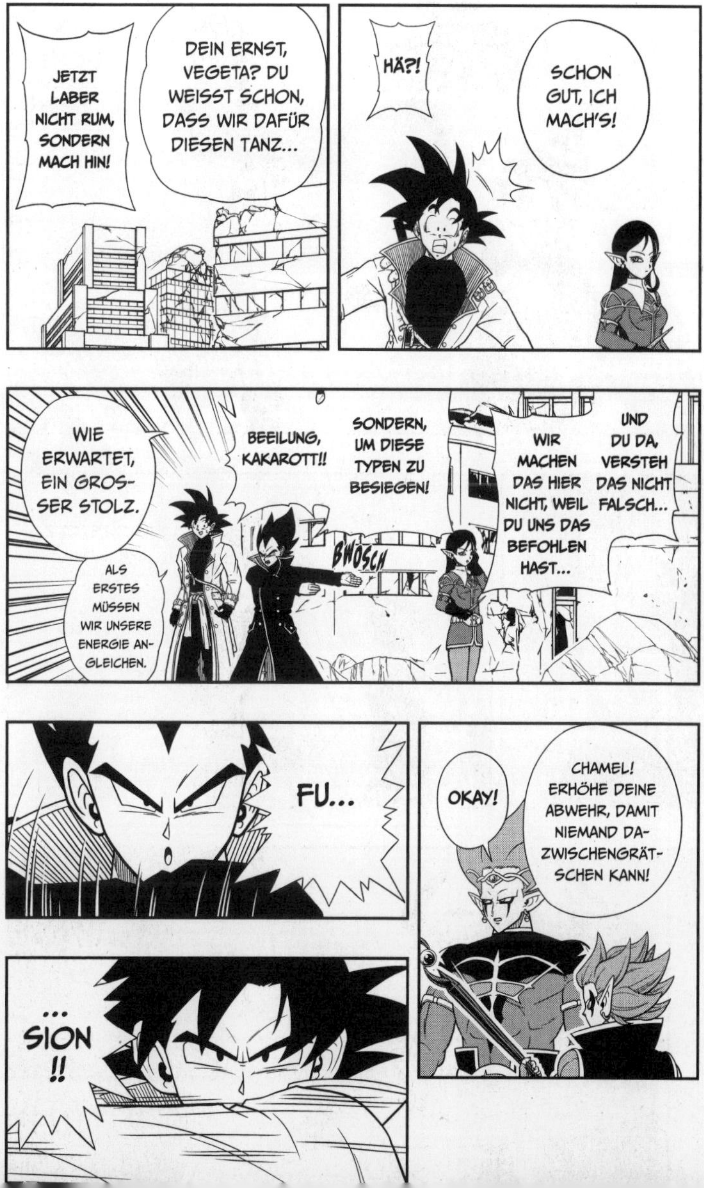

SCHON GUT, ICH MACH'S!
HÄ?!
DEIN ERNST, VEGETA? DU WEISST SCHON, DASS WIR DAFÜR DIESEN TANZ...
JETZT LABER NICHT RUM, SONDERN MACH HIN!
UND DU DA, VERSTEH DAS NICHT FALSCH...
WIR MACHEN DAS HIER NICHT, WEIL DU UNS DAS BEFOHLEN HAST...
SONDERN, UM DIESE TYPEN ZU BESIEGEN!
BWOSCH
BEEILUNG, KAKAROTT!!
WIE ERWARTET, EIN GROS-SER STOLZ.
ALS ERSTES MÜSSEN WIR UNSERE ENERGIE AN-GLEICHEN.
CHAMEL! ERHÖHE DEINE ABWEHR, DAMIT NIEMAND DA-ZWISCHENGRÄT-SCHEN KANN!
OKAY!
FU...
...SION !!

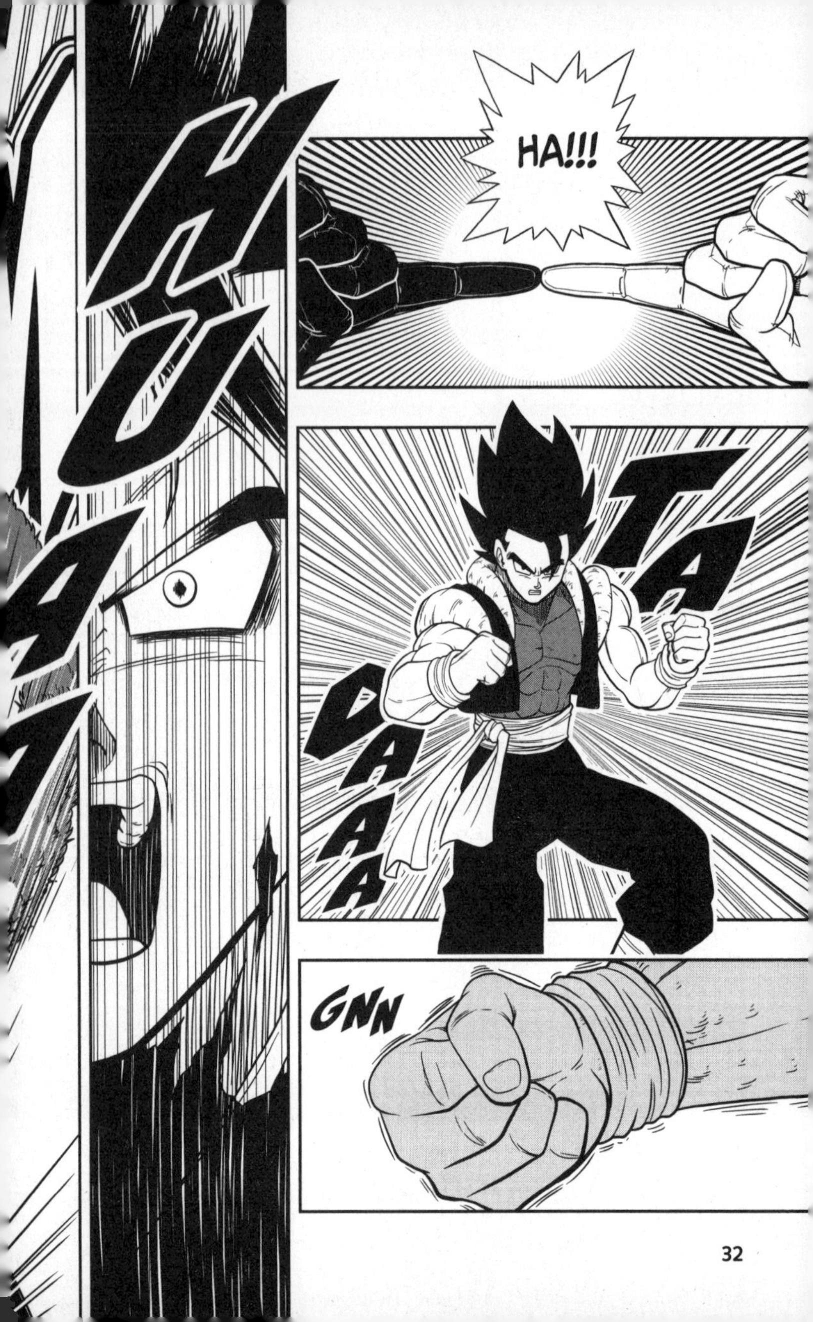
HA!!!
TA
DAAAA
GNN

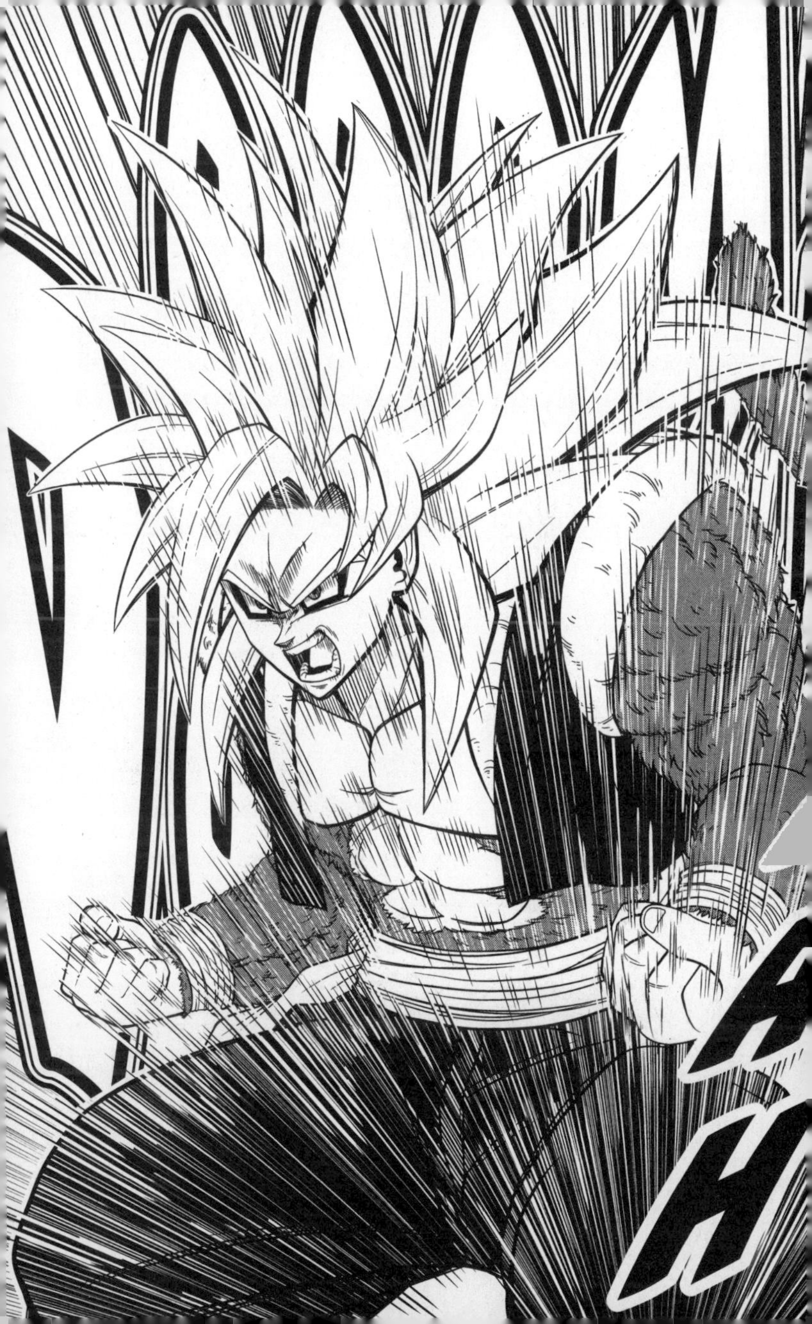

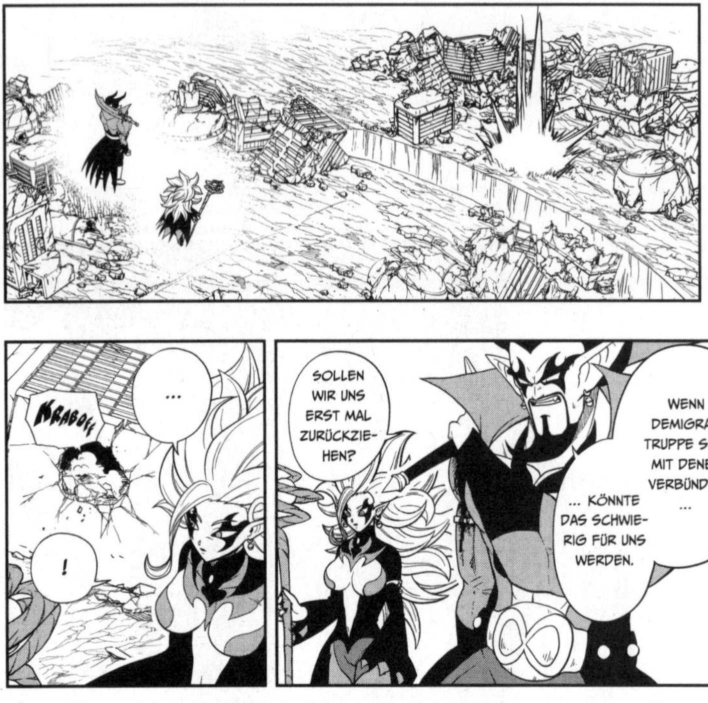
WENN DEMIGRAS TRUPPE SICH MIT DENEN VERBÜNDET ...
... KÖNNTE DAS SCHWIE-RIG FÜR UNS WERDEN.
SOLLEN WIR UNS ERST MAL ZURÜCKZIE-HEN?
...
KRABOFF
!
JA! MACHEN WIR DAS, BRUDER-HERZ!
ER SCHEINT SICH DIE NÖTIGE KRAFT GEHOLT ZU HABEN...

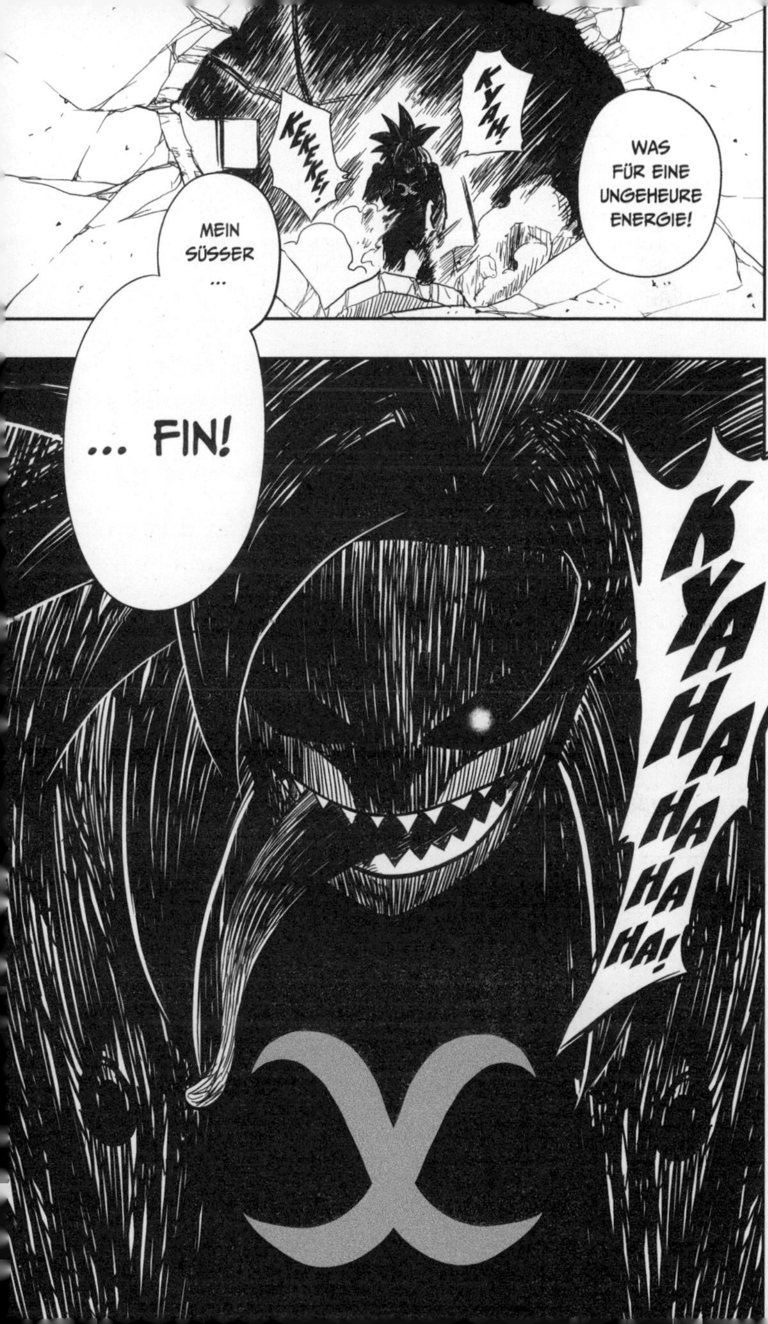
WAS FÜR EINE UNGEHEURE ENERGIE!
KYAH!
KEKEKE!
MEIN SÜSSER ...
... FIN!
KYAHAHAHAHAHA!

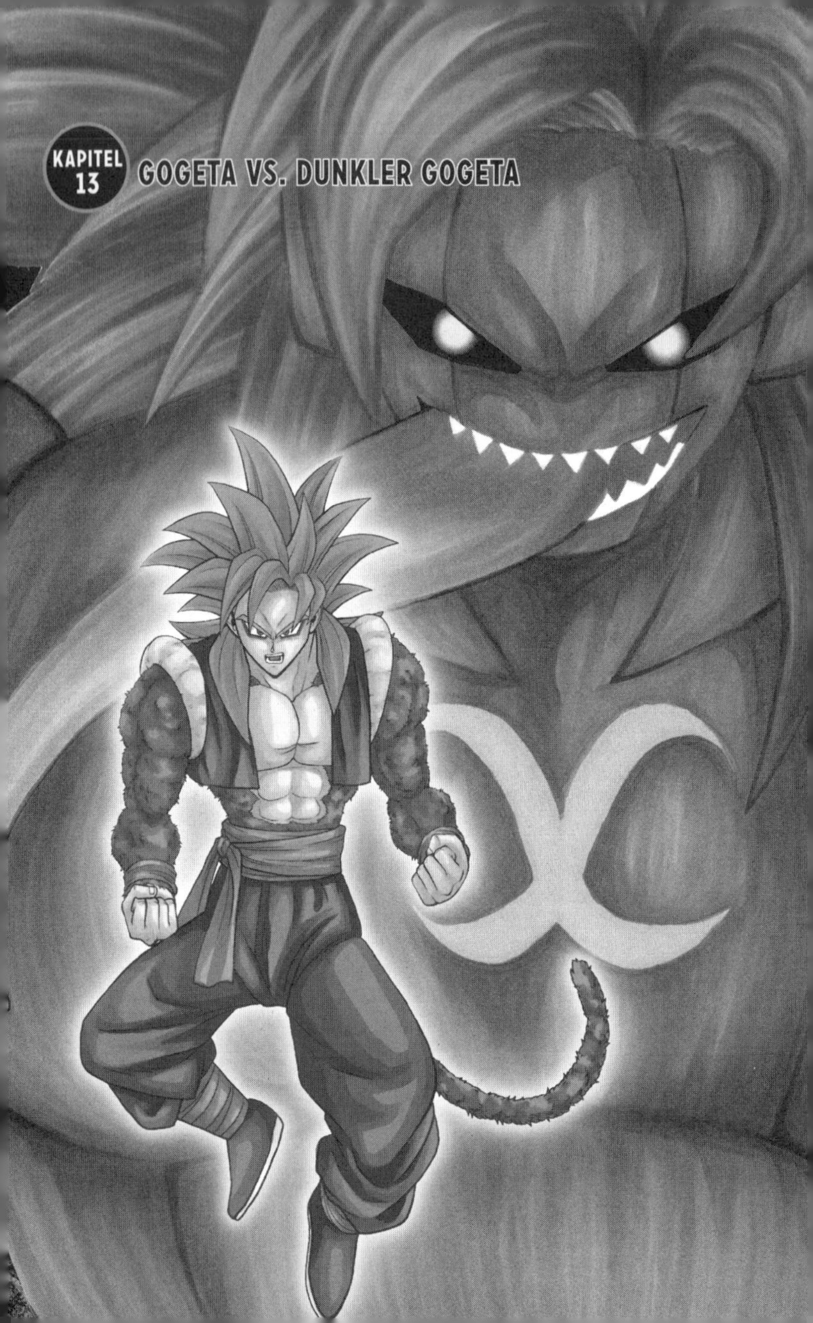
KAPITEL 13
GOGETA VS. DUNKLER GOGETA

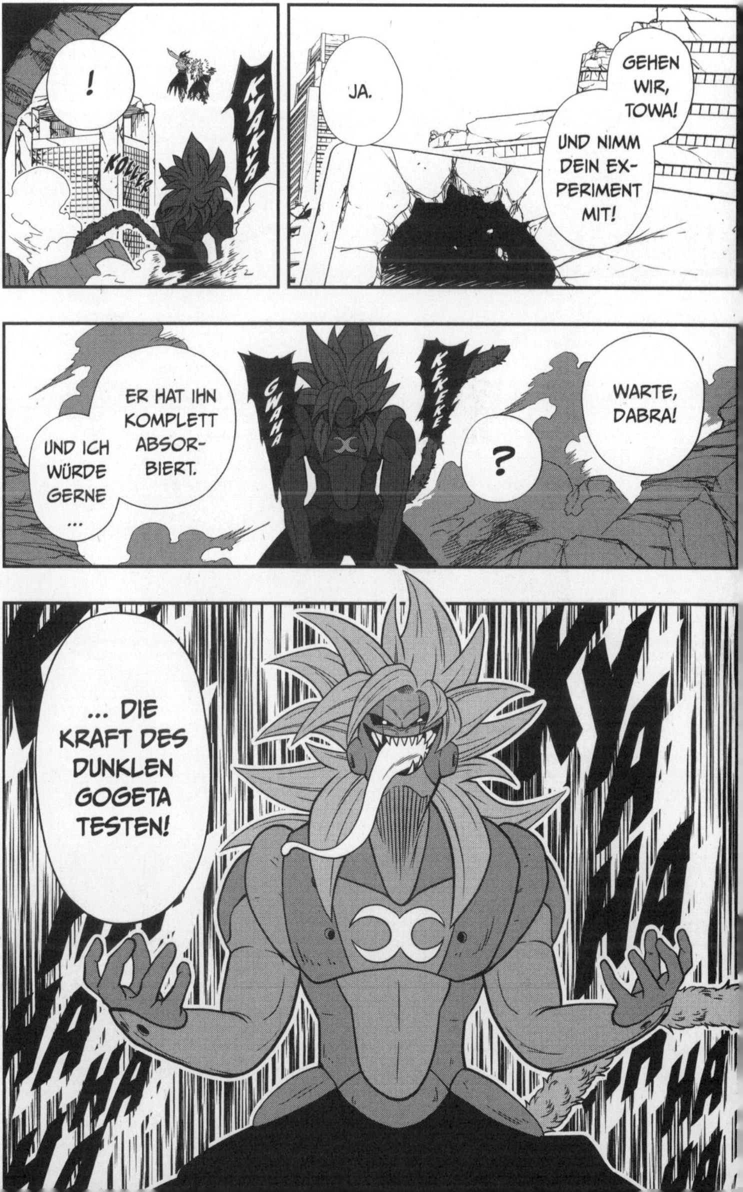
GEHEN WIR, TOWA!
UND NIMM DEIN EXPERIMENT MIT!
JA.
!
KYAKYA
KOLLER
WARTE, DABRA!
?
KEKEKE
GWAHA
ER HAT IHN KOMPLETT ABSORBIERT.
UND ICH WÜRDE GERNE ...
... DIE KRAFT DES DUNKLEN GOGETA TESTEN!

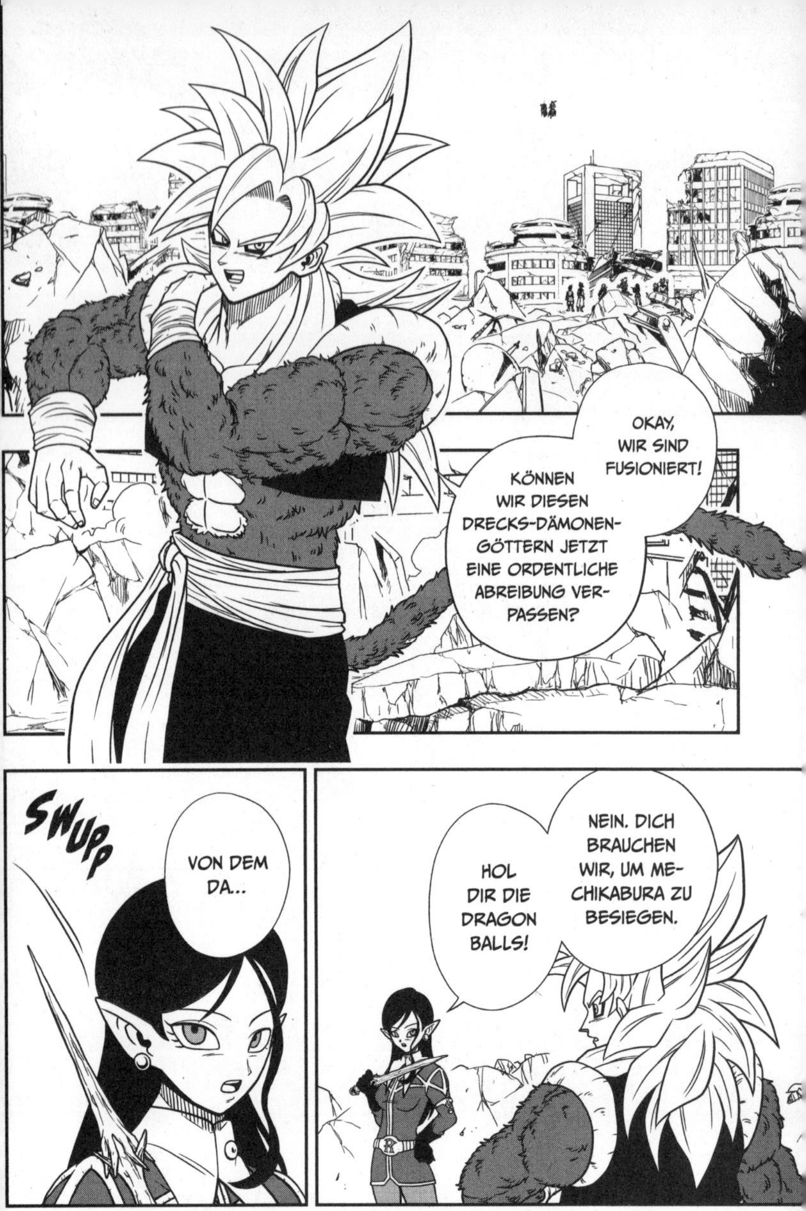
OKAY, WIR SIND FUSIONIERT!
KÖNNEN WIR DIESEN DRECKS-DÄMONEN-GÖTTERN JETZT EINE ORDENTLICHE ABREIBUNG VER-PASSEN?
NEIN. DICH BRAUCHEN WIR, UM ME-CHIKABURA ZU BESIEGEN.
HOL DIR DIE DRAGON BALLS!
SWUPP
VON DEM DA...

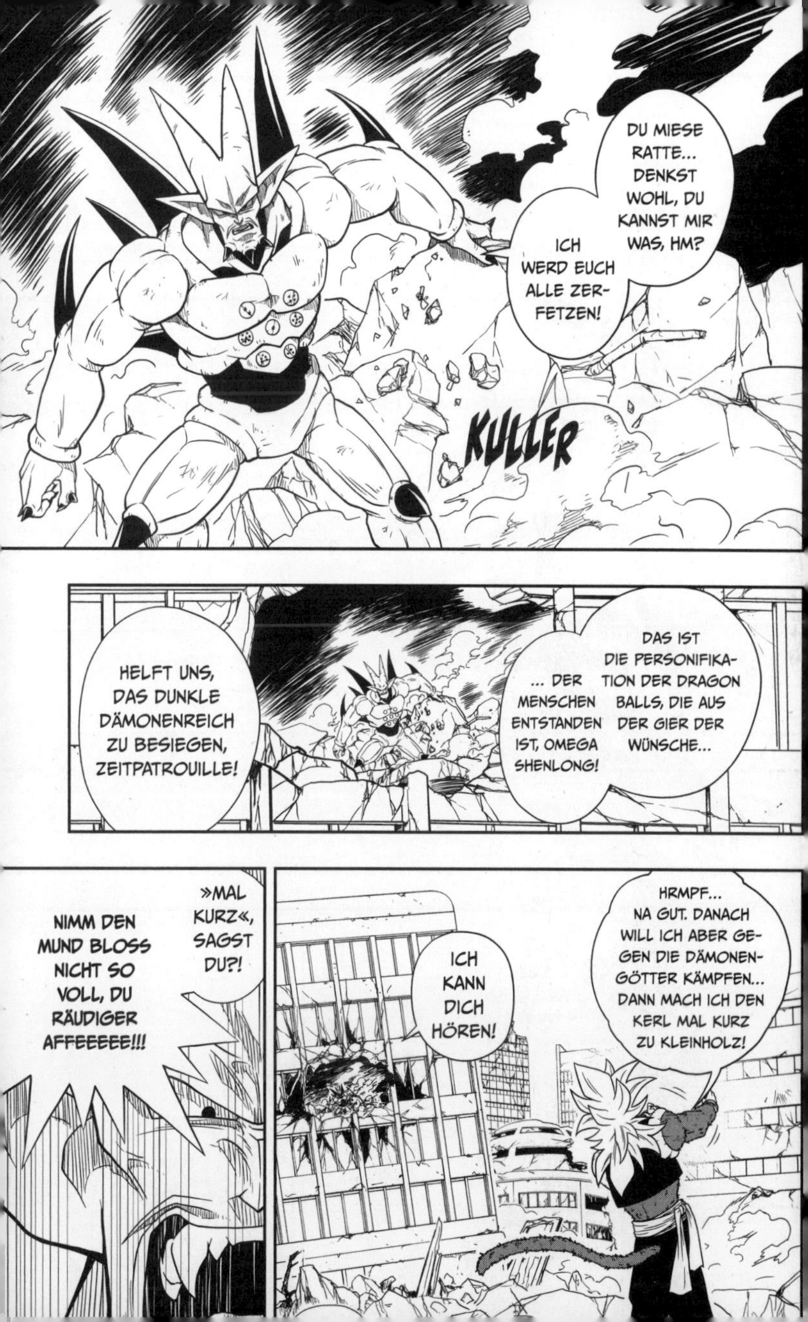
DU MIESE RATTE... DENKST WOHL, DU KANNST MIR WAS, HM?
ICH WERD EUCH ALLE ZER-FETZEN!
KULLER
DAS IST DIE PERSONIFIKATION DER DRAGON BALLS, DIE AUS DER GIER DER WÜNSCHE...
... DER MENSCHEN ENTSTANDEN IST, OMEGA SHENLONG!
HELFT UNS, DAS DUNKLE DÄMONENREICH ZU BESIEGEN, ZEITPATROUILLE!
HRMPF... NA GUT. DANACH WILL ICH ABER GEGEN DIE DÄMONENGÖTTER KÄMPFEN... DANN MACH ICH DEN KERL MAL KURZ ZU KLEINHOLZ!
ICH KANN DICH HÖREN!
»MAL KURZ«, SAGST DU?!
NIMM DEN MUND BLOSS NICHT SO VOLL, DU RÄUDIGER AFFEEEEEE!!!

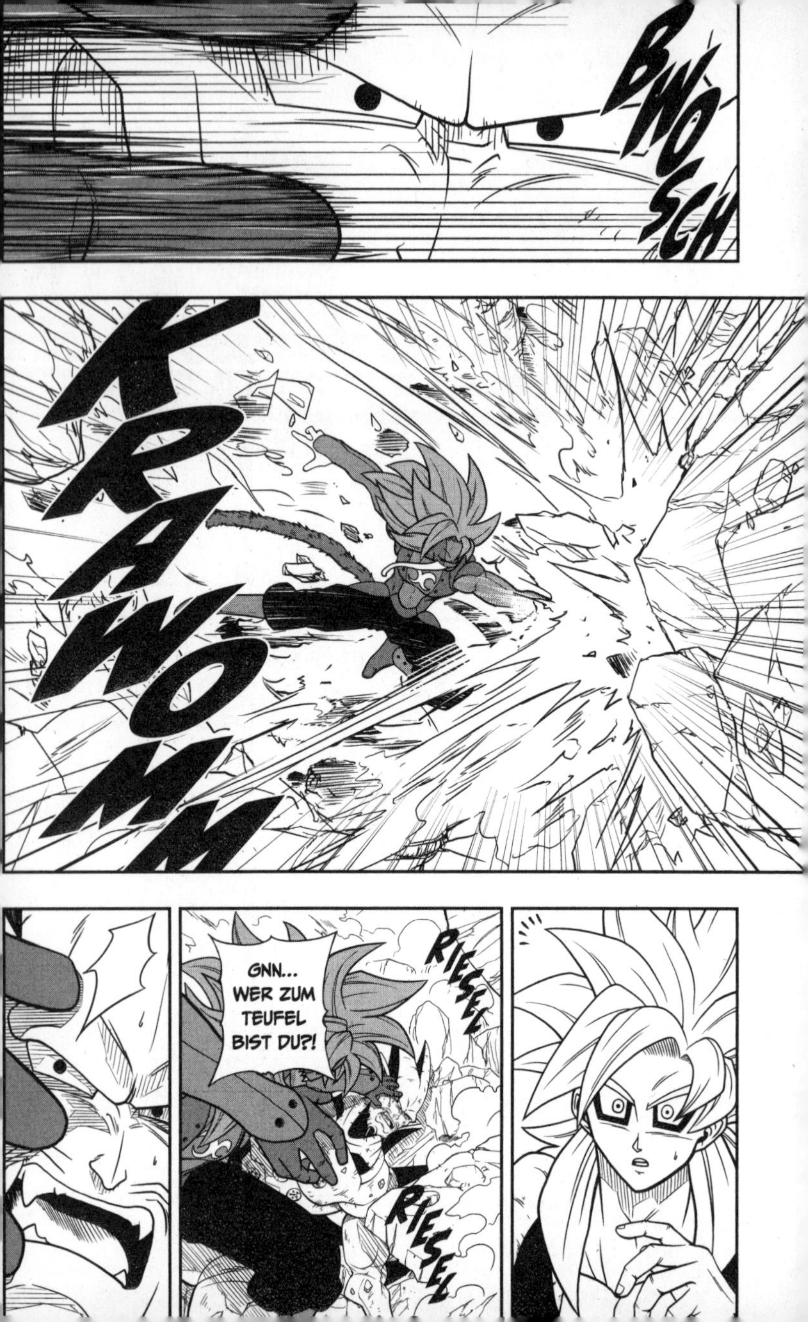
BWOSCH
KRAWOMM
GNN... WER ZUM TEUFEL BIST DU?!
RIESEL
RIESEL

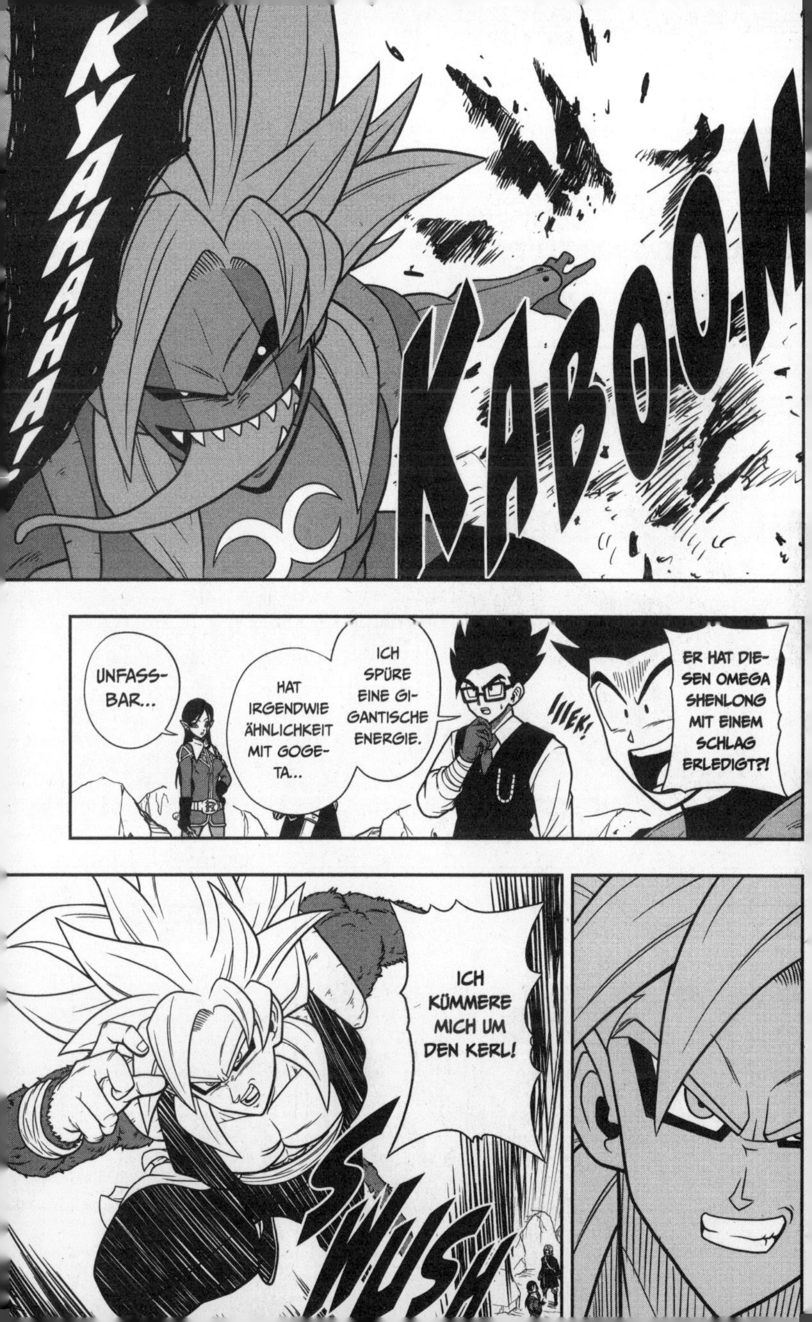
KABOOM
KYAHAHAHA!!
ER HAT DIESEN OMEGA SHENLONG MIT EINEM SCHLAG ERLEDIGT?!
IIEK!
ICH SPÜRE EINE GIGANTISCHE ENERGIE.
HAT IRGENDWIE ÄHNLICHKEIT MIT GOGETA...
UNFASSBAR...
ICH KÜMMERE MICH UM DEN KERL!
SWUSH

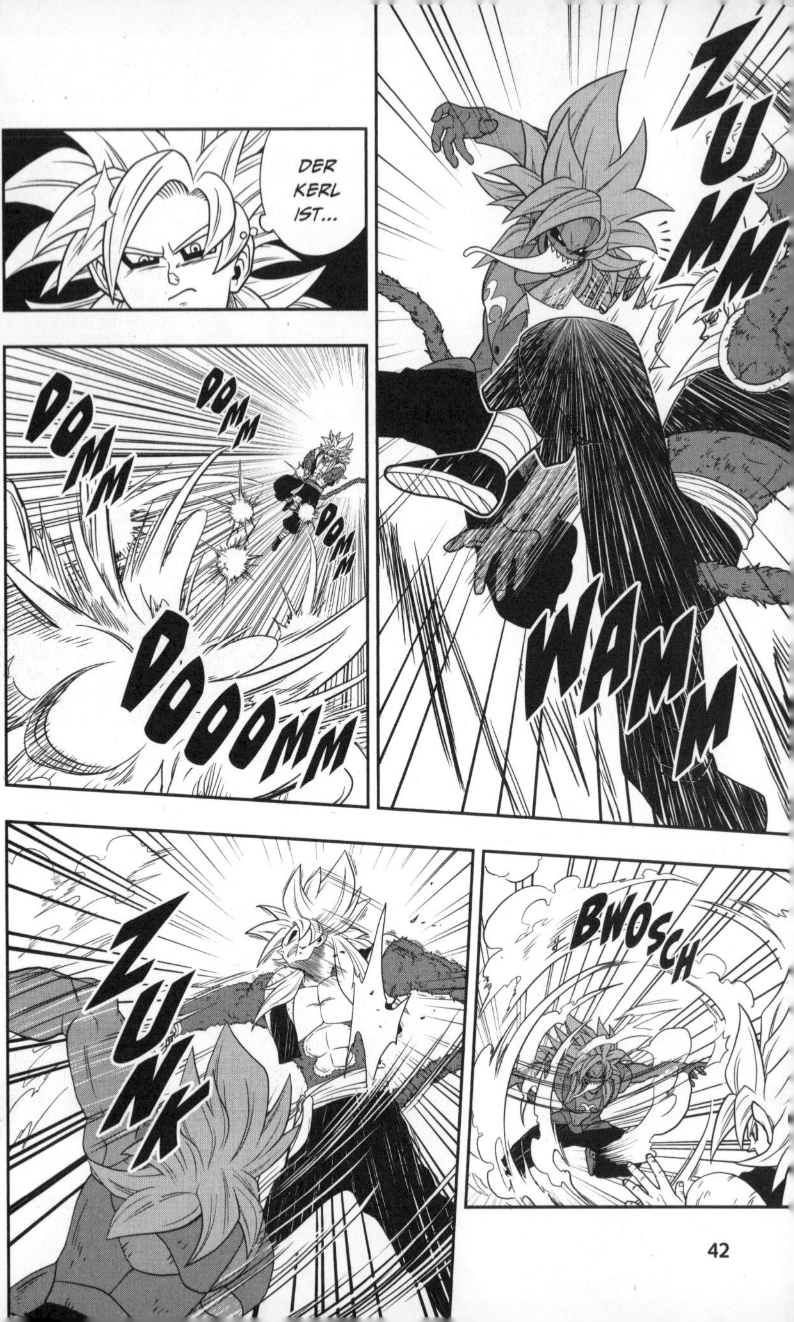
ZUMMM
WAMMM
DER KERL IST...
DOMM
DOMM
DOMM
DOOOMM
BWOSCH
ZUNK

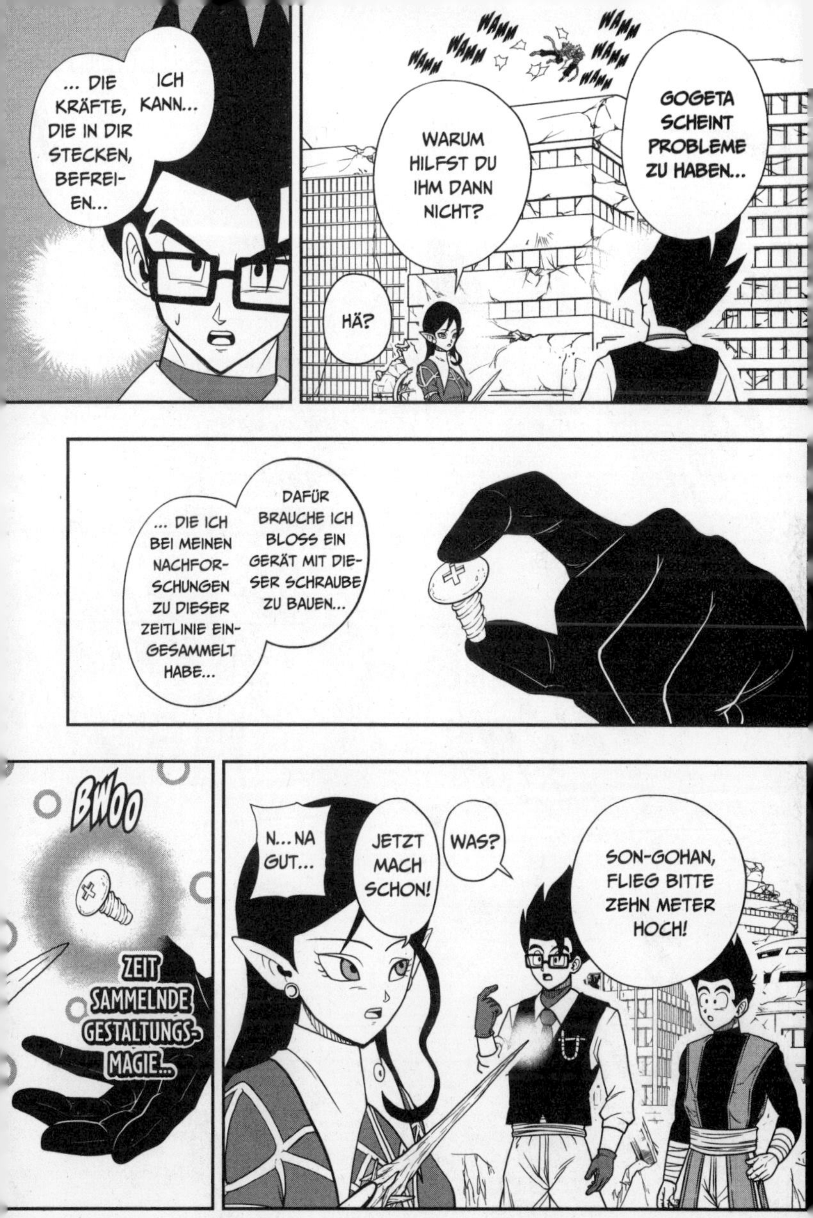
WAMM WAMM WAMM WAMM WAMM WAMM WAMM
GOGETA SCHEINT PROBLEME ZU HABEN...
WARUM HILFST DU IHM DANN NICHT?
HÄ?
ICH KANN...
... DIE KRÄFTE, DIE IN DIR STECKEN, BEFREI-EN...
DAFÜR BRAUCHE ICH BLOSS EIN GERÄT MIT DIE-SER SCHRAUBE ZU BAUEN...
... DIE ICH BEI MEINEN NACHFOR-SCHUNGEN ZU DIESER ZEITLINIE EIN-GESAMMELT HABE...
SON-GOHAN, FLIEG BITTE ZEHN METER HOCH!
WAS?
JETZT MACH SCHON!
N... NA GUT...
BWOO
ZEIT SAMMELNDE GESTALTUNGS-MAGIE...

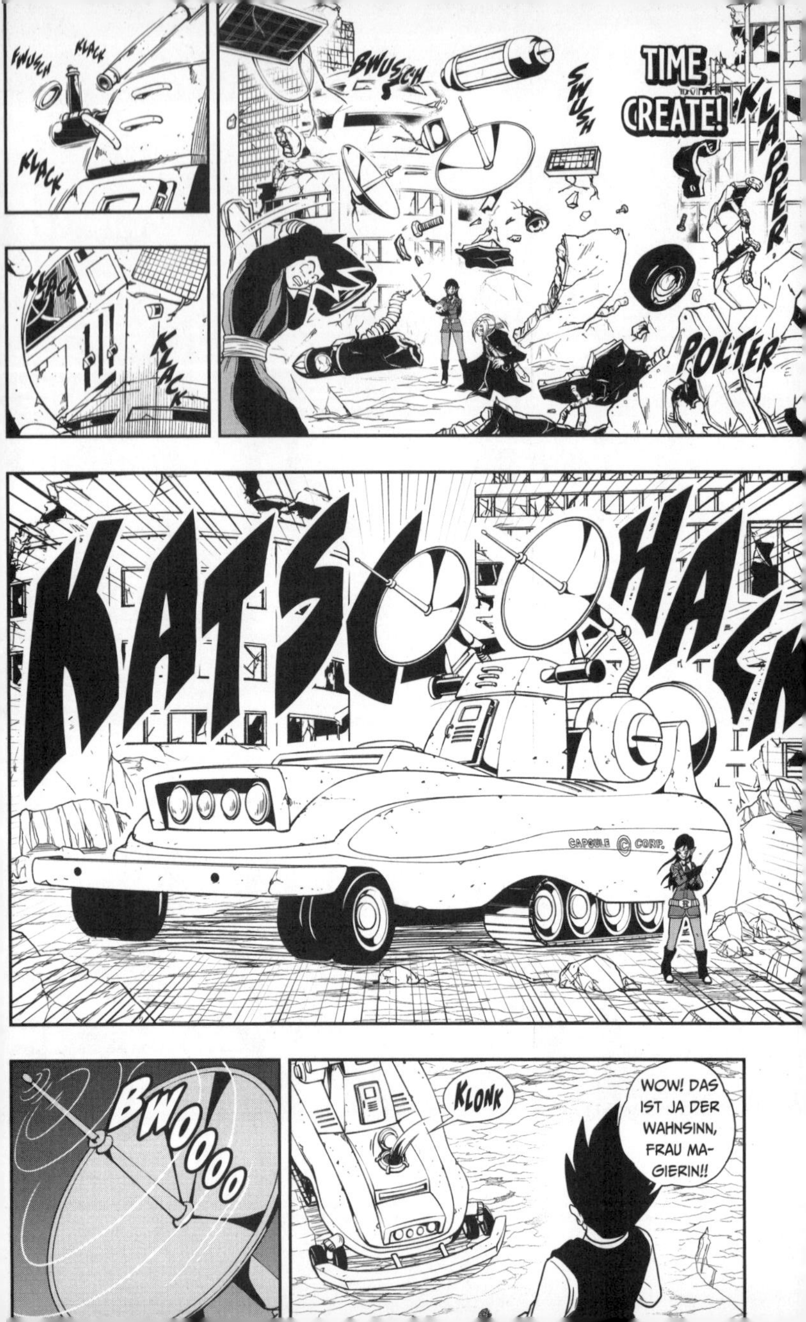

FWUSCH
KLACK
KLACK
BWUSCH
SWUSH
TIME CREATE!
KLAPPER
KLACK
KLACK
POLTER
KATSCHACK
CAPSULE CORP.
BWOOOO
KLONK
WOW! DAS IST JA DER WAHNSINN, FRAU MAGIERIN!!

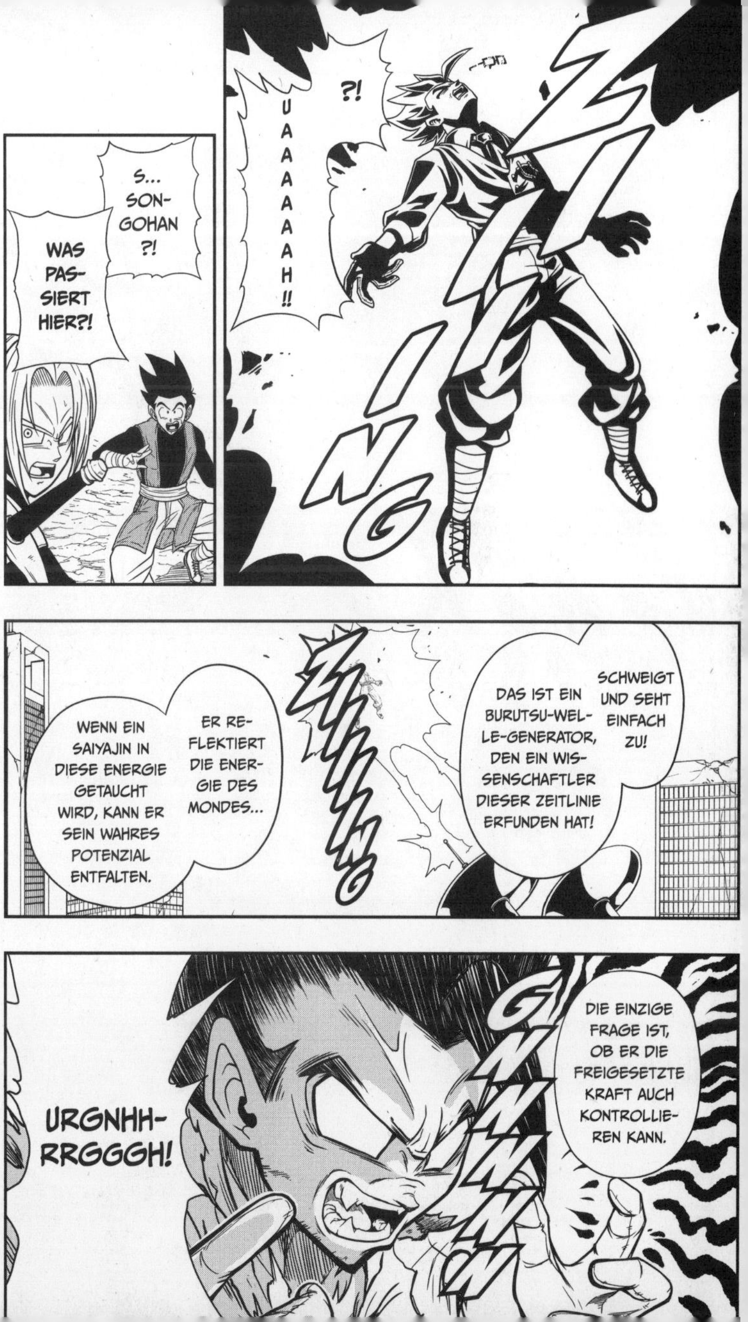
?!
UAAAAAAAH!!
S... SON-GOHAN ?!
WAS PASSIERT HIER?!
SCHWEIGT UND SEHT EINFACH ZU!
DAS IST EIN BURUTSU-WELLE-GENERATOR, DEN EIN WISSENSCHAFTLER DIESER ZEITLINIE ERFUNDEN HAT!
ER REFLEKTIERT DIE ENERGIE DES MONDES...
WENN EIN SAIYAJIN IN DIESE ENERGIE GETAUCHT WIRD, KANN ER SEIN WAHRES POTENZIAL ENTFALTEN.
DIE EINZIGE FRAGE IST, OB ER DIE FREIGESETZTE KRAFT AUCH KONTROLLIEREN KANN.
URGNHH-RRGGGH!

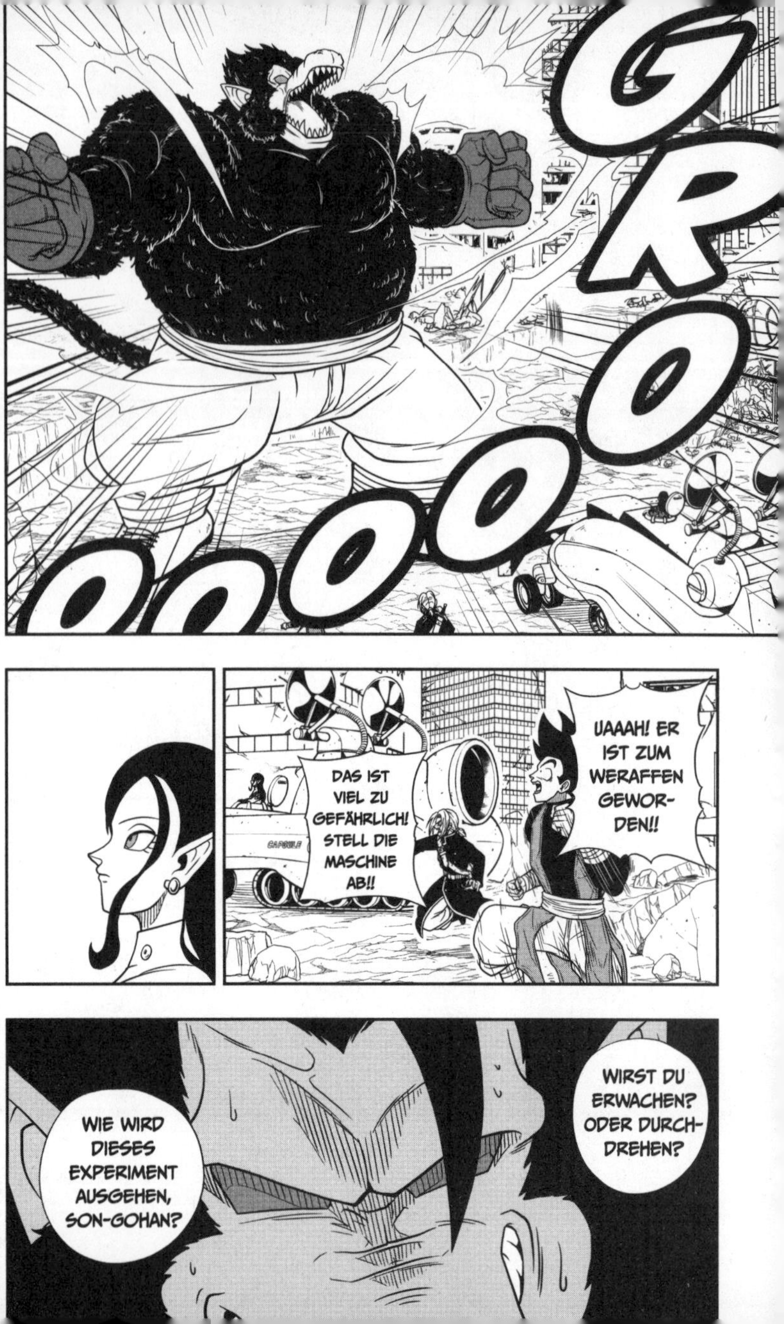
GROOOOOOO
UAAAH! ER IST ZUM WERAFFEN GEWORDEN!!
DAS IST VIEL ZU GEFÄHRLICH! STELL DIE MASCHINE AB!!
WIRST DU ERWACHEN? ODER DURCHDREHEN?
WIE WIRD DIESES EXPERIMENT AUSGEHEN, SON-GOHAN?

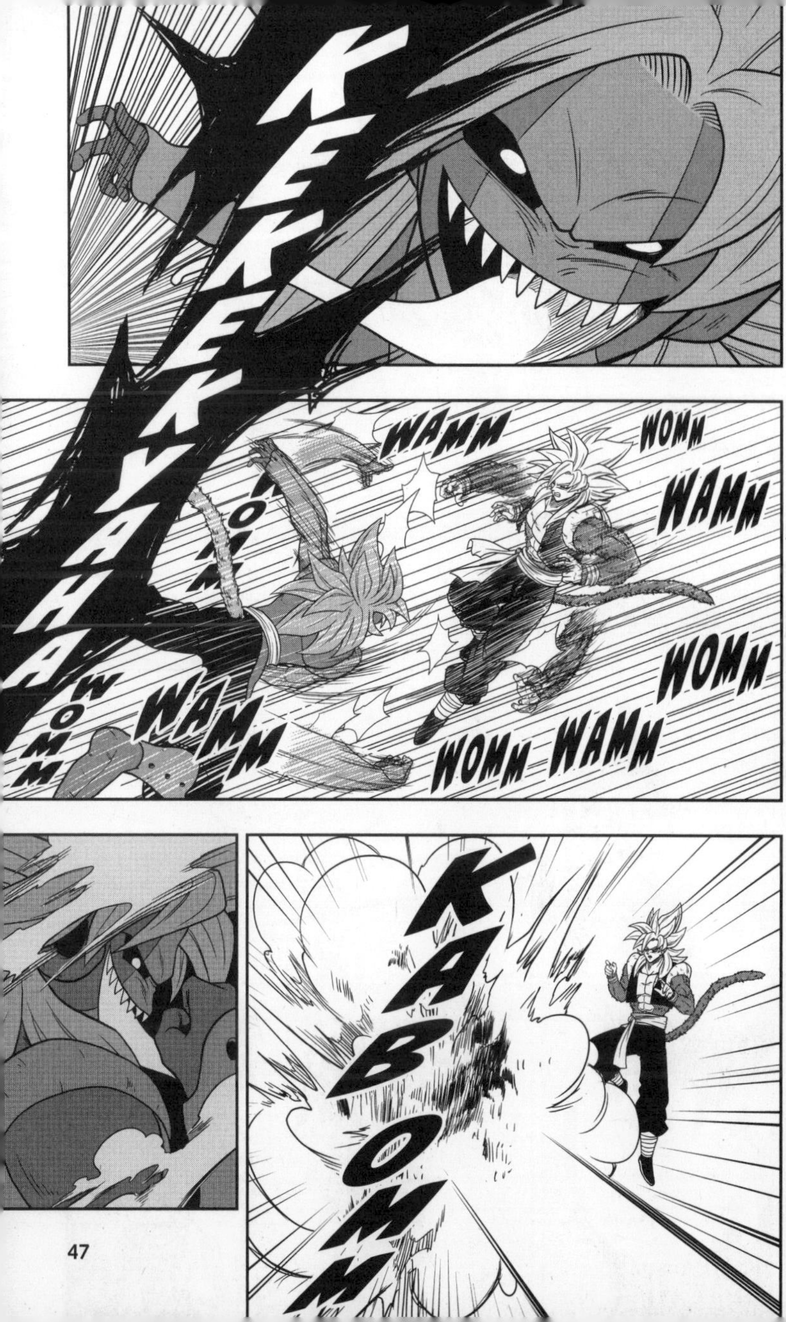
KEKEKYAHAHA
WOMM
WAMM
WOMM
WAMM
WOMM
WAMM
WAMM
WOMM
WOMM WAMM
KABOOMM

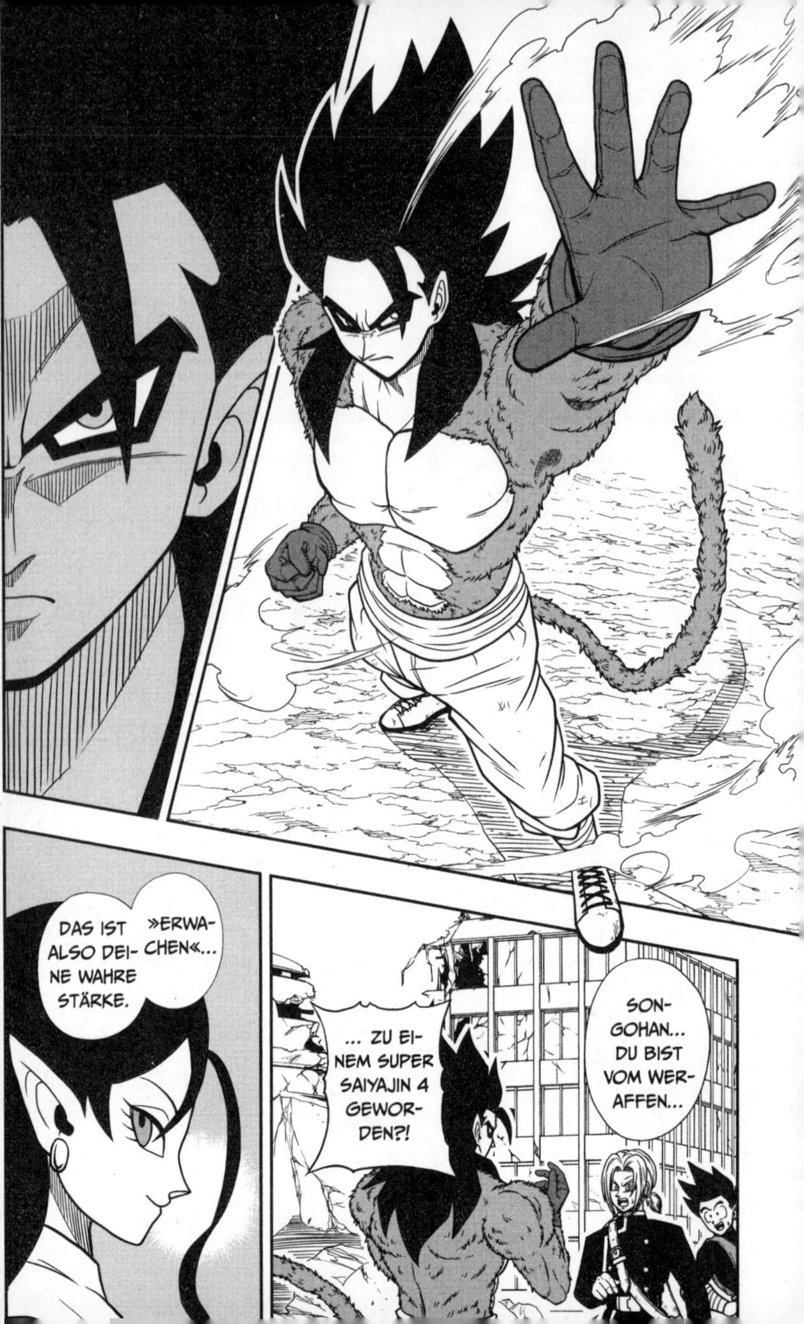
SON-GOHAN... DU BIST VOM WERAFFEN...
... ZU EINEM SUPER SAIYAJIN 4 GEWORDEN?!
»ERWACHEN«...
DAS IST ALSO DEINE WAHRE STÄRKE.

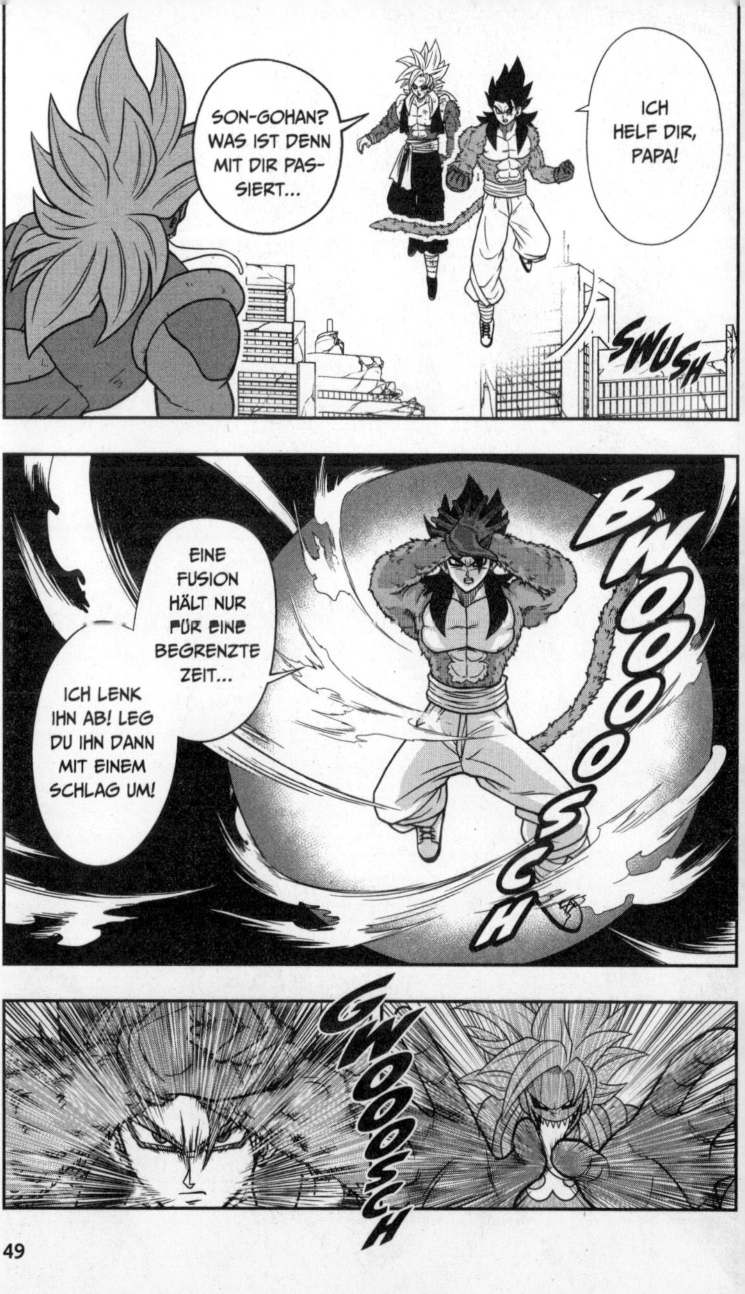
SON-GOHAN? WAS IST DENN MIT DIR PAS-SIERT…
ICH HELF DIR, PAPA!
SWUSH
EINE FUSION HÄLT NUR FÜR EINE BEGRENZTE ZEIT…
ICH LENK IHN AB! LEG DU IHN DANN MIT EINEM SCHLAG UM!
BWOOOOOSCH
GWOOOOSCH

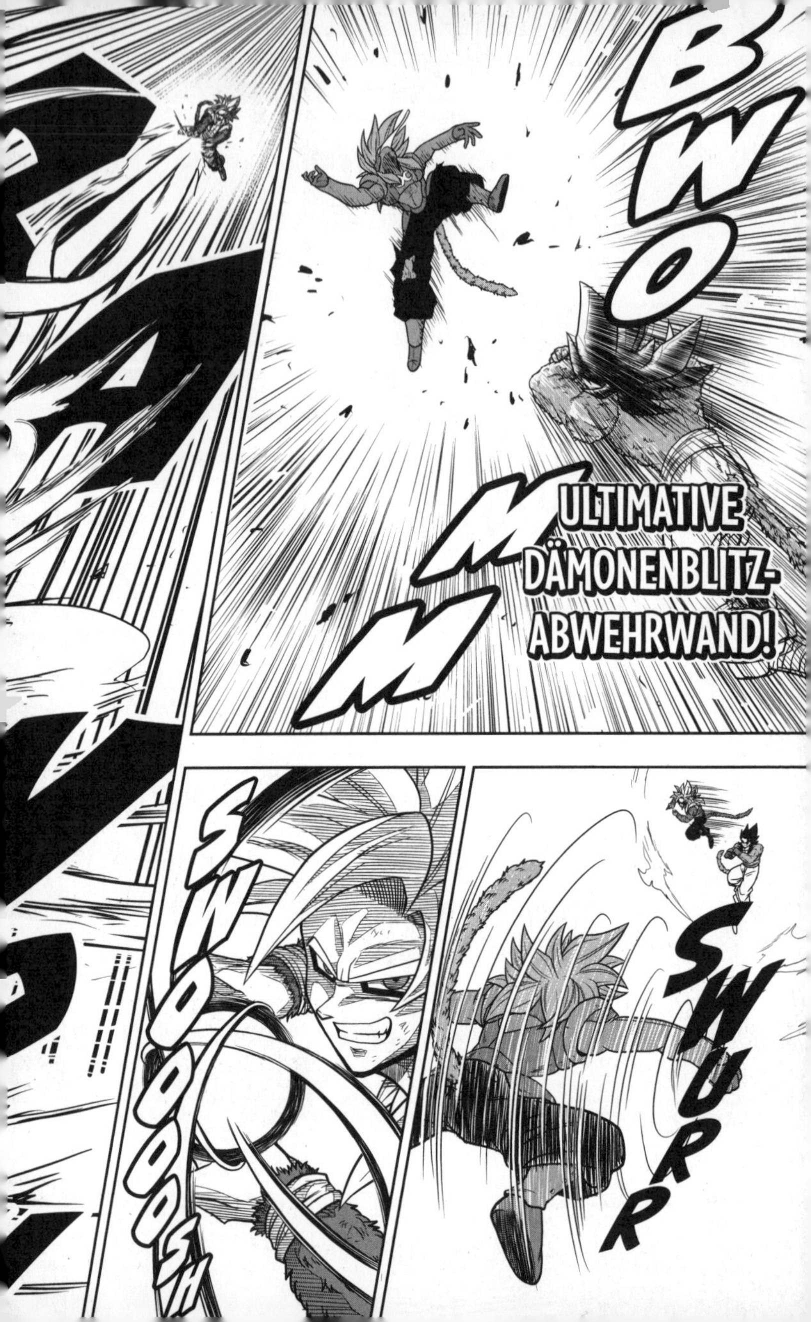
ULTIMATIVE DÄMONENBLITZ-ABWEHRWAND!

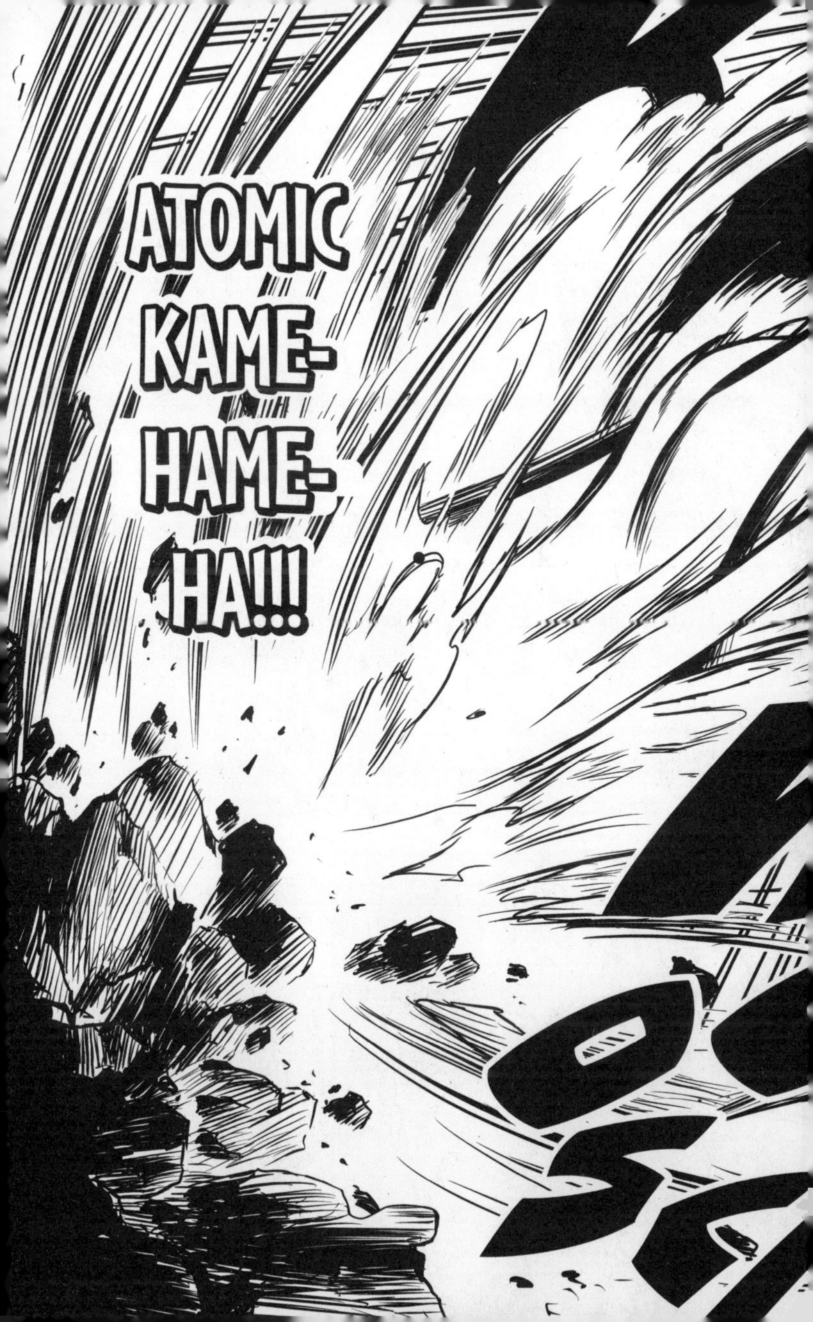
ATOMIC KAME-HAME-HA!!!

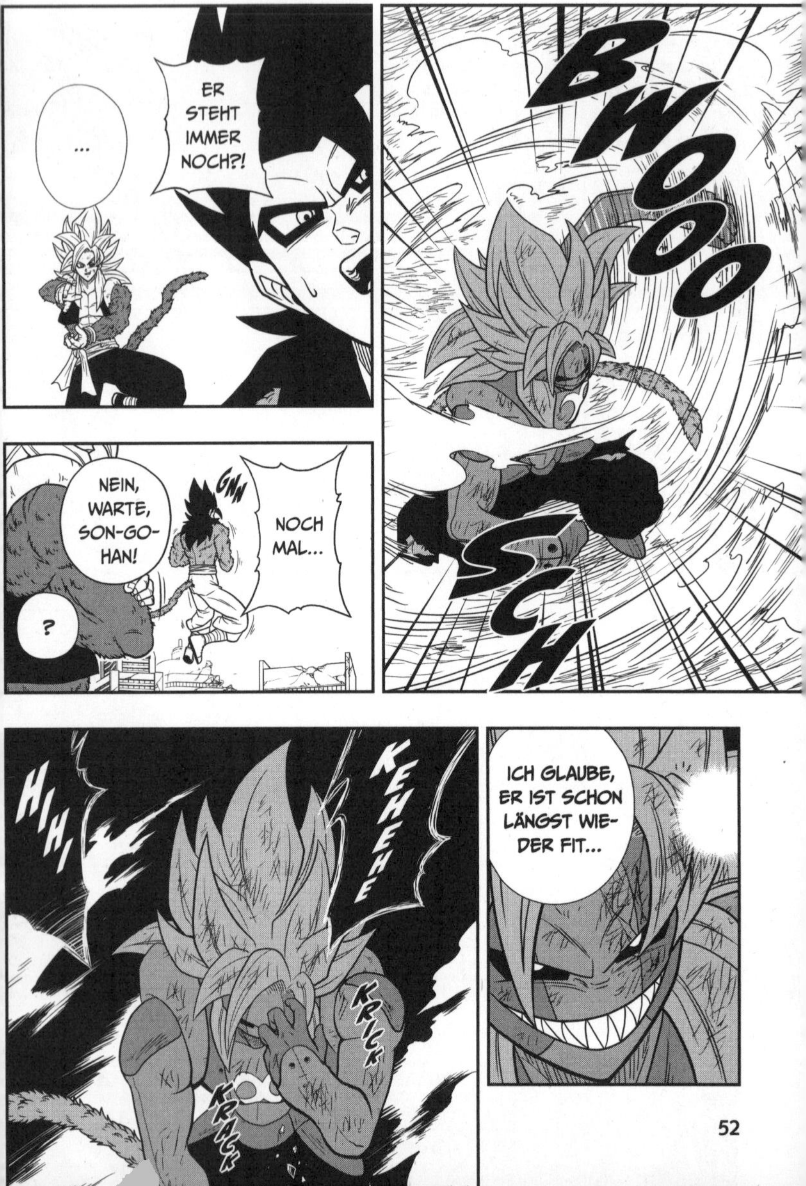
BWOOO
SCH
ER STEHT IMMER NOCH?!
...
GNN
NOCH MAL...
NEIN, WARTE, SON-GOHAN!
?
ICH GLAUBE, ER IST SCHON LÄNGST WIEDER FIT...
KEHEHE
HIHI
KRICK
KRACK

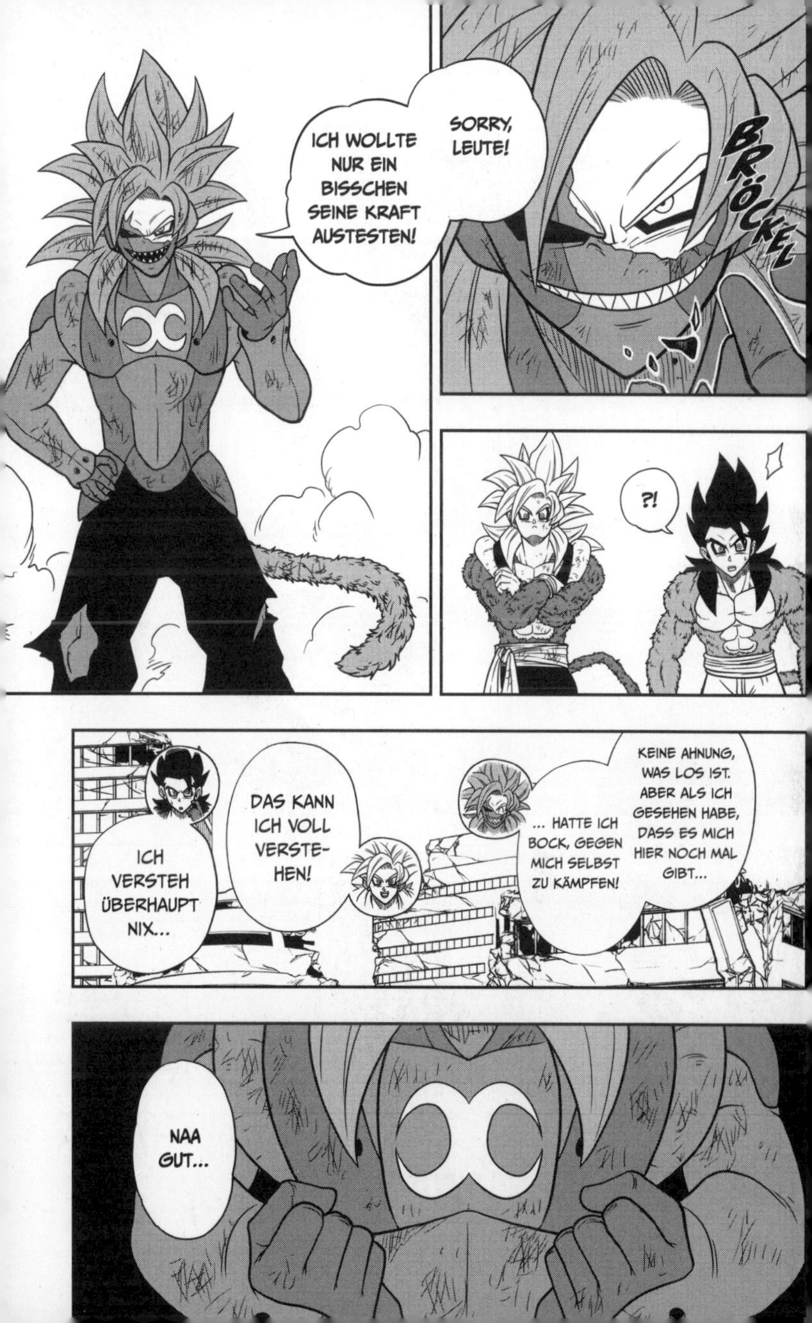
BRÖCKEL
SORRY, LEUTE!
ICH WOLLTE NUR EIN BISSCHEN SEINE KRAFT AUSTESTEN!
?!
KEINE AHNUNG, WAS LOS IST. ABER ALS ICH GESEHEN HABE, DASS ES MICH HIER NOCH MAL GIBT...
... HATTE ICH BOCK, GEGEN MICH SELBST ZU KÄMPFEN!
DAS KANN ICH VOLL VERSTE-HEN!
ICH VERSTEH ÜBERHAUPT NIX...
NAA GUT...

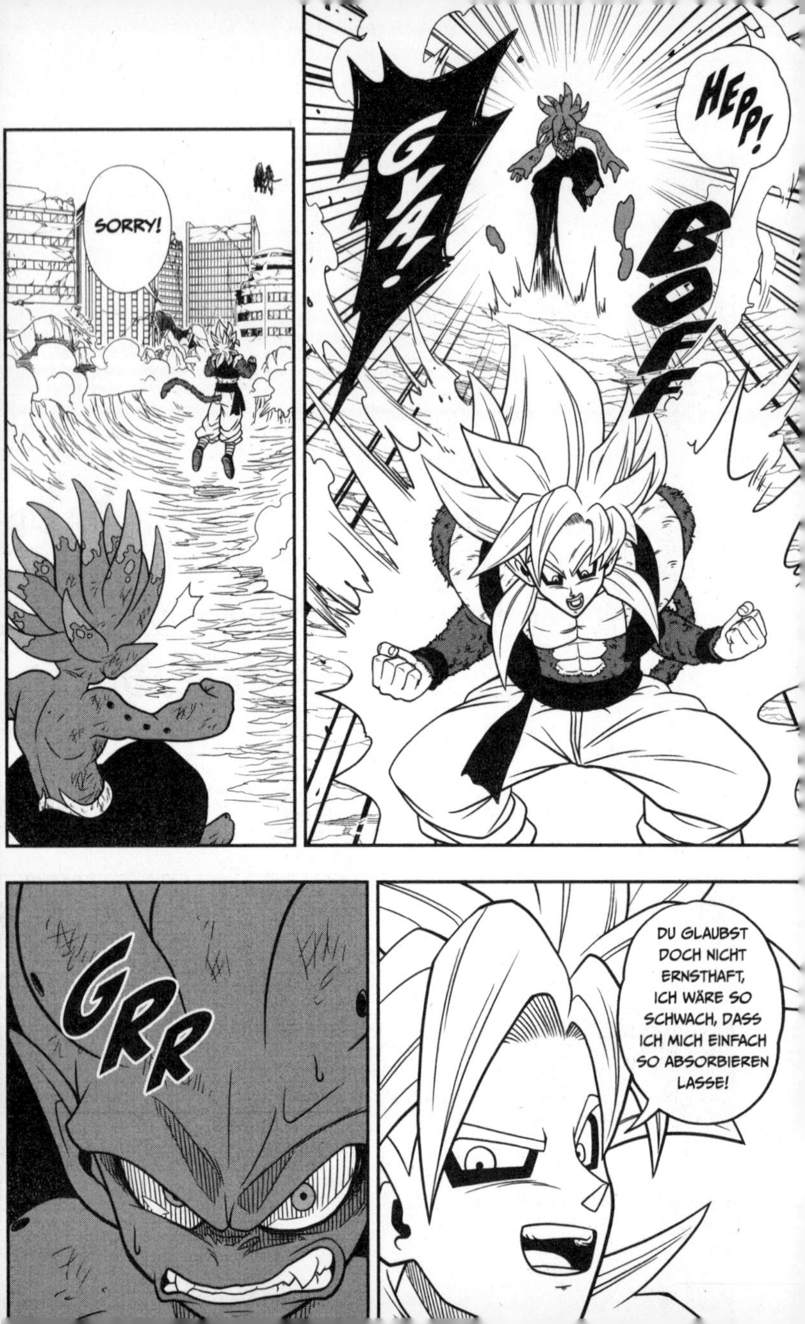
HEPP!
GYAA!
BOFF
SORRY!
GRR
DU GLAUBST DOCH NICHT ERNSTHAFT, ICH WÄRE SO SCHWACH, DASS ICH MICH EINFACH SO ABSORBIEREN LASSE!

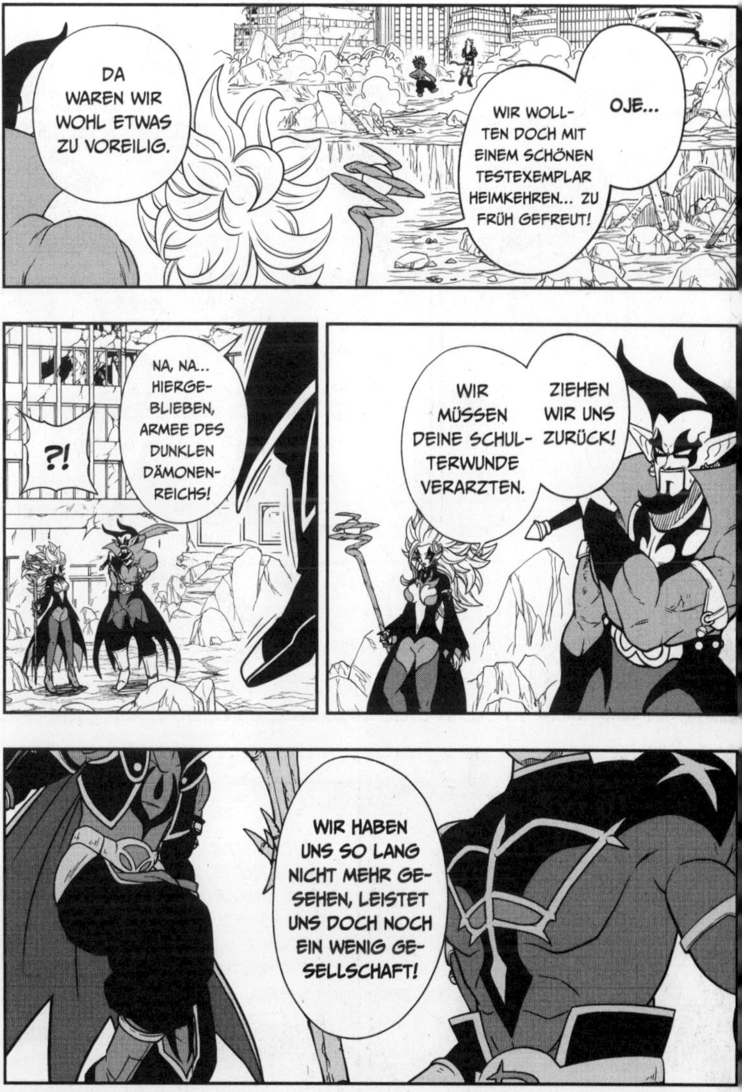
OJE...
WIR WOLLTEN DOCH MIT EINEM SCHÖNEN TESTEXEMPLAR HEIMKEHREN... ZU FRÜH GEFREUT!
DA WAREN WIR WOHL ETWAS ZU VOREILIG.
ZIEHEN WIR UNS ZURÜCK!
WIR MÜSSEN DEINE SCHULTERWUNDE VERARZTEN.
NA, NA... HIERGEBLIEBEN, ARMEE DES DUNKLEN DÄMONENREICHS!
?!
WIR HABEN UNS SO LANG NICHT MEHR GESEHEN, LEISTET UNS DOCH NOCH EIN WENIG GESELLSCHAFT!

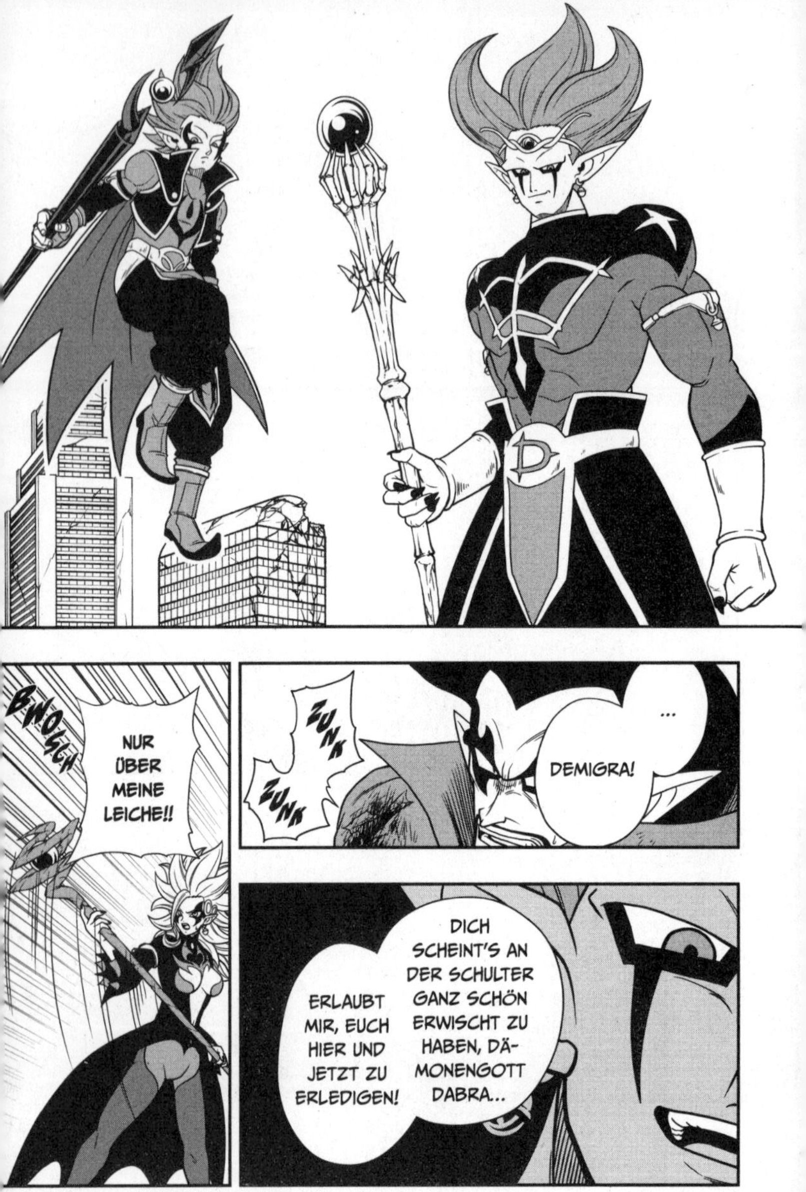
...
DEMIGRA!
ZUNK
ZUNK
DICH SCHEINT'S AN DER SCHULTER GANZ SCHÖN ERWISCHT ZU HABEN, DÄMONENGOTT DABRA...
ERLAUBT MIR, EUCH HIER UND JETZT ZU ERLEDIGEN!
BWOSCH
NUR ÜBER MEINE LEICHE!!

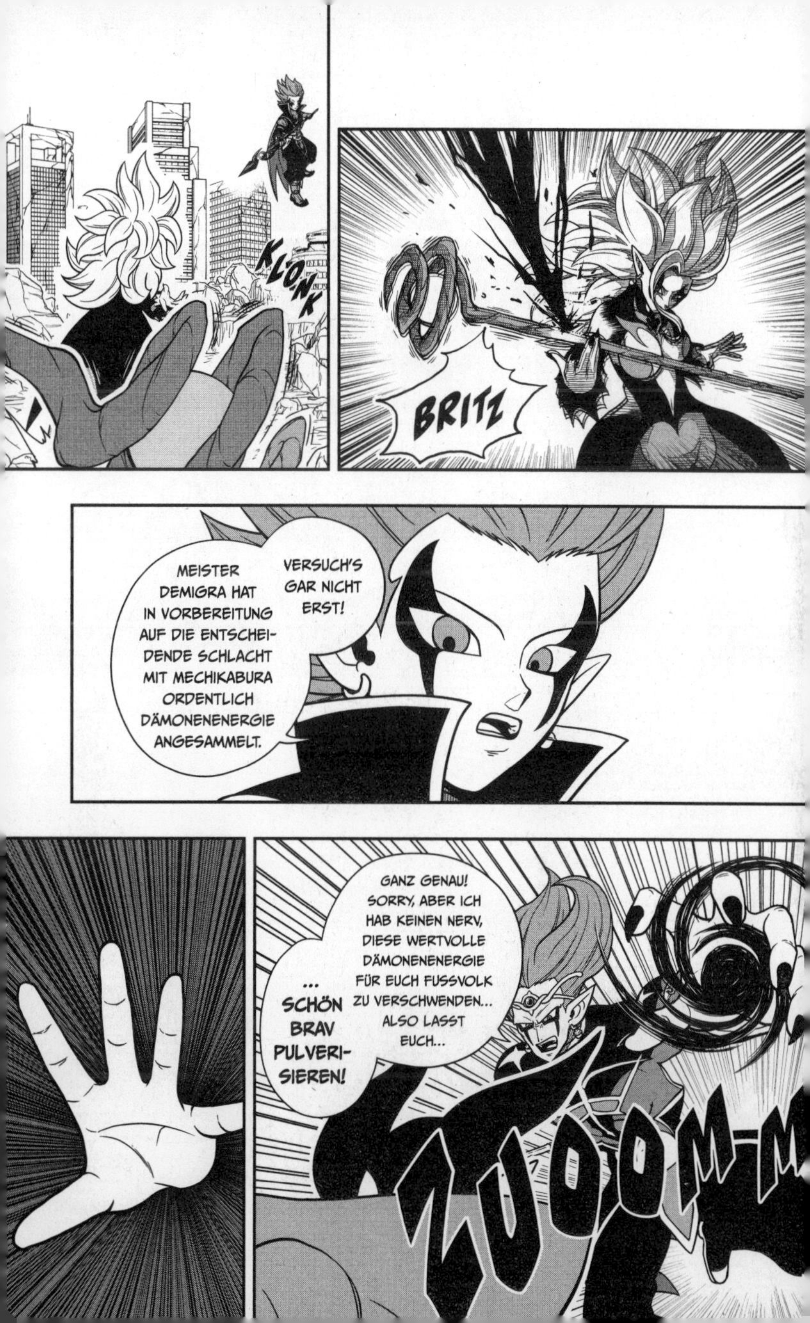
BRITZ
KLONK
VERSUCH'S GAR NICHT ERST!
MEISTER DEMIGRA HAT IN VORBEREITUNG AUF DIE ENTSCHEI-DENDE SCHLACHT MIT MECHIKABURA ORDENTLICH DÄMONENENERGIE ANGESAMMELT.
GANZ GENAU! SORRY, ABER ICH HAB KEINEN NERV, DIESE WERTVOLLE DÄMONENENERGIE FÜR EUCH FUSSVOLK ZU VERSCHWENDEN... ALSO LASST EUCH...
... SCHÖN BRAV PULVERI-SIEREN!
ZUOOM-M

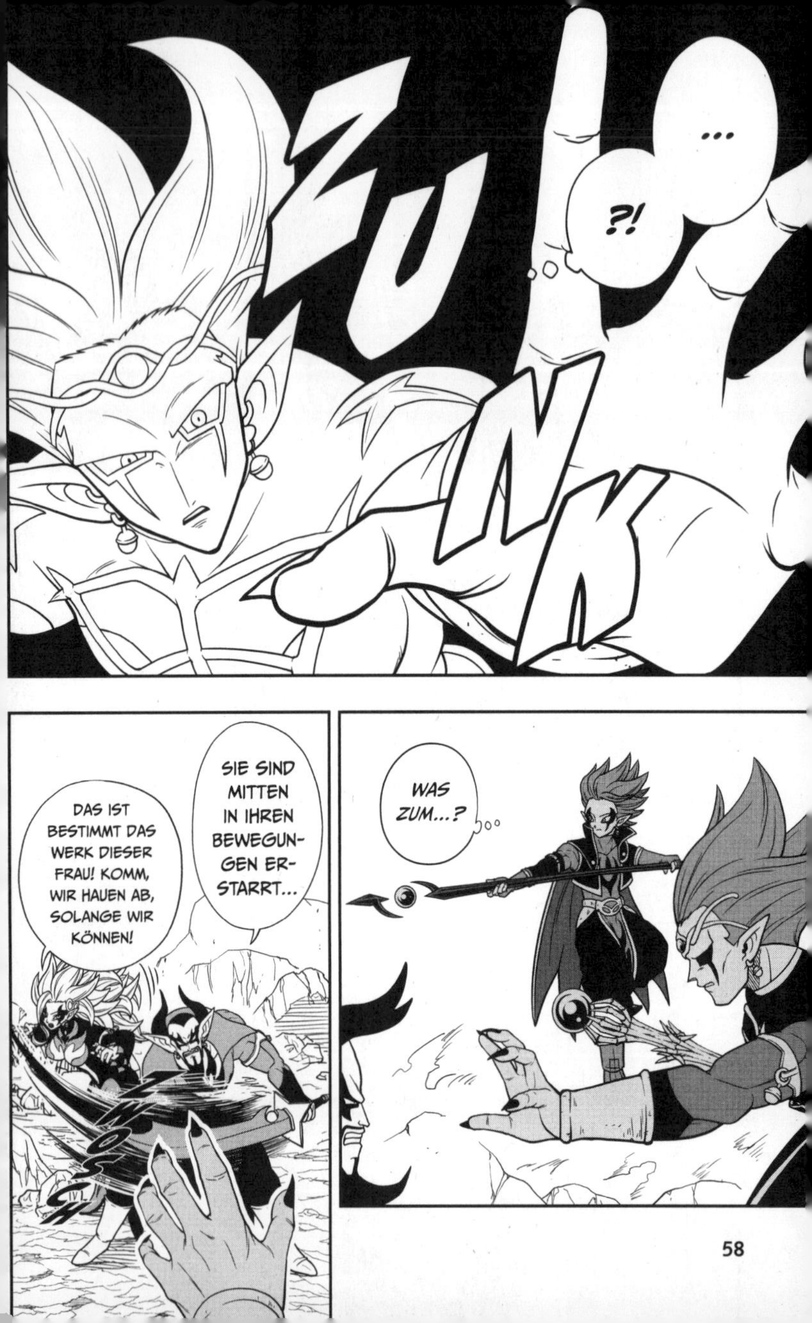
ZUNK
...
?!
WAS ZUM...?
SIE SIND MITTEN IN IHREN BEWEGUNGEN ERSTARRT...
DAS IST BESTIMMT DAS WERK DIESER FRAU! KOMM, WIR HAUEN AB, SOLANGE WIR KÖNNEN!

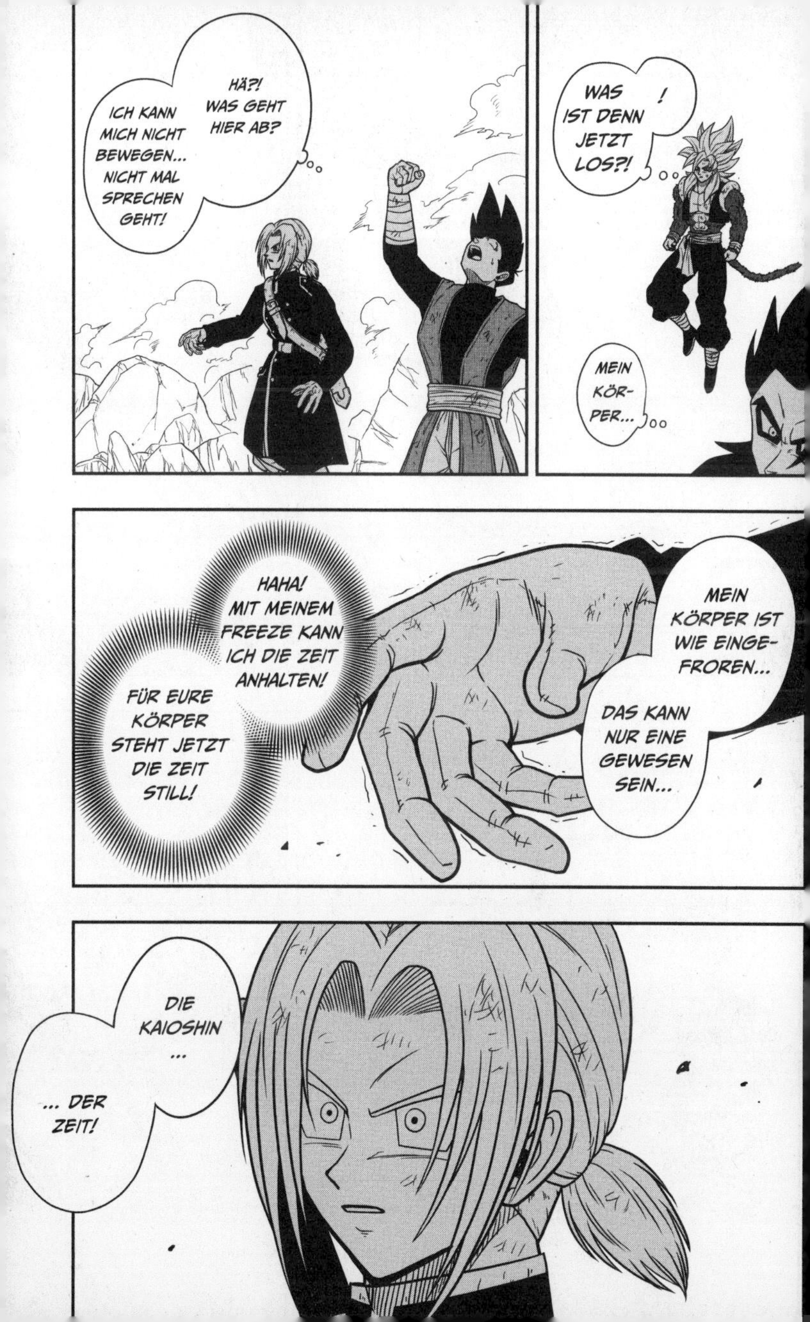
WAS IST DENN JETZT LOS?!
!
MEIN KÖRPER...
HÄ?! WAS GEHT HIER AB?
ICH KANN MICH NICHT BEWEGEN... NICHT MAL SPRECHEN GEHT!
MEIN KÖRPER IST WIE EINGEFROREN...
DAS KANN NUR EINE GEWESEN SEIN...
HAHA! MIT MEINEM FREEZE KANN ICH DIE ZEIT ANHALTEN!
FÜR EURE KÖRPER STEHT JETZT DIE ZEIT STILL!
DIE KAIOSHIN ...
... DER ZEIT!

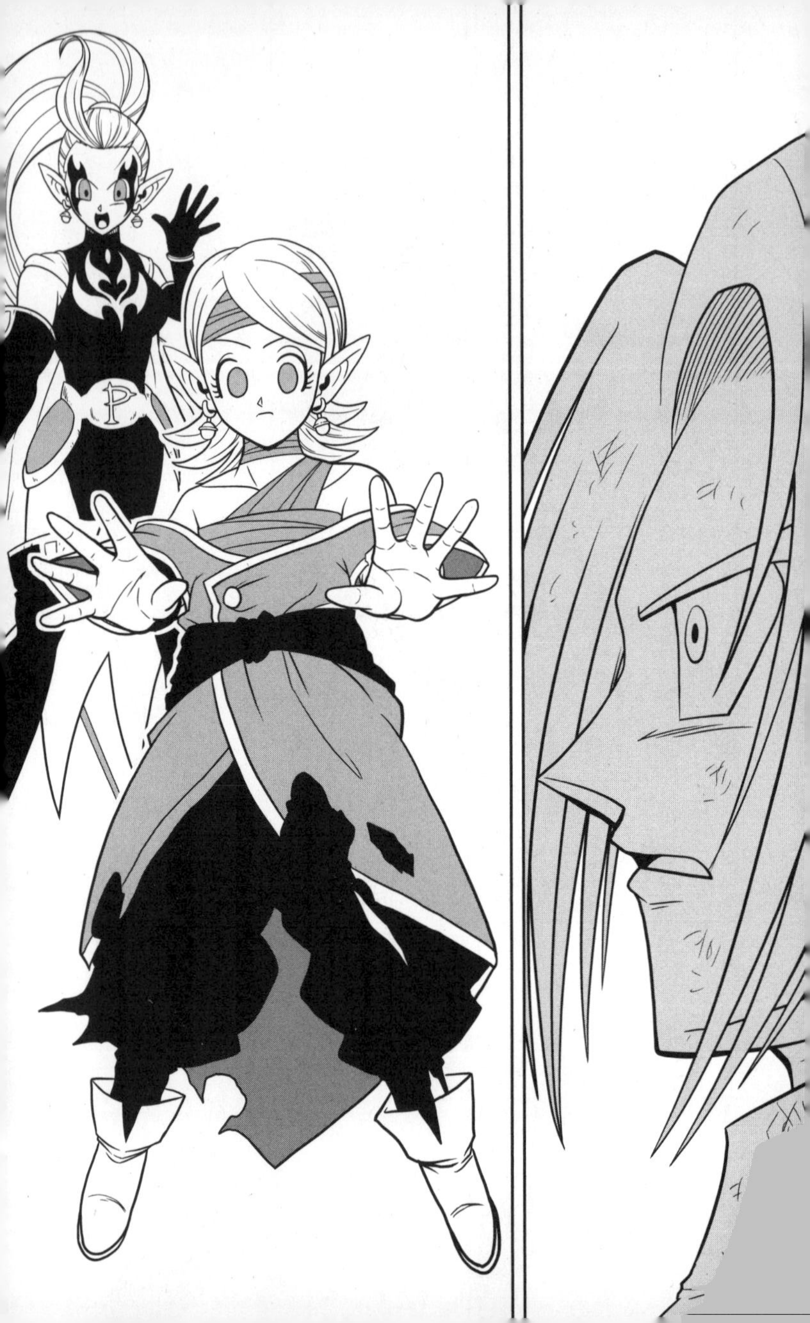

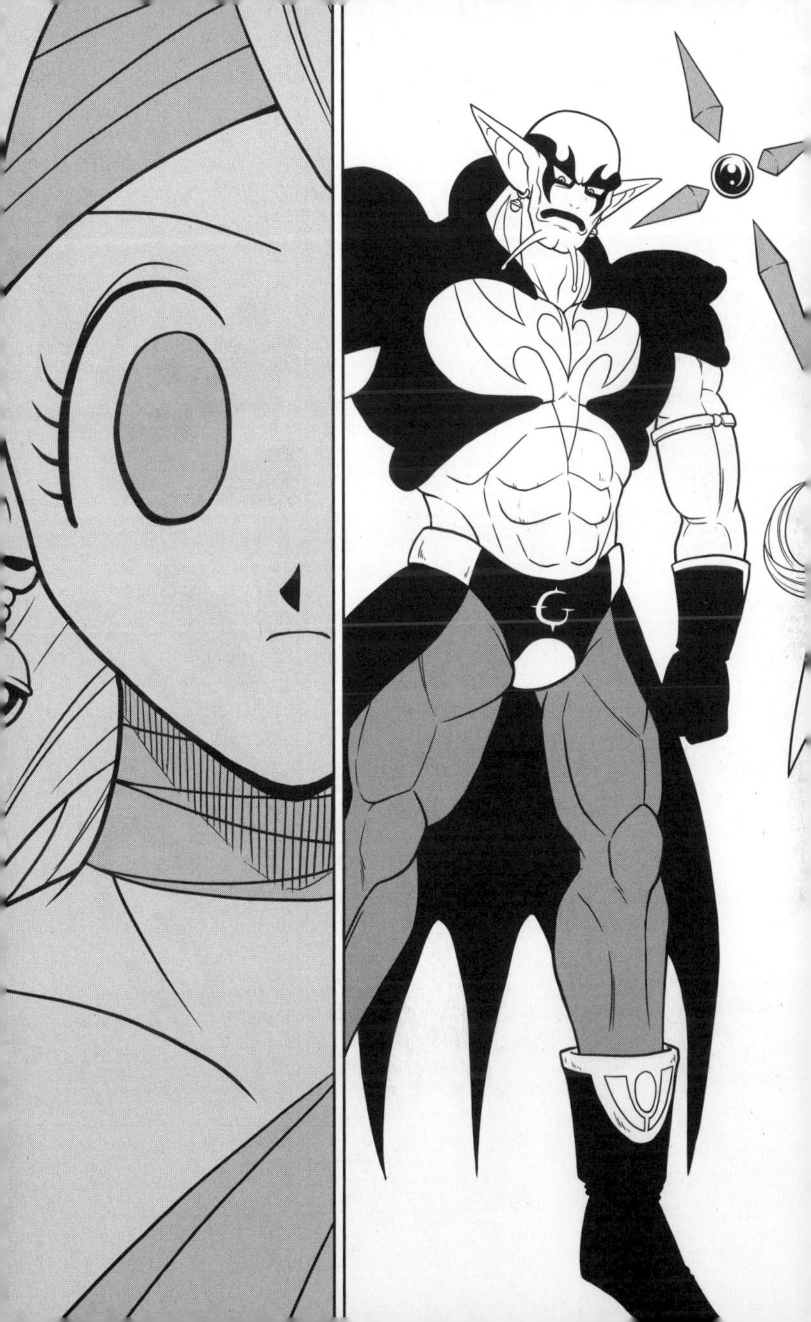

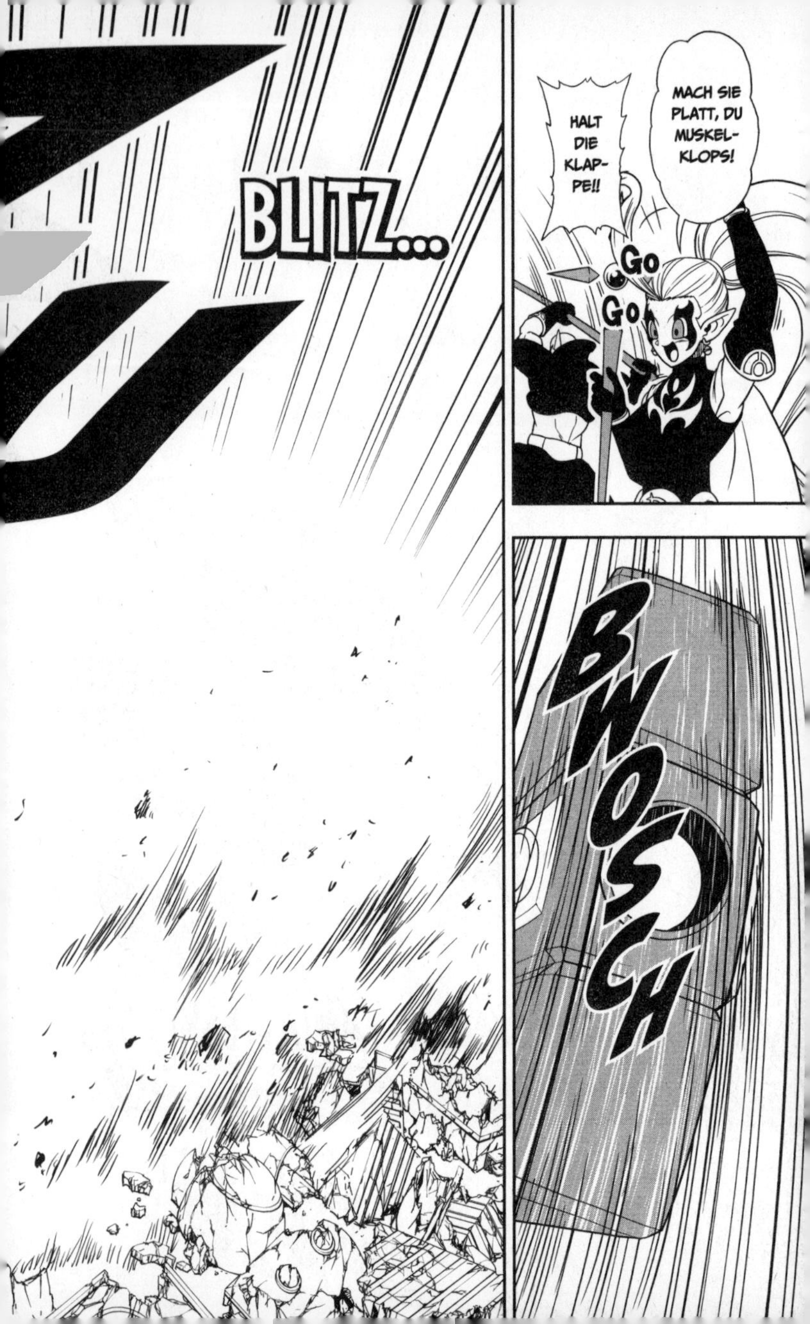
MACH SIE PLATT, DU MUSKEL-KLOPS!
HALT DIE KLAP-PE!!
GO
GO
BWOSCH
BLITZ...

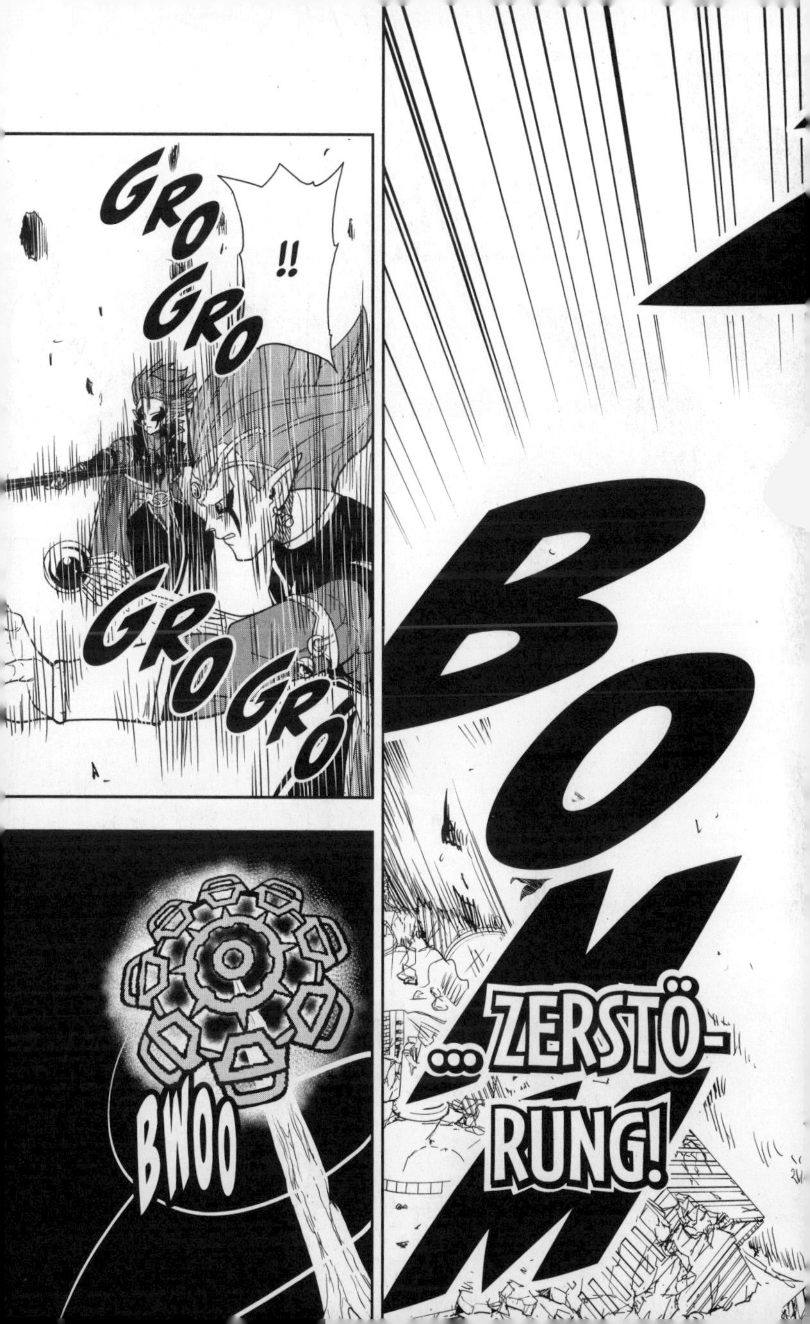
...ZERSTÖ-
RUNG!
!!
GRO GRO
GRO GRO GRO
BWOO

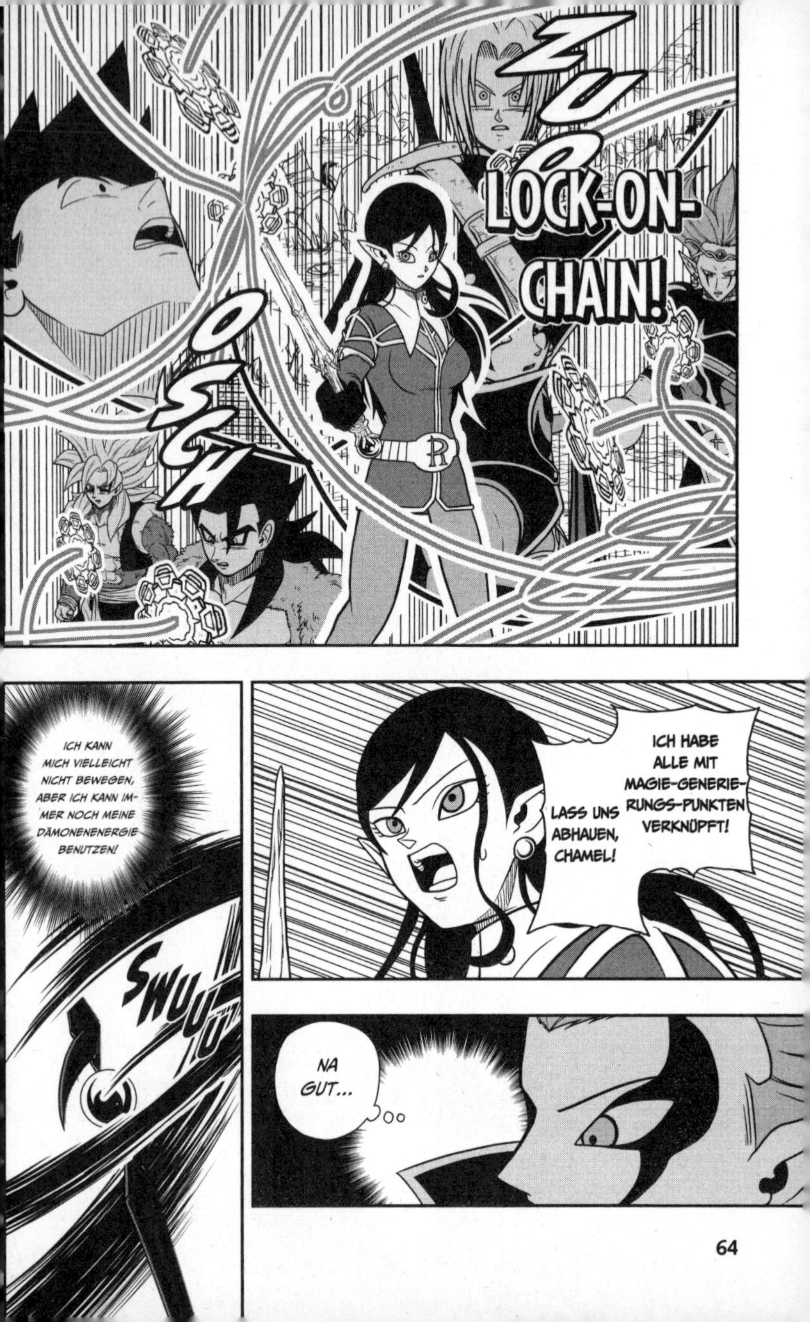
ZUO
LOCK-ON-CHAIN!
OOSCH
ICH HABE ALLE MIT MAGIE-GENERIE-RUNGS-PUNKTEN VERKNÜPFT!
LASS UNS ABHAUEN, CHAMEL!
NA GUT...
ICH KANN MICH VIELLEICHT NICHT BEWEGEN, ABER ICH KANN IM-MER NOCH MEINE DÄMONENENERGIE BENUTZEN!
SWUUT

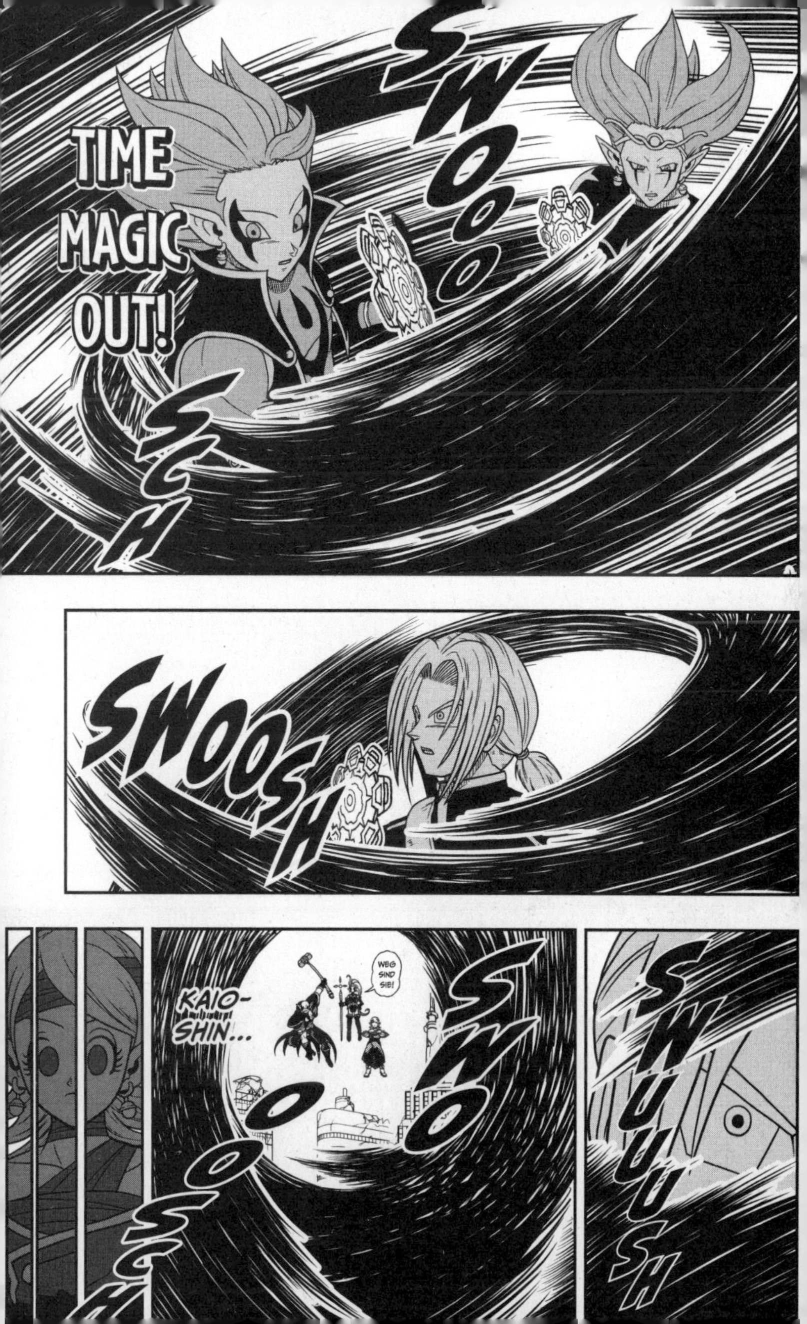
SWOOOOSH
TIME MAGIC OUT!
SCH
SWOOSH
WEG SIND SIE!
KAIO-SHIN...
SWOOOOSCH
SWUUUSH

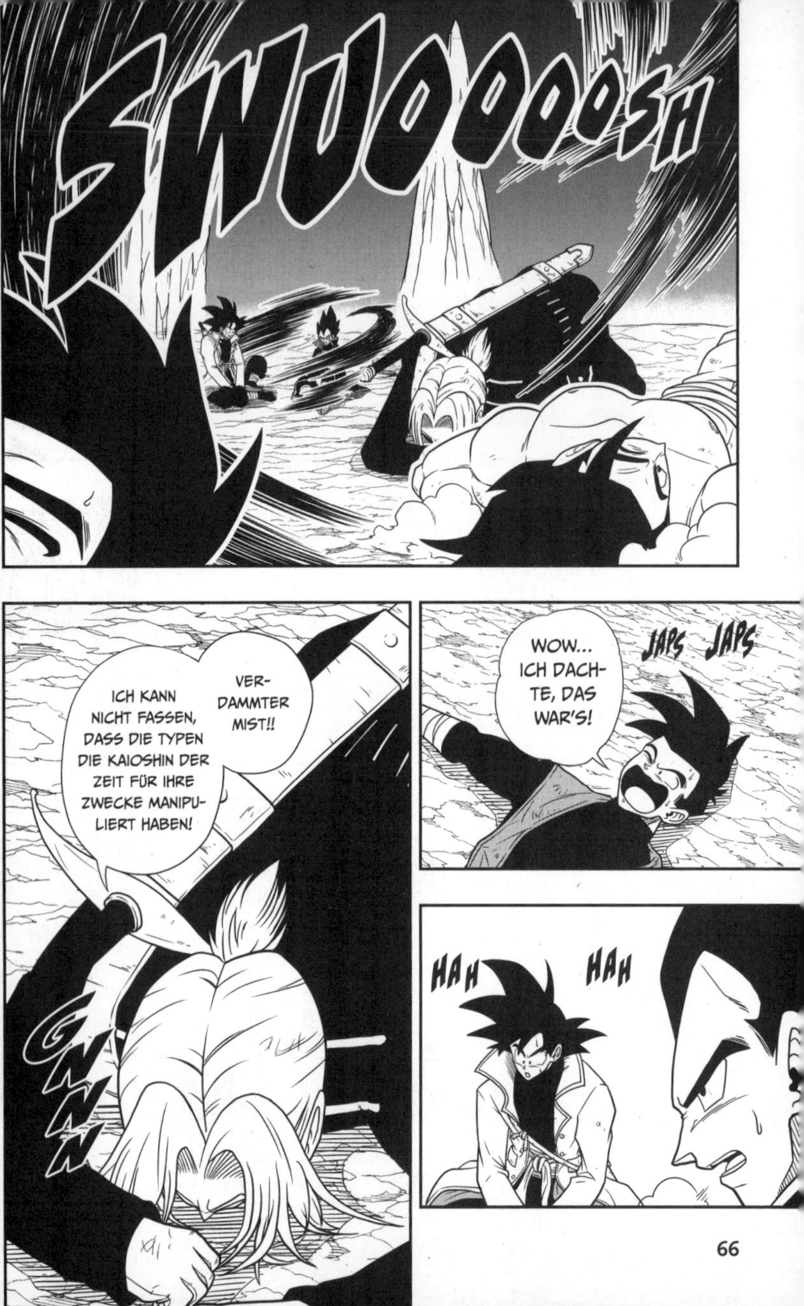
SHUOOOOSH
ICH KANN NICHT FASSEN, DASS DIE TYPEN DIE KAIOSHIN DER ZEIT FÜR IHRE ZWECKE MANIPULIERT HABEN!
VERDAMMTER MIST!!
GNNNN
JAPS JAPS
WOW... ICH DACHTE, DAS WAR'S!
HAH HAH

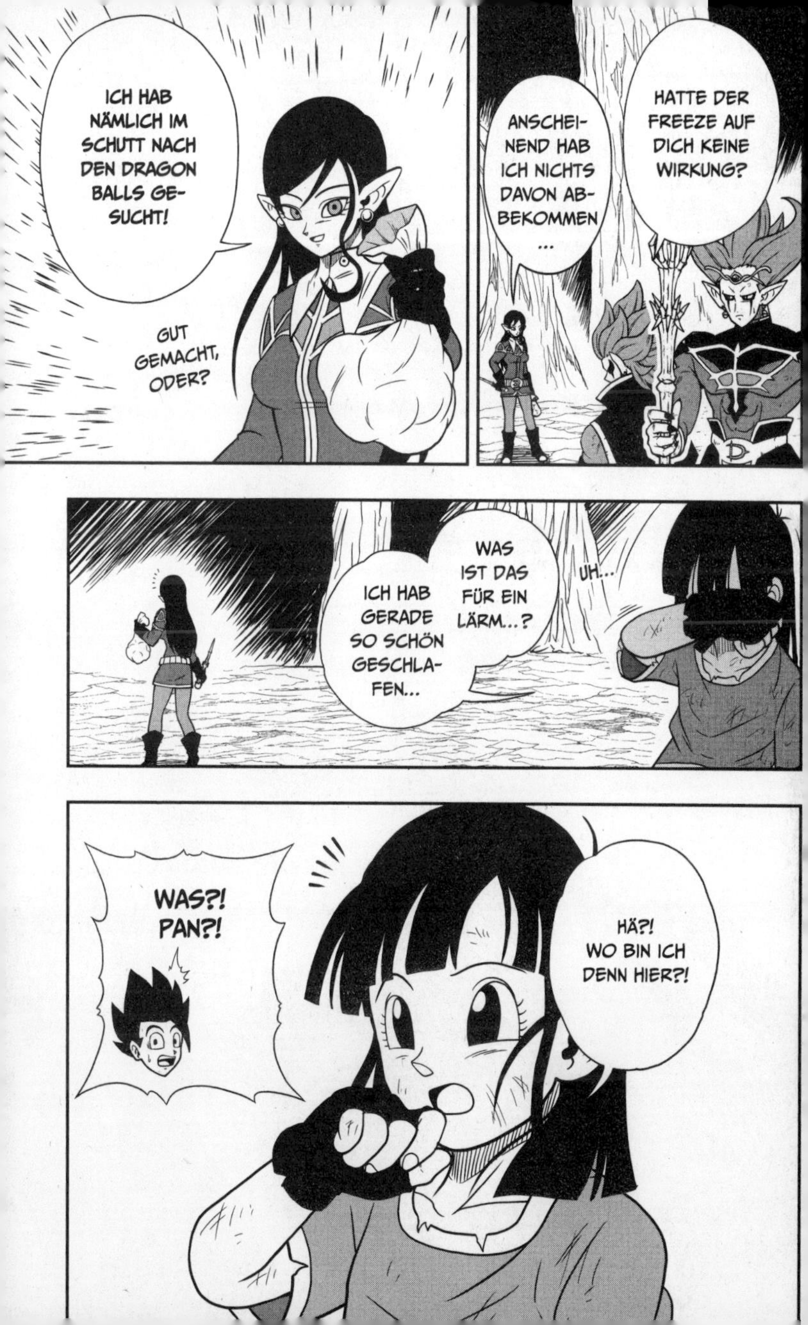
HATTE DER FREEZE AUF DICH KEINE WIRKUNG?
ANSCHEI-NEND HAB ICH NICHTS DAVON AB-BEKOMMEN ...
ICH HAB NÄMLICH IM SCHUTT NACH DEN DRAGON BALLS GE-SUCHT!
GUT GEMACHT, ODER?
UH...
WAS IST DAS FÜR EIN LÄRM...?
ICH HAB GERADE SO SCHÖN GESCHLA-FEN...
HÄ?! WO BIN ICH DENN HIER?!
WAS?! PAN?!

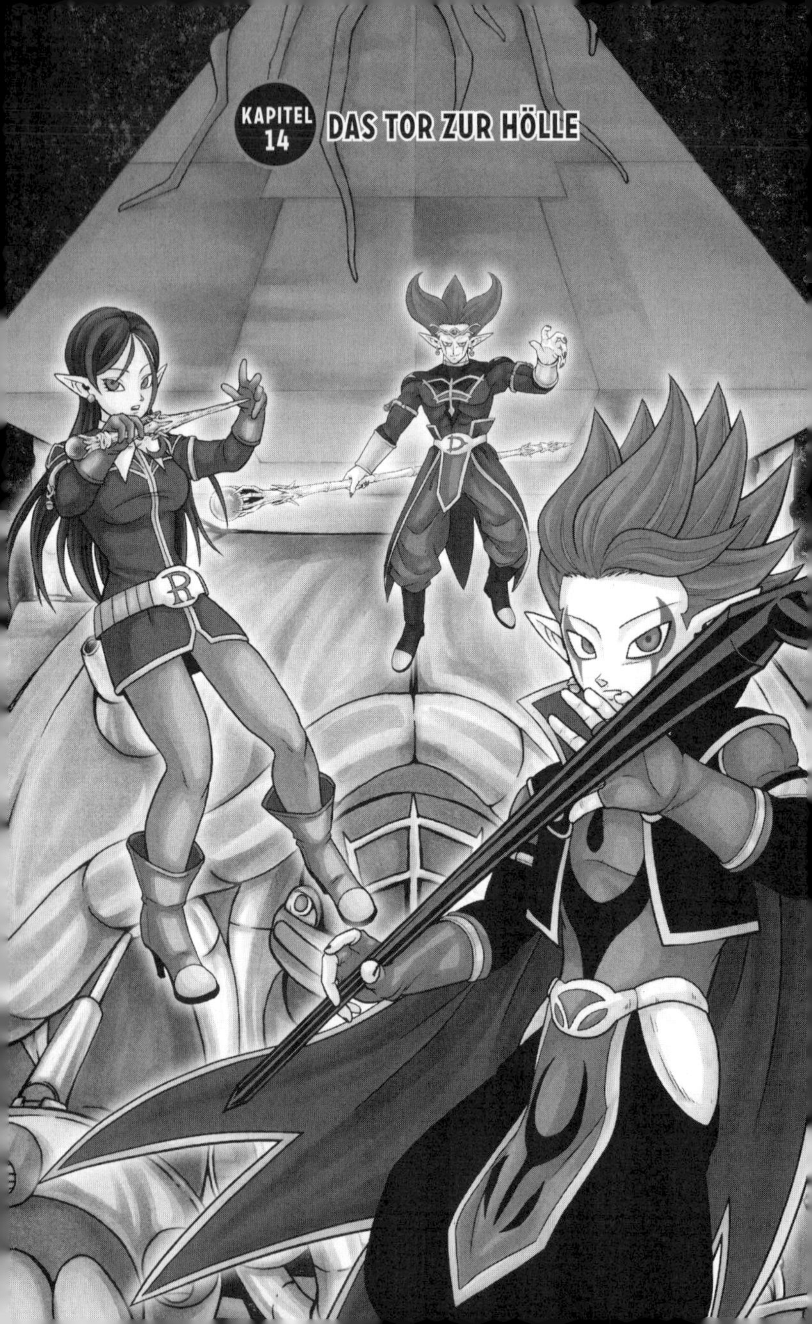
KAPITEL 14
DAS TOR ZUR HÖLLE

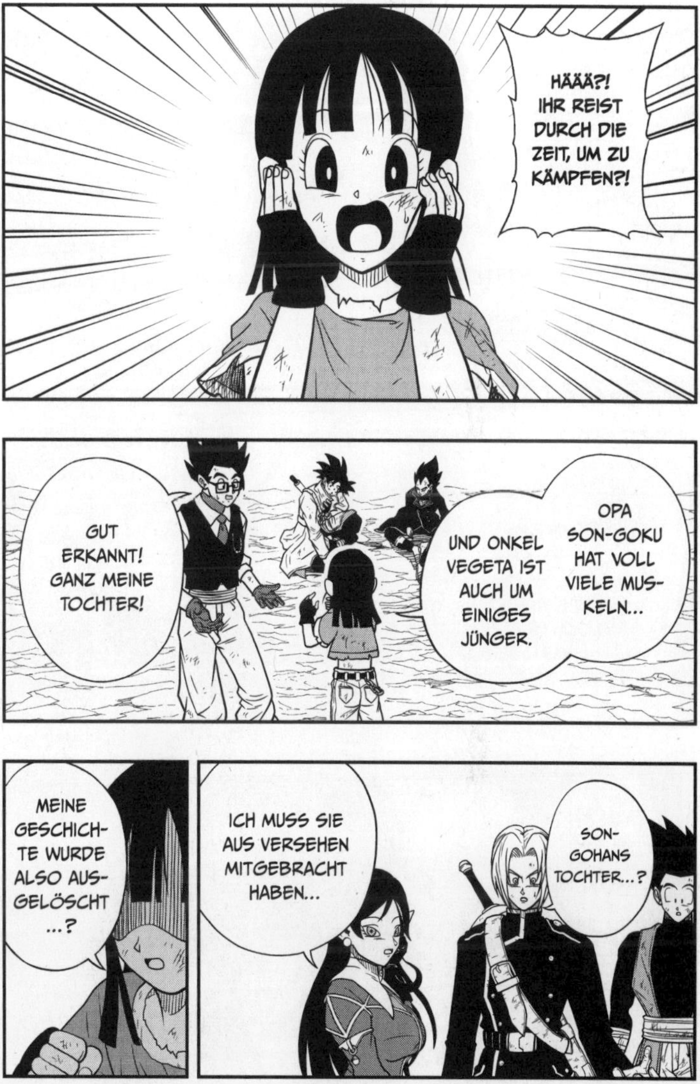
HÄÄÄ?! IHR REIST DURCH DIE ZEIT, UM ZU KÄMPFEN?!
OPA SON-GOKU HAT VOLL VIELE MUSKELN...
UND ONKEL VEGETA IST AUCH UM EINIGES JÜNGER.
GUT ERKANNT! GANZ MEINE TOCHTER!
SON-GOHANS TOCHTER...?
ICH MUSS SIE AUS VERSEHEN MITGEBRACHT HABEN...
MEINE GESCHICHTE WURDE ALSO AUSGELÖSCHT ...?

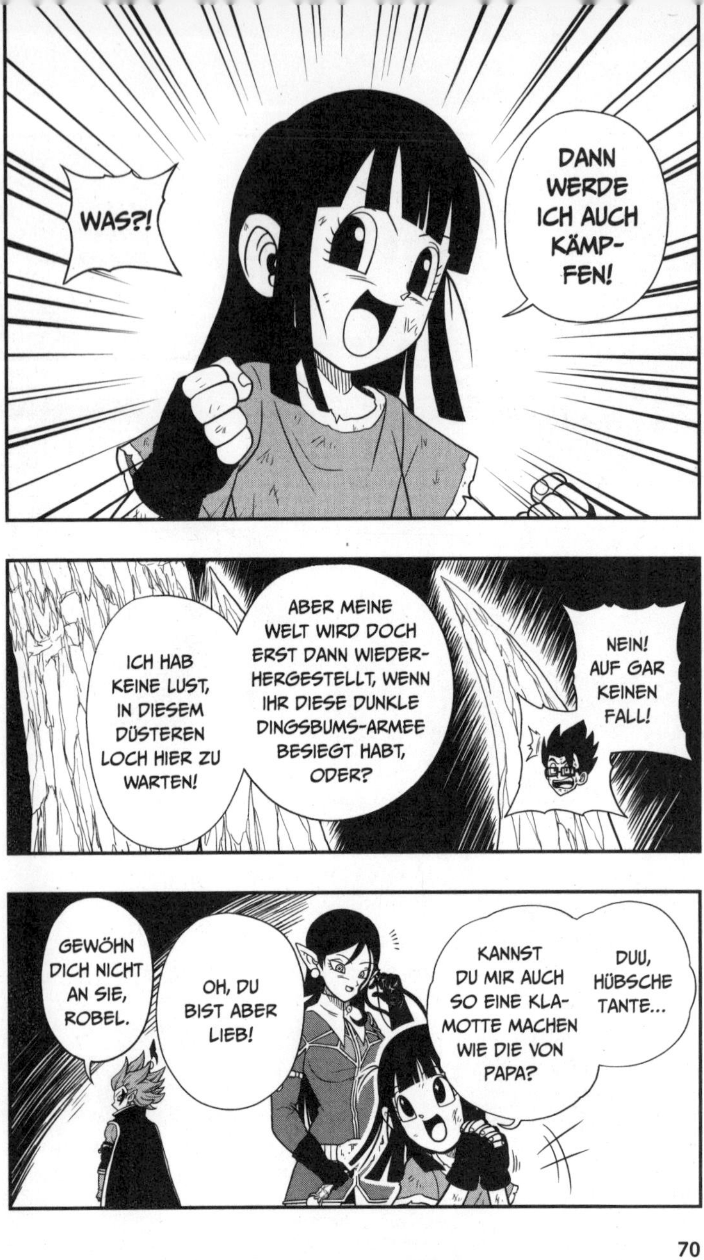
DANN WERDE ICH AUCH KÄMP-FEN!
WAS?!
NEIN! AUF GAR KEINEN FALL!
ABER MEINE WELT WIRD DOCH ERST DANN WIEDER-HERGESTELLT, WENN IHR DIESE DUNKLE DINGSBUMS-ARMEE BESIEGT HABT, ODER?
ICH HAB KEINE LUST, IN DIESEM DÜSTEREN LOCH HIER ZU WARTEN!
DUU, HÜBSCHE TANTE...
KANNST DU MIR AUCH SO EINE KLA-MOTTE MACHEN WIE DIE VON PAPA?
OH, DU BIST ABER LIEB!
GEWÖHN DICH NICHT AN SIE, ROBEL.

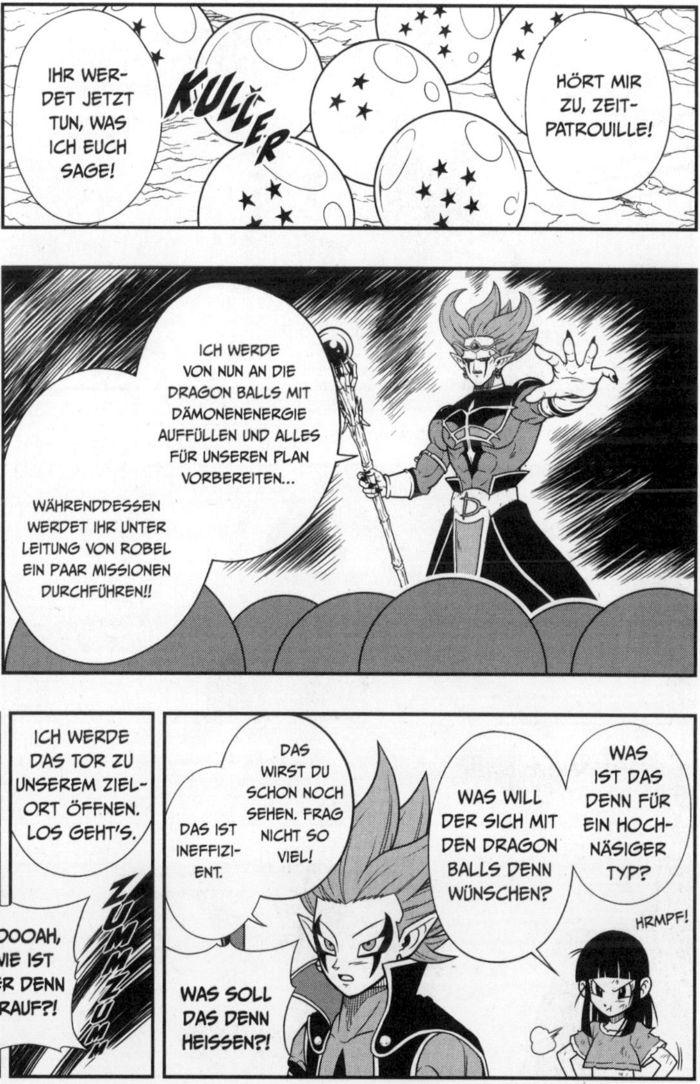
HÖRT MIR ZU, ZEIT-PATROUILLE!
KULLER
IHR WERDET JETZT TUN, WAS ICH EUCH SAGE!
ICH WERDE VON NUN AN DIE DRAGON BALLS MIT DÄMONENENERGIE AUFFÜLLEN UND ALLES FÜR UNSEREN PLAN VORBEREITEN...
WÄHRENDDESSEN WERDET IHR UNTER LEITUNG VON ROBEL EIN PAAR MISSIONEN DURCHFÜHREN!!
WAS IST DAS DENN FÜR EIN HOCHNÄSIGER TYP?
HRMPF!
WAS WILL DER SICH MIT DEN DRAGON BALLS DENN WÜNSCHEN?
DAS WIRST DU SCHON NOCH SEHEN. FRAG NICHT SO VIEL!
DAS IST INEFFIZIENT.
WAS SOLL DAS DENN HEISSEN?!
ICH WERDE DAS TOR ZU UNSEREM ZIELORT ÖFFNEN. LOS GEHT'S.
ZUMM ZUMM
BOOOAH, WIE IST DER DENN DRAUF?!

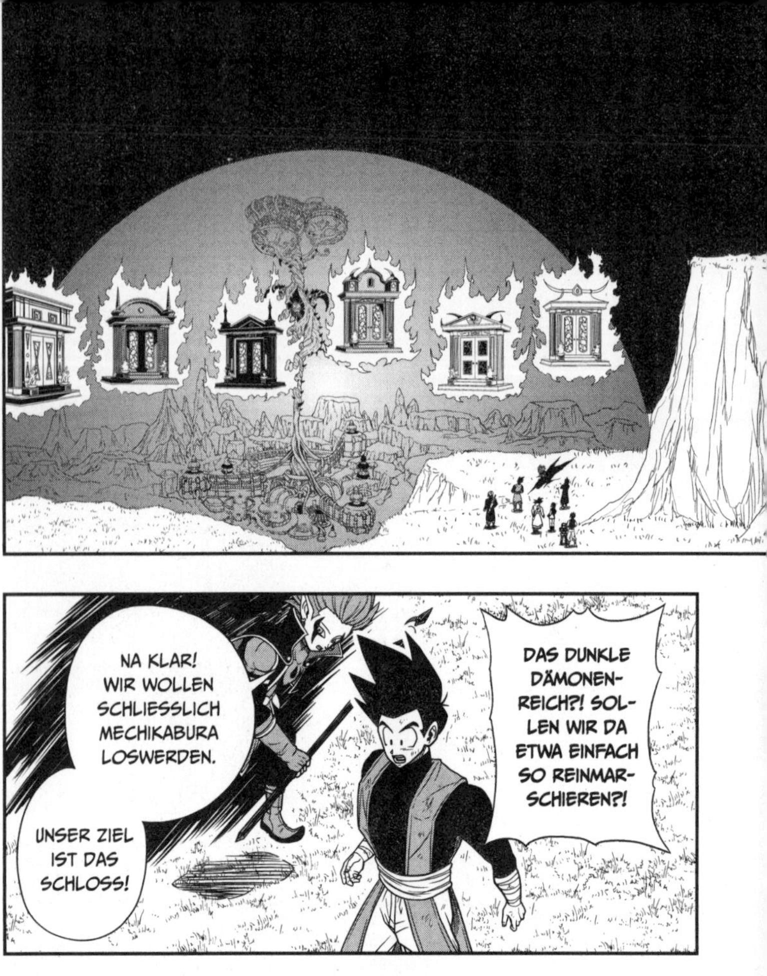
DAS DUNKLE DÄMONEN-REICH?! SOL-LEN WIR DA ETWA EINFACH SO REINMAR-SCHIEREN?!
NA KLAR! WIR WOLLEN SCHLIESSLICH MECHIKABURA LOSWERDEN.
UNSER ZIEL IST DAS SCHLOSS!
DANN NICHTS WIE HIN!
DAS GEHT LEI-DER NICHT. DAVOR...

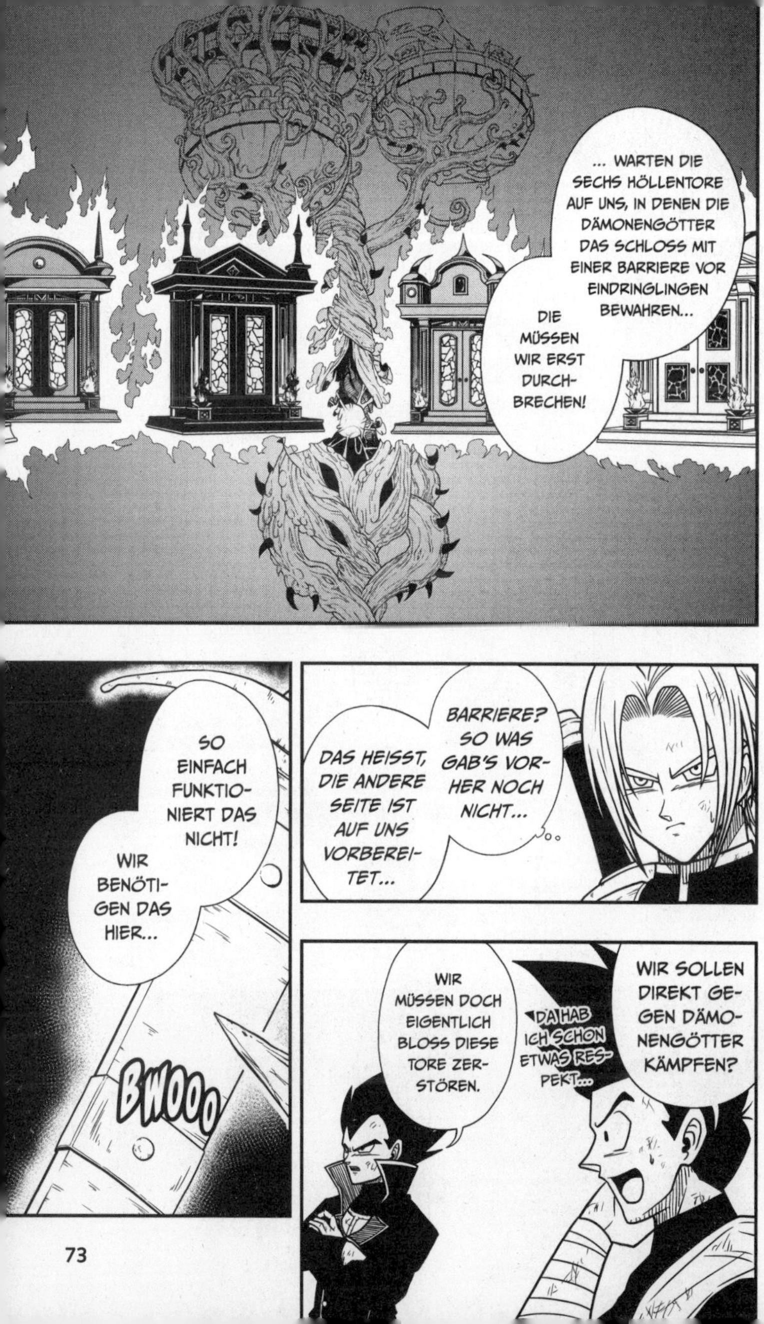
... WARTEN DIE SECHS HÖLLENTORE AUF UNS, IN DENEN DIE DÄMONENGÖTTER DAS SCHLOSS MIT EINER BARRIERE VOR EINDRINGLINGEN BEWAHREN...
DIE MÜSSEN WIR ERST DURCHBRECHEN!
BARRIERE? SO WAS GAB'S VORHER NOCH NICHT...
DAS HEISST, DIE ANDERE SEITE IST AUF UNS VORBEREITET...
WIR SOLLEN DIREKT GEGEN DÄMONENGÖTTER KÄMPFEN?
DA HAB ICH SCHON ETWAS RESPEKT...
WIR MÜSSEN DOCH EIGENTLICH BLOSS DIESE TORE ZERSTÖREN.
SO EINFACH FUNKTIONIERT DAS NICHT!
WIR BENÖTIGEN DAS HIER...
BWOOO

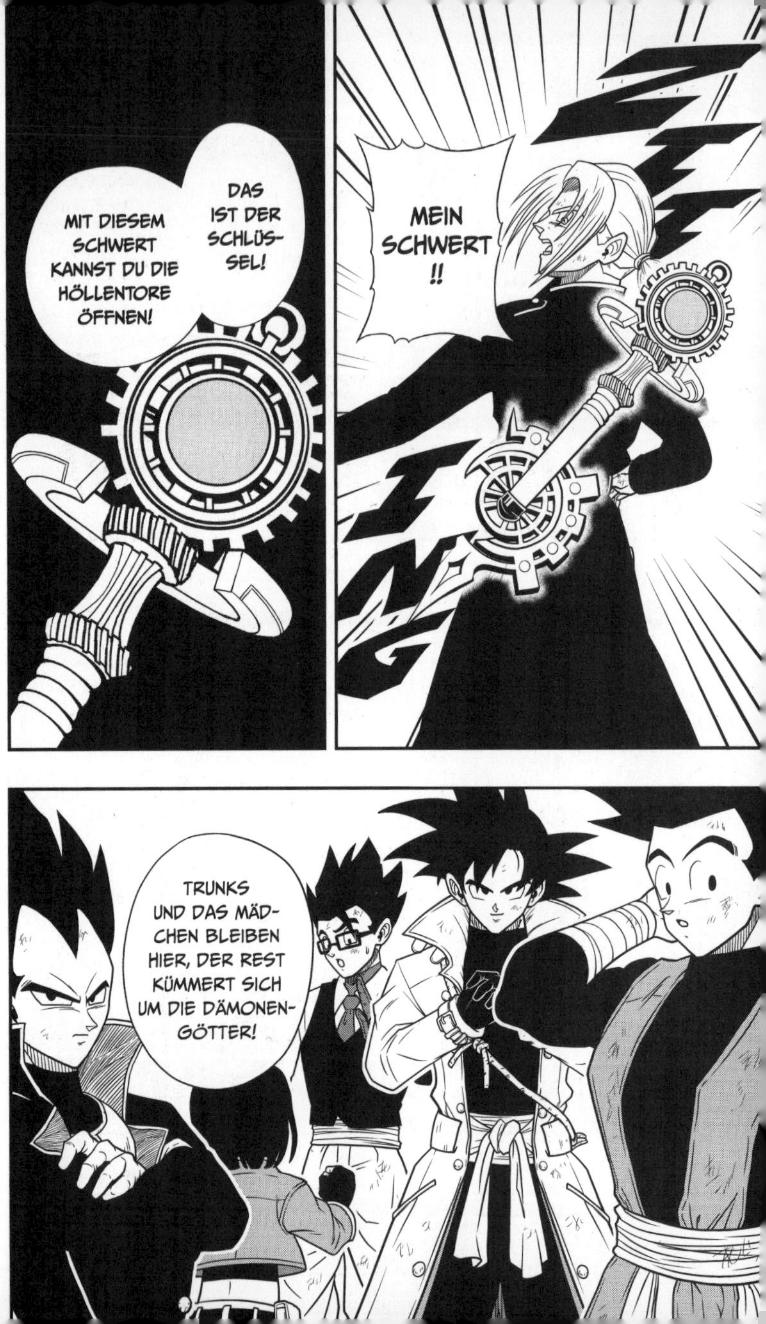
MEIN SCHWERT !!
DAS IST DER SCHLÜS-SEL!
MIT DIESEM SCHWERT KANNST DU DIE HÖLLENTORE ÖFFNEN!
TRUNKS UND DAS MÄD-CHEN BLEIBEN HIER, DER REST KÜMMERT SICH UM DIE DÄMONEN-GÖTTER!

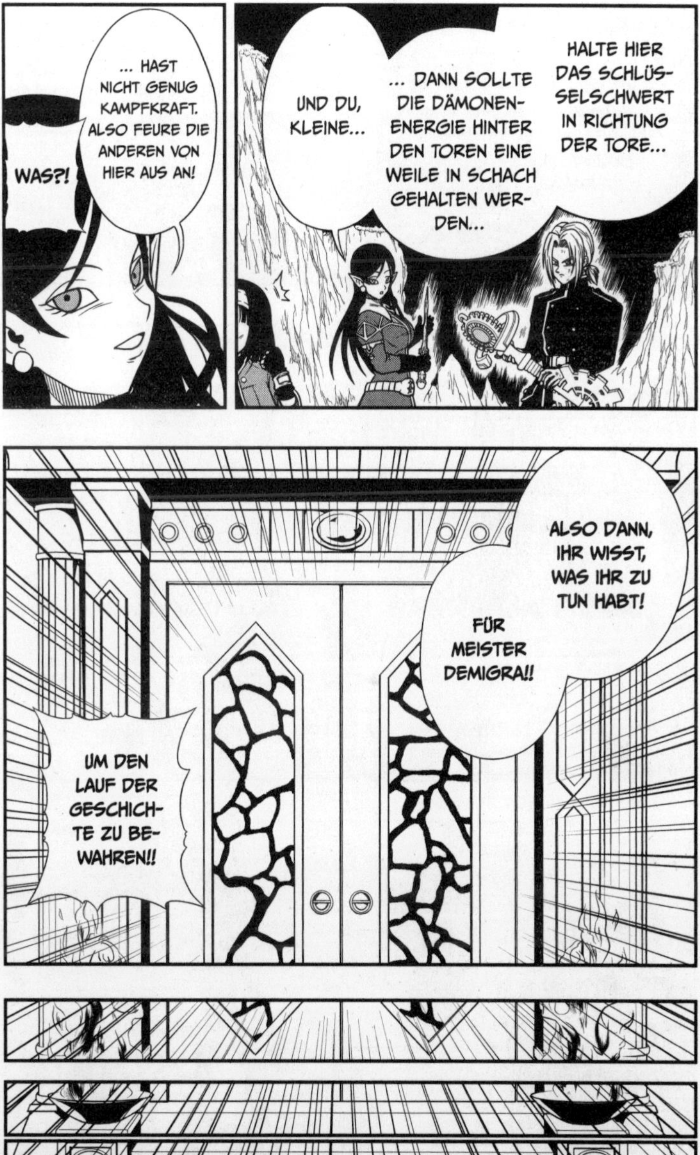
HALTE HIER DAS SCHLÜSSELSCHWERT IN RICHTUNG DER TORE...
... DANN SOLLTE DIE DÄMONENENERGIE HINTER DEN TOREN EINE WEILE IN SCHACH GEHALTEN WERDEN...
UND DU, KLEINE...
... HAST NICHT GENUG KAMPFKRAFT. ALSO FEURE DIE ANDEREN VON HIER AUS AN!
WAS?!
ALSO DANN, IHR WISST, WAS IHR ZU TUN HABT!
FÜR MEISTER DEMIGRA!!
UM DEN LAUF DER GESCHICHTE ZU BEWAHREN!!

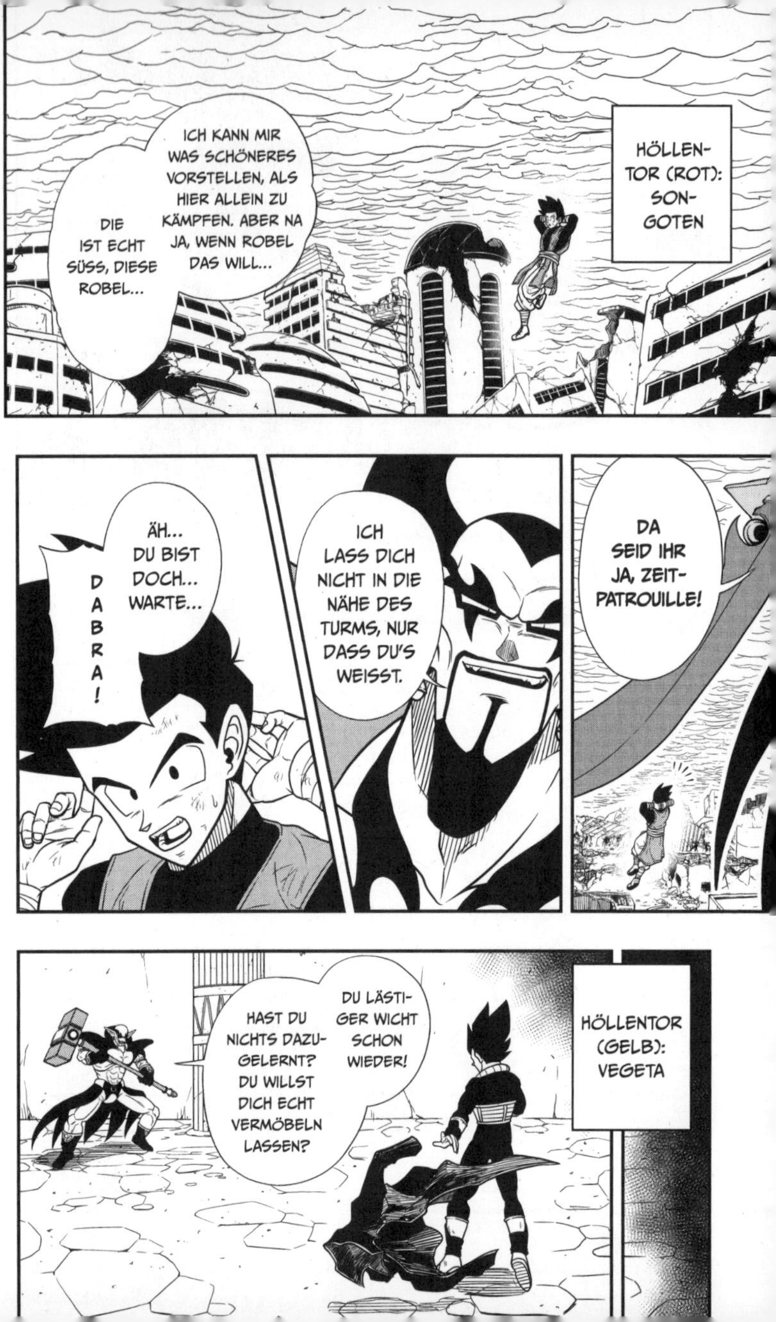
HÖLLENTOR (ROT): SON-GOTEN
ICH KANN MIR WAS SCHÖNERES VORSTELLEN, ALS HIER ALLEIN ZU KÄMPFEN. ABER NA JA, WENN ROBEL DAS WILL...
DIE IST ECHT SÜSS, DIESE ROBEL...
DA SEID IHR JA, ZEIT-PATROUILLE!
ICH LASS DICH NICHT IN DIE NÄHE DES TURMS, NUR DASS DU'S WEISST.
ÄH... DU BIST DOCH... WARTE...
DABRA!
HÖLLENTOR (GELB): VEGETA
DU LÄSTIGER WICHT SCHON WIEDER!
HAST DU NICHTS DAZUGELERNT? DU WILLST DICH ECHT VERMÖBELN LASSEN?

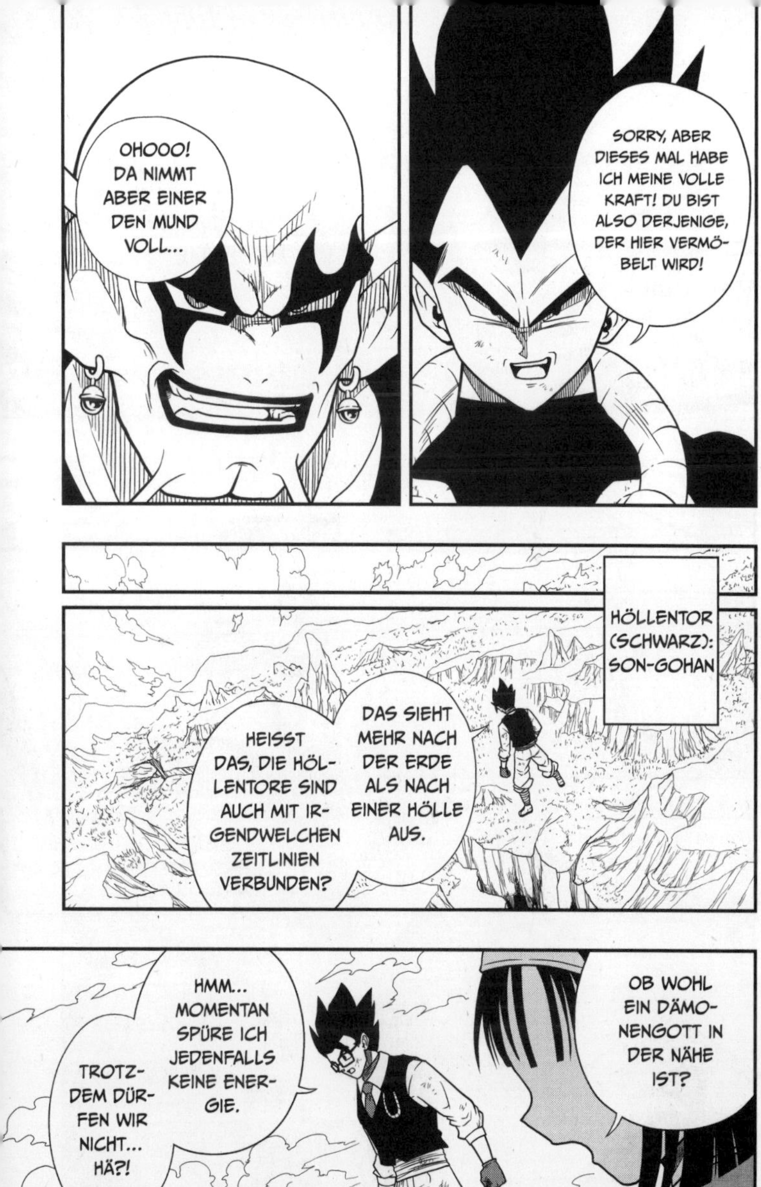
SORRY, ABER DIESES MAL HABE ICH MEINE VOLLE KRAFT! DU BIST ALSO DERJENIGE, DER HIER VERMÖBELT WIRD!
OHOOO! DA NIMMT ABER EINER DEN MUND VOLL...
HÖLLENTOR (SCHWARZ): SON-GOHAN
DAS SIEHT MEHR NACH DER ERDE ALS NACH EINER HÖLLE AUS.
HEISST DAS, DIE HÖLLENTORE SIND AUCH MIT IRGENDWELCHEN ZEITLINIEN VERBUNDEN?
OB WOHL EIN DÄMONENGOTT IN DER NÄHE IST?
HMM... MOMENTAN SPÜRE ICH JEDENFALLS KEINE ENERGIE.
TROTZDEM DÜRFEN WIR NICHT... HÄ?!

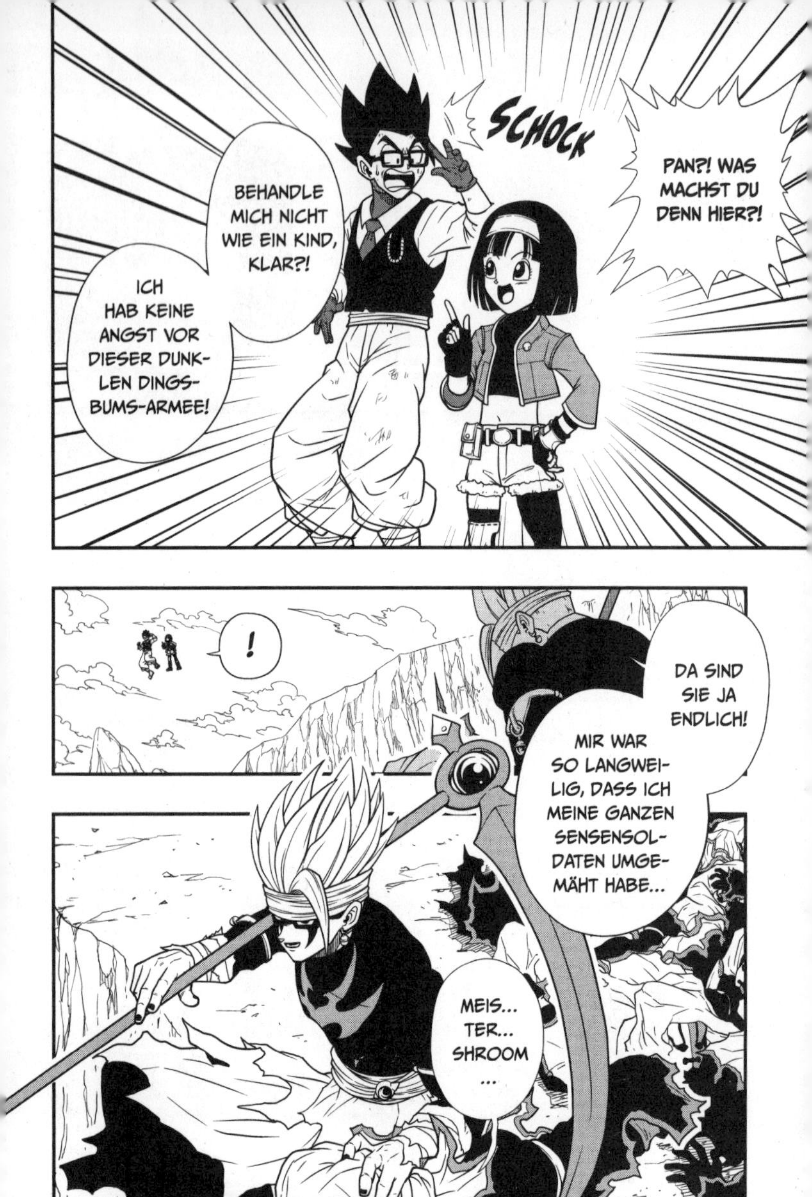
PAN?! WAS MACHST DU DENN HIER?!
SCHOCK
BEHANDLE MICH NICHT WIE EIN KIND, KLAR?!
ICH HAB KEINE ANGST VOR DIESER DUNKLEN DINGSBUMS-ARMEE!
DA SIND SIE JA ENDLICH!
!
MIR WAR SO LANGWEILIG, DASS ICH MEINE GANZEN SENSENSOLDATEN UMGEMÄHT HABE...
MEIS... TER... SHROOM ...

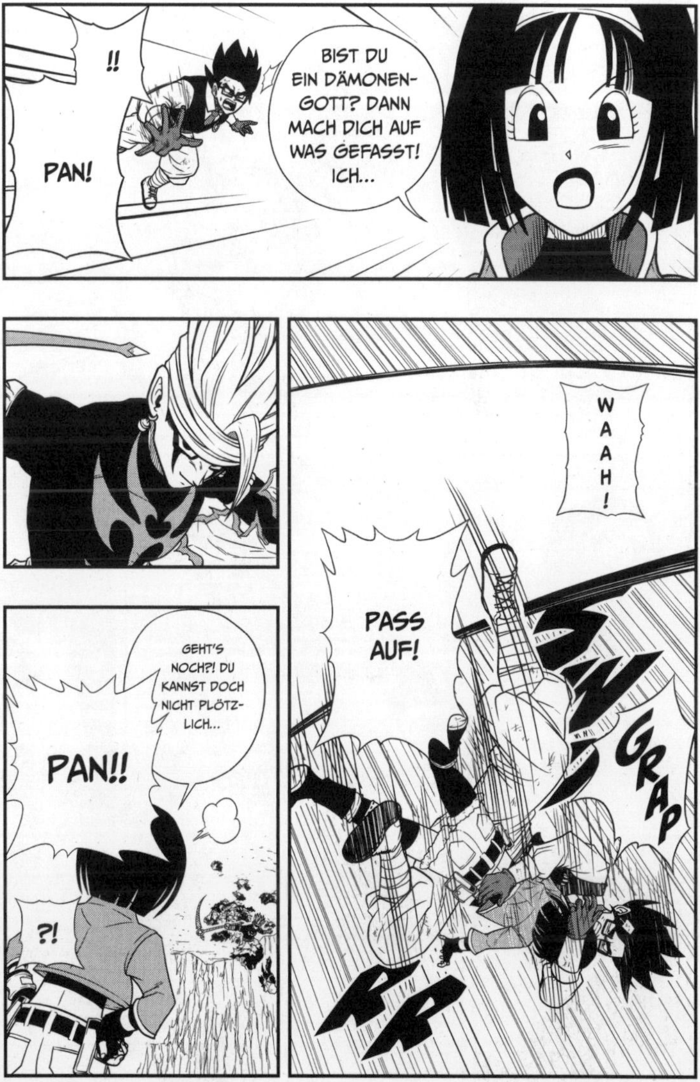
BIST DU EIN DÄMONEN-GOTT? DANN MACH DICH AUF WAS GEFASST! ICH...
!!
PAN!
WAAH!
PASS AUF!
GRAP
GEHT'S NOCH?! DU KANNST DOCH NICHT PLÖTZ-LICH...
PAN!!
?!

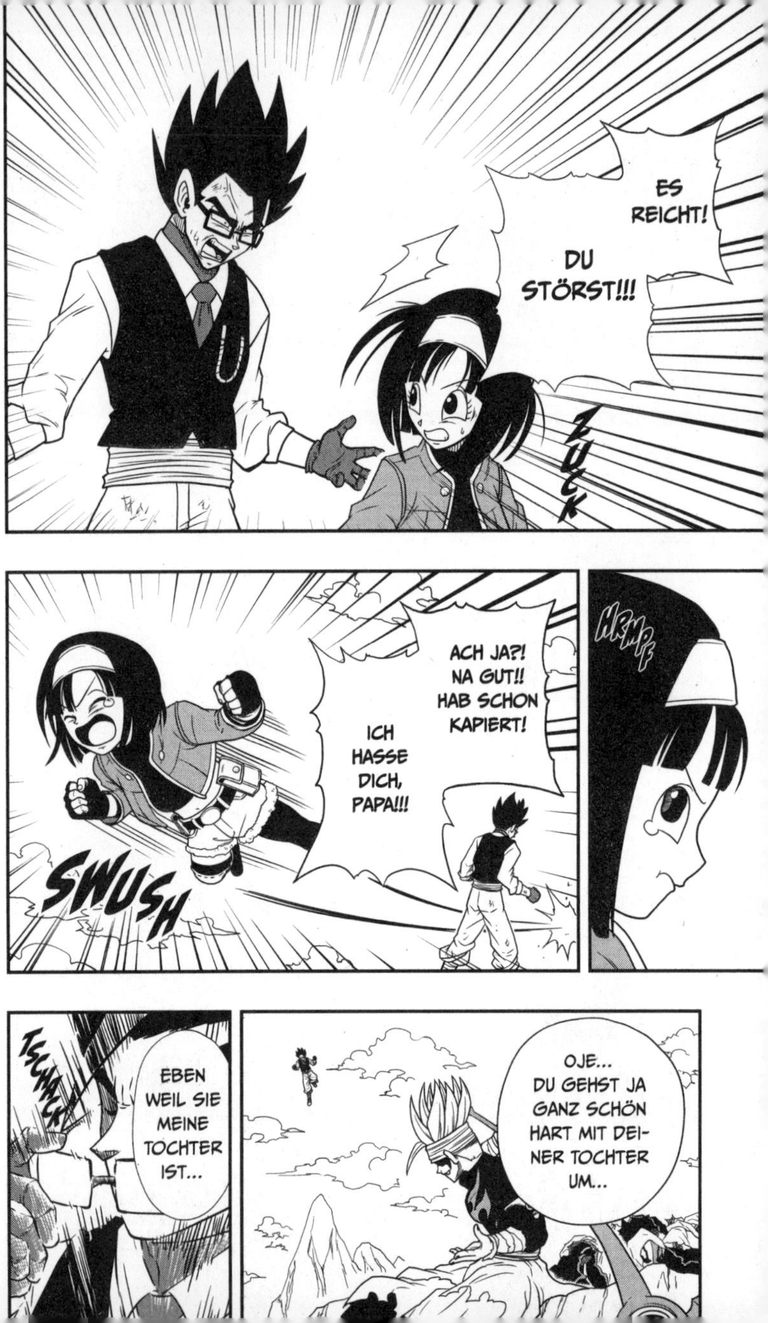
ES REICHT!
DU STÖRST!!!
ZUCK
HRMPF
ACH JA?! NA GUT!! HAB SCHON KAPIERT!
ICH HASSE DICH, PAPA!!!
SWUSH
OJE... DU GEHST JA GANZ SCHÖN HART MIT DEI- NER TOCHTER UM...
TSCHACK
EBEN WEIL SIE MEINE TOCHTER IST...

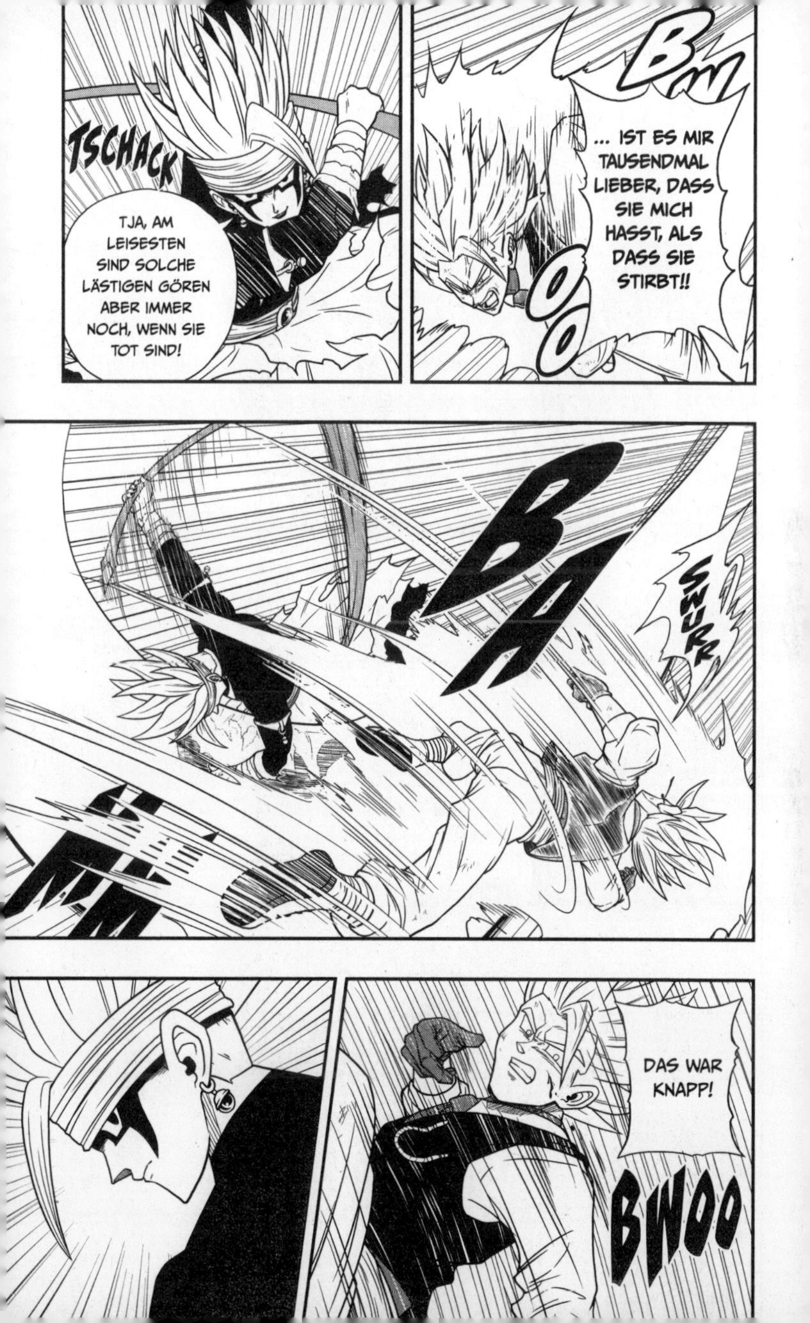
... IST ES MIR TAUSENDMAL LIEBER, DASS SIE MICH HASST, ALS DASS SIE STIRBT!!
TSCHACK
TJA, AM LEISESTEN SIND SOLCHE LÄSTIGEN GÖREN ABER IMMER NOCH, WENN SIE TOT SIND!
SWURR
BA
DAS WAR KNAPP!
BWOO

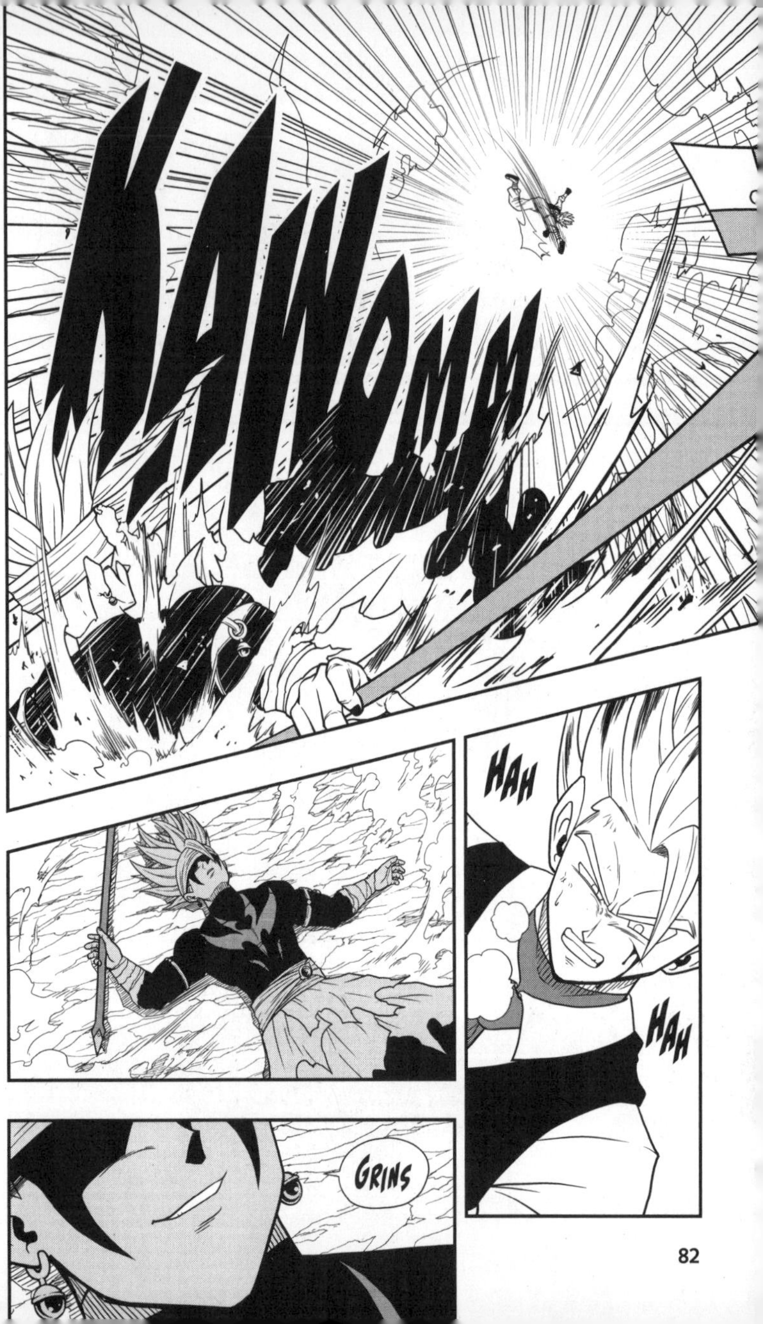
KAWOMM
HAH
HAH
GRINS

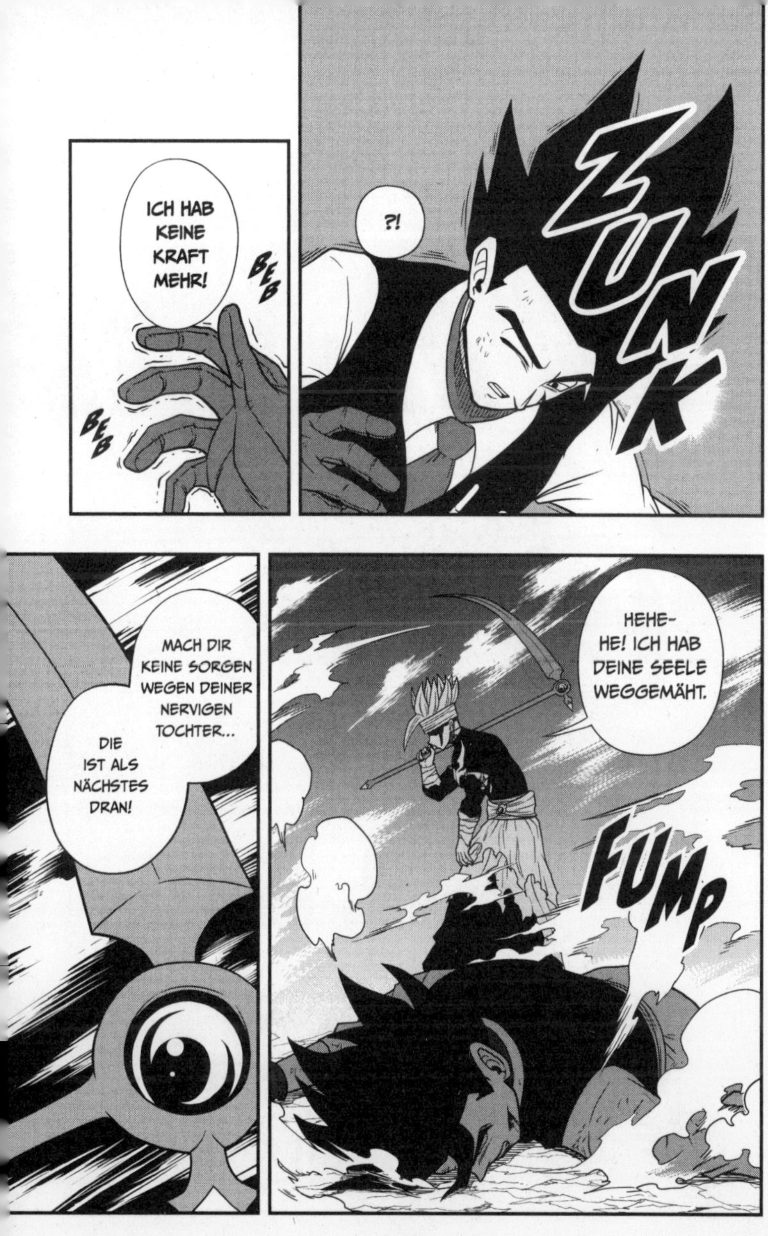
ZUNK
?!
ICH HAB KEINE KRAFT MEHR!
BEB
BEB
HEHEHE! ICH HAB DEINE SEELE WEGGEMÄHT.
FUMP
MACH DIR KEINE SORGEN WEGEN DEINER NERVIGEN TOCHTER...
DIE IST ALS NÄCHSTES DRAN!

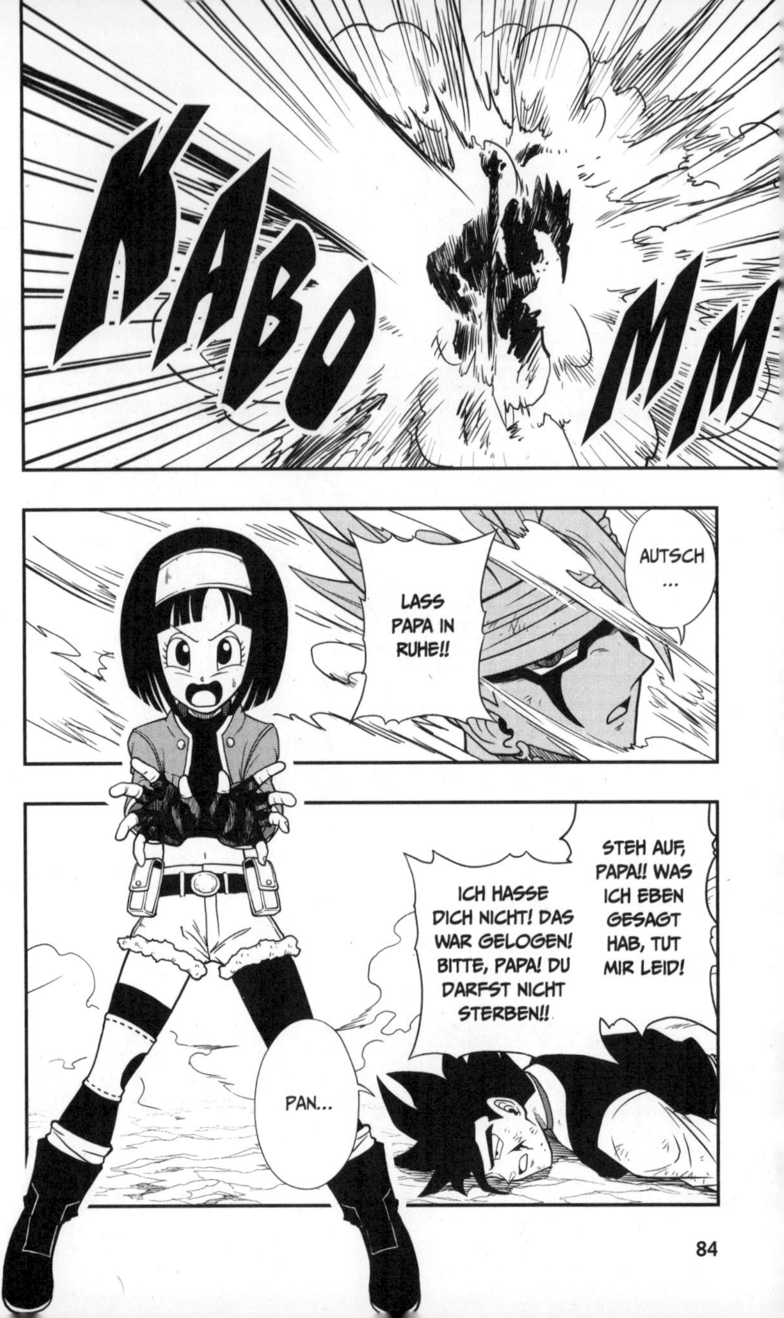
KABOMM
AUTSCH ...
LASS PAPA IN RUHE!!
STEH AUF, PAPA!! WAS ICH EBEN GESAGT HAB, TUT MIR LEID!
ICH HASSE DICH NICHT! DAS WAR GELOGEN! BITTE, PAPA! DU DARFST NICHT STERBEN!!
PAN...

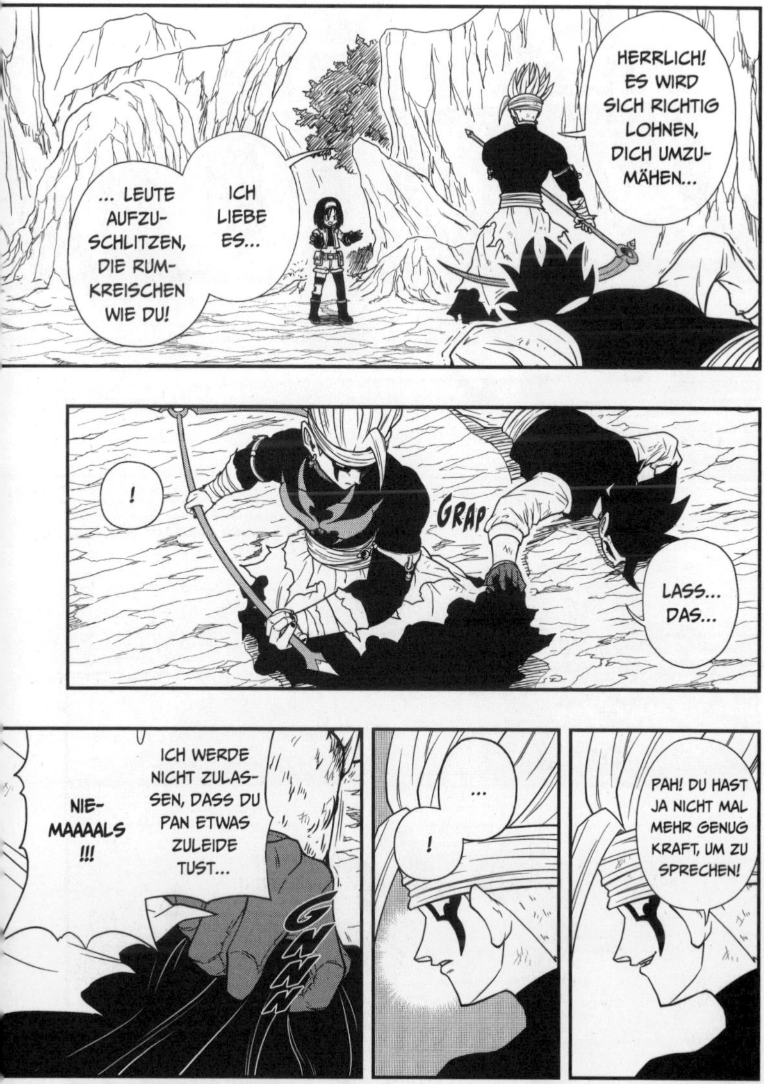
HERRLICH! ES WIRD SICH RICHTIG LOHNEN, DICH UMZUMÄHEN...
ICH LIEBE ES...
... LEUTE AUFZUSCHLITZEN, DIE RUMKREISCHEN WIE DU!
LASS... DAS...
GRAP
!
PAH! DU HAST JA NICHT MAL MEHR GENUG KRAFT, UM ZU SPRECHEN!
...
!
ICH WERDE NICHT ZULASSEN, DASS DU PAN ETWAS ZULEIDE TUST...
NIEMAAAALS!!!

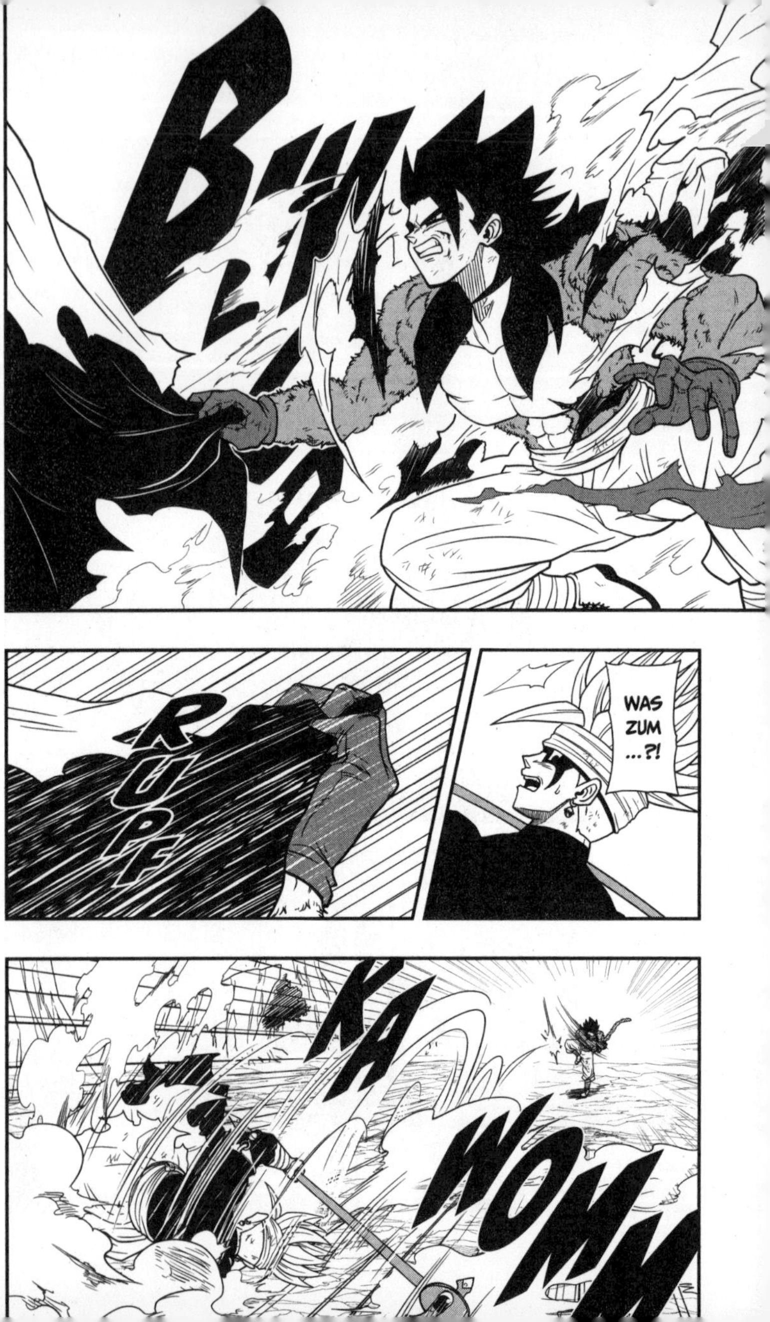
WAS ZUM ...?!
RUPF
KA WOMM

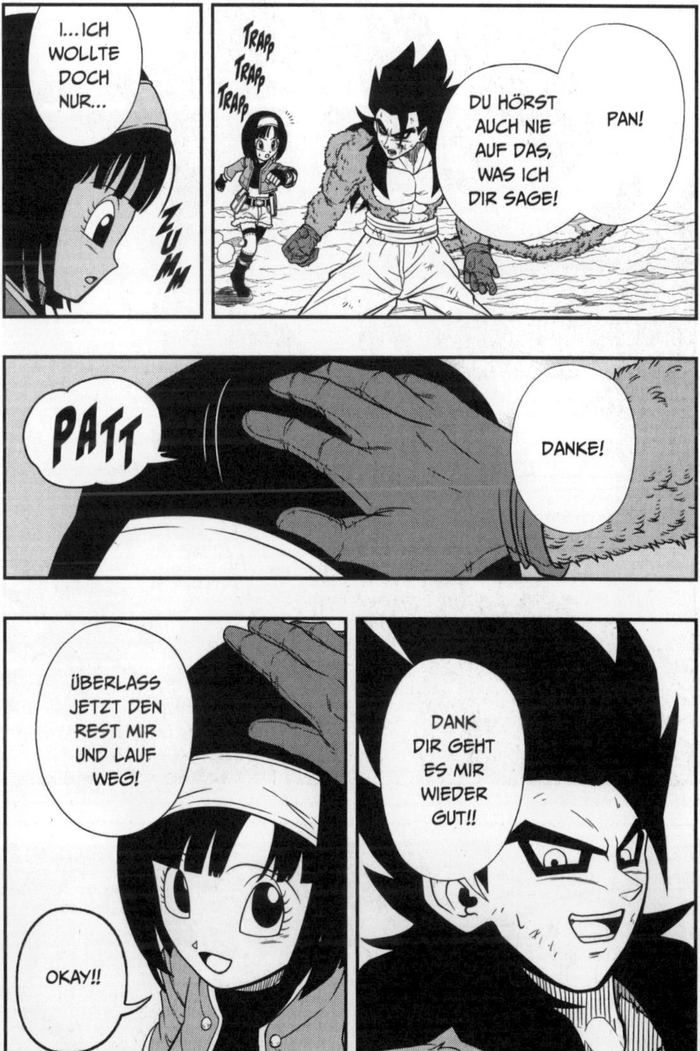
PAN!
DU HÖRST AUCH NIE AUF DAS, WAS ICH DIR SAGE!
TRAPP TRAPP TRAPP
ZUMM
I...ICH WOLLTE DOCH NUR...
DANKE!
PATT
DANK DIR GEHT ES MIR WIEDER GUT!!
ÜBERLASS JETZT DEN REST MIR UND LAUF WEG!
OKAY!!

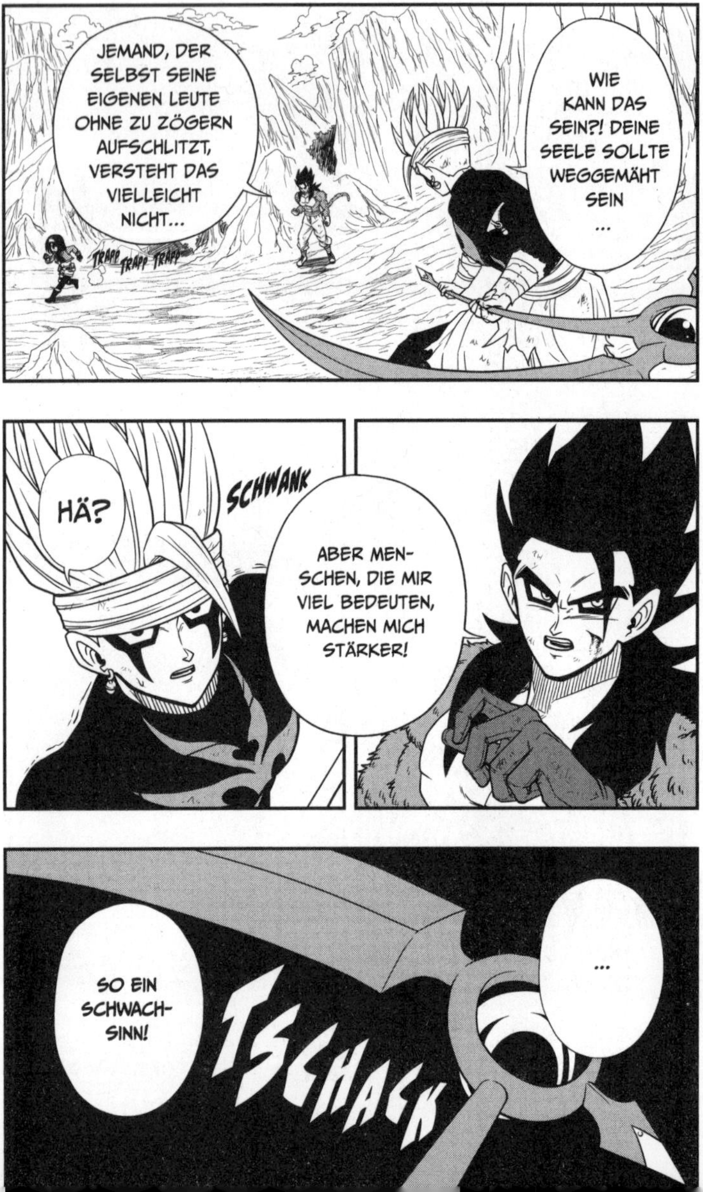
WIE KANN DAS SEIN?! DEINE SEELE SOLLTE WEGGEMÄHT SEIN ...
JEMAND, DER SELBST SEINE EIGENEN LEUTE OHNE ZU ZÖGERN AUFSCHLITZT, VERSTEHT DAS VIELLEICHT NICHT...
TRAPP TRAPP TRAPP
ABER MEN-SCHEN, DIE MIR VIEL BEDEUTEN, MACHEN MICH STÄRKER!
SCHWANK
HÄ?
...
TSCHACK
SO EIN SCHWACH-SINN!

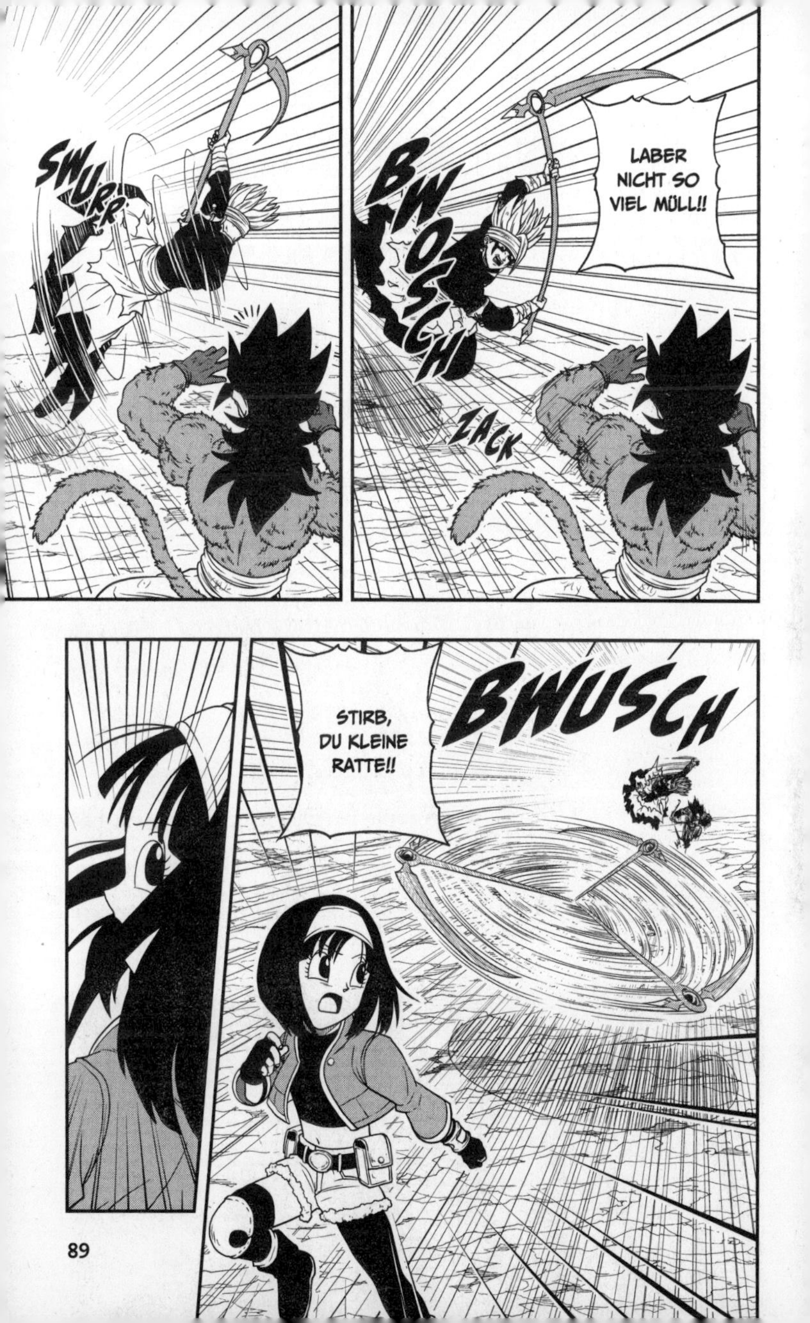
LABER NICHT SO VIEL MÜLL!!
BWOSCH
ZACK
SWURR
BWUSCH
STIRB, DU KLEINE RATTE!!

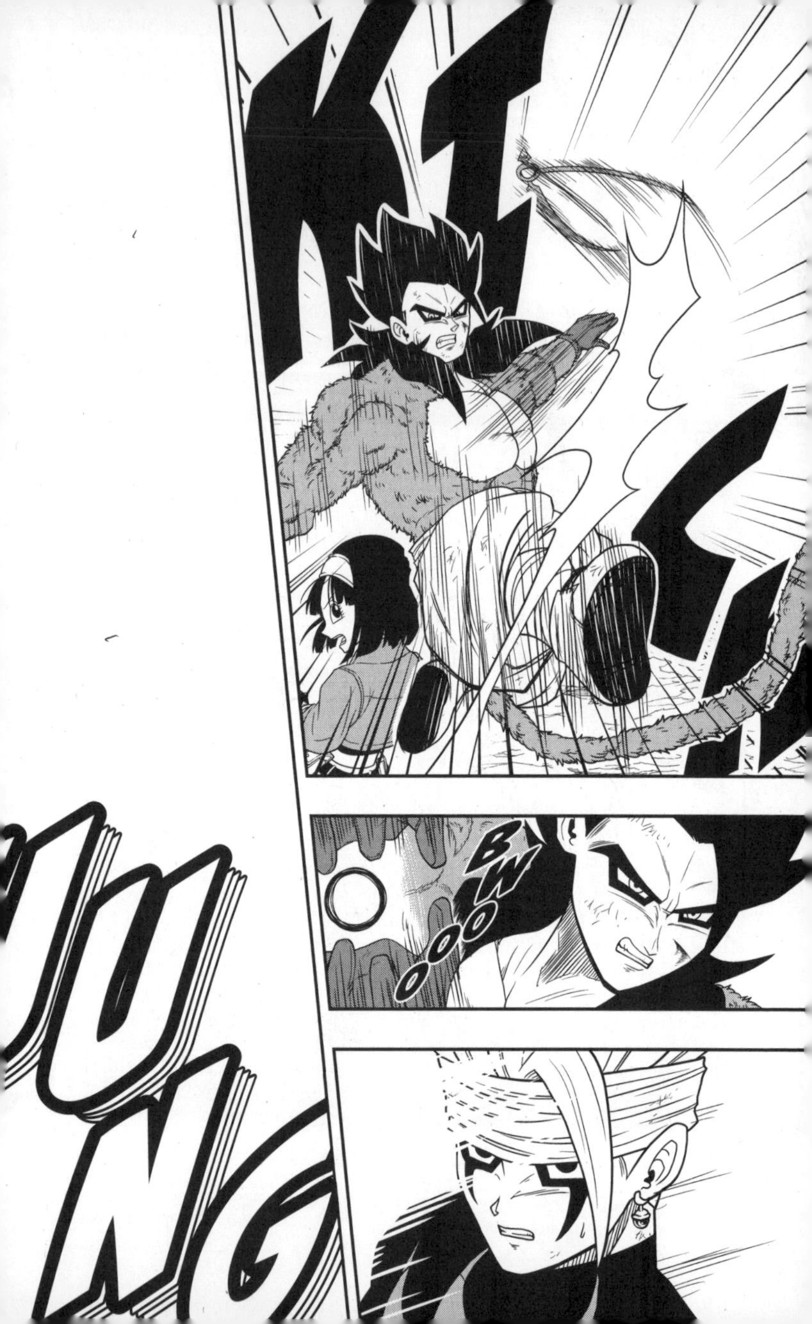
BWOOO

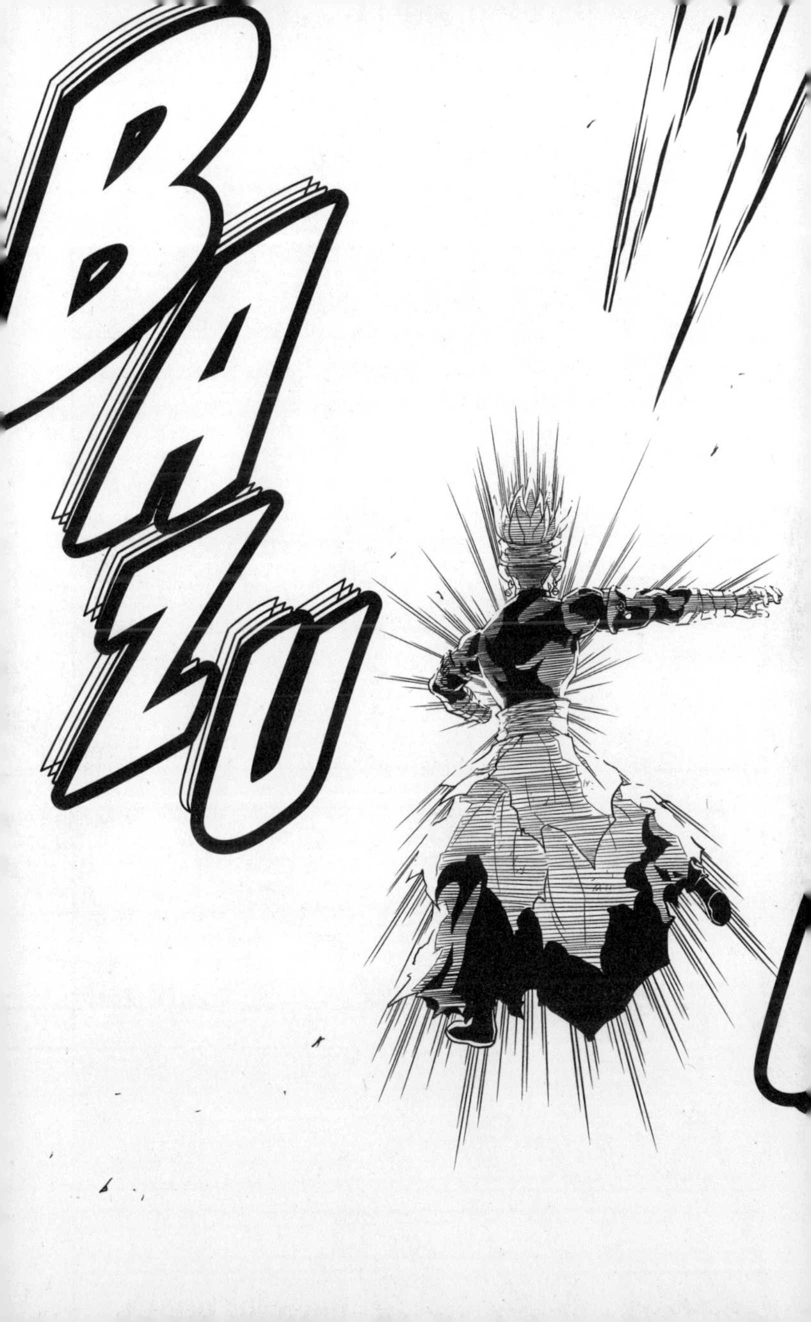
BAZU

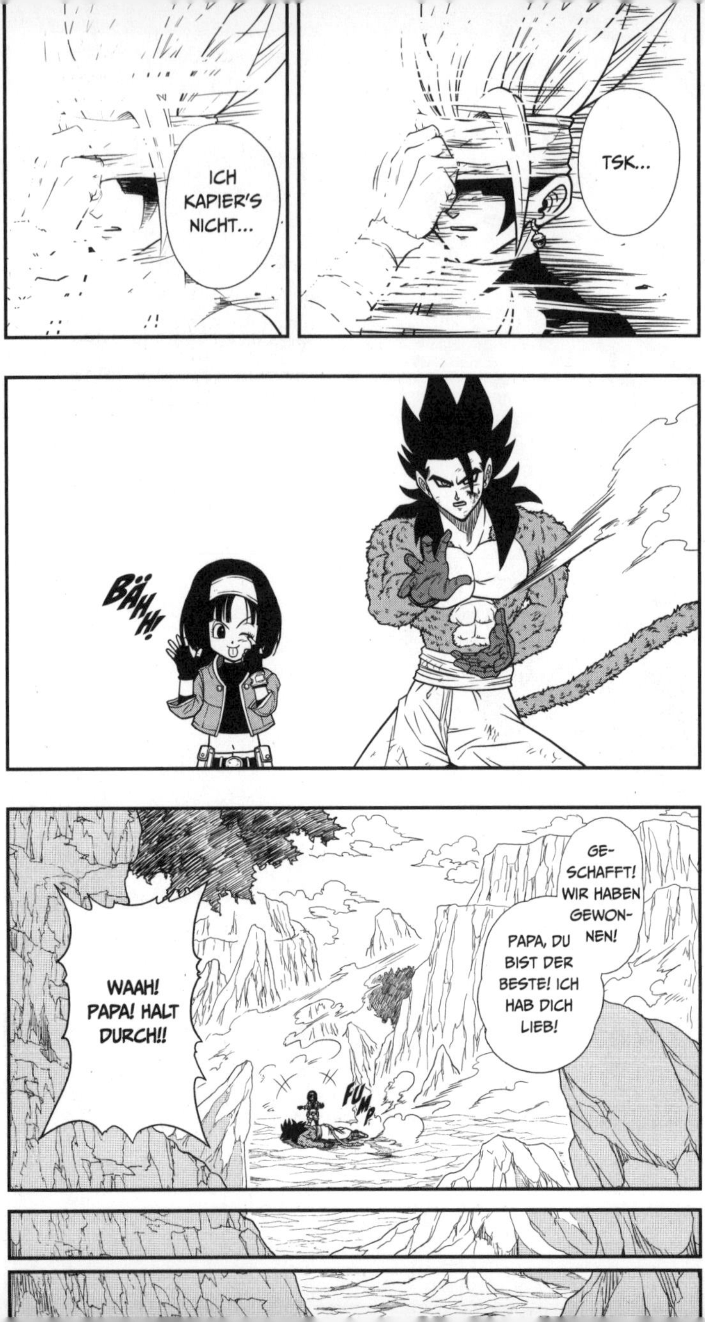
TSK...
ICH KAPIER'S NICHT...
BÄHH!
GE-SCHAFFT! WIR HABEN GEWON-NEN!
PAPA, DU BIST DER BESTE! ICH HAB DICH LIEB!
FUMP
WAAH! PAPA! HALT DURCH!!

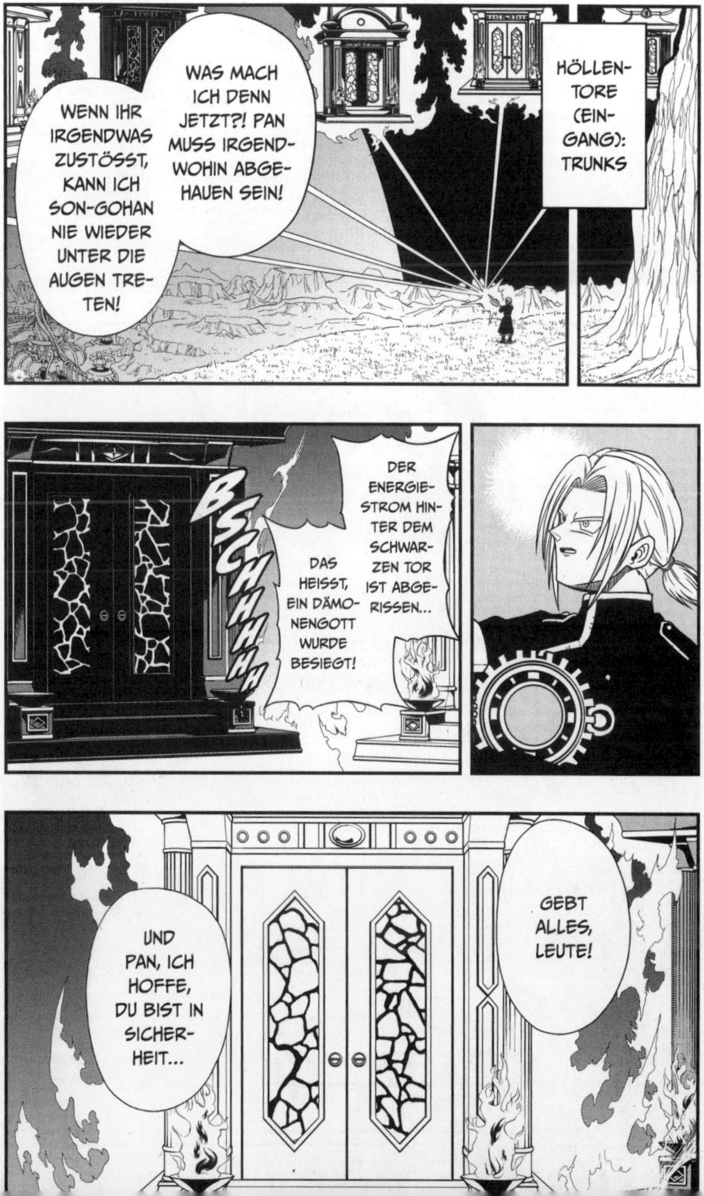
HÖLLENTORE (EINGANG): TRUNKS
WAS MACH ICH DENN JETZT?! PAN MUSS IRGENDWOHIN ABGEHAUEN SEIN!
WENN IHR IRGENDWAS ZUSTÖSST, KANN ICH SON-GOHAN NIE WIEDER UNTER DIE AUGEN TRETEN!
DER ENERGIESTROM HINTER DEM SCHWARZEN TOR IST ABGERISSEN...
DAS HEISST, EIN DÄMONENGOTT WURDE BESIEGT!
BSCHHHHH
GEBT ALLES, LEUTE!
UND PAN, ICH HOFFE, DU BIST IN SICHERHEIT...

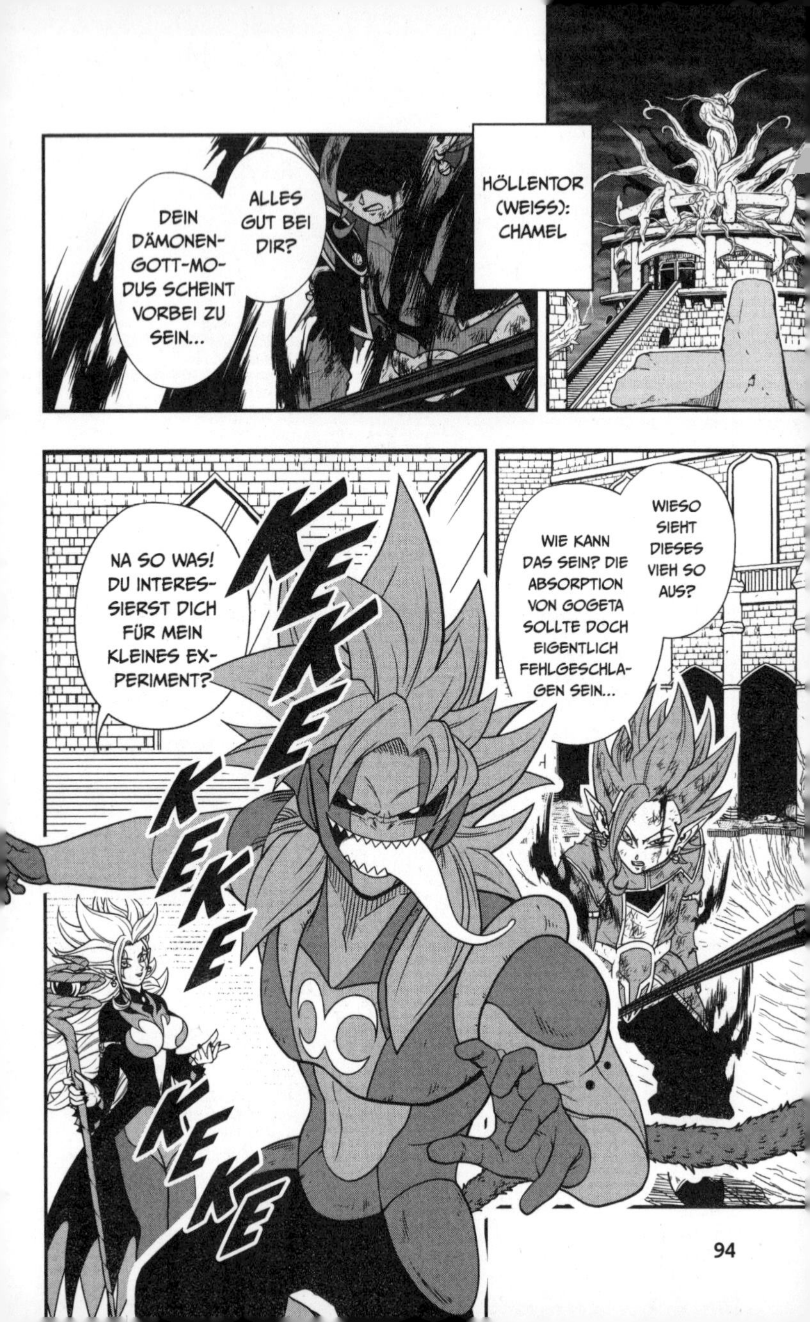
HÖLLENTOR (WEISS): CHAMEL
ALLES GUT BEI DIR?
DEIN DÄMONEN-GOTT-MODUS SCHEINT VORBEI ZU SEIN...
WIESO SIEHT DIESES VIEH SO AUS?
WIE KANN DAS SEIN? DIE ABSORPTION VON GOGETA SOLLTE DOCH EIGENTLICH FEHLGESCHLAGEN SEIN...
NA SO WAS! DU INTERESSIERST DICH FÜR MEIN KLEINES EXPERIMENT?
KEKEKE
KEKE

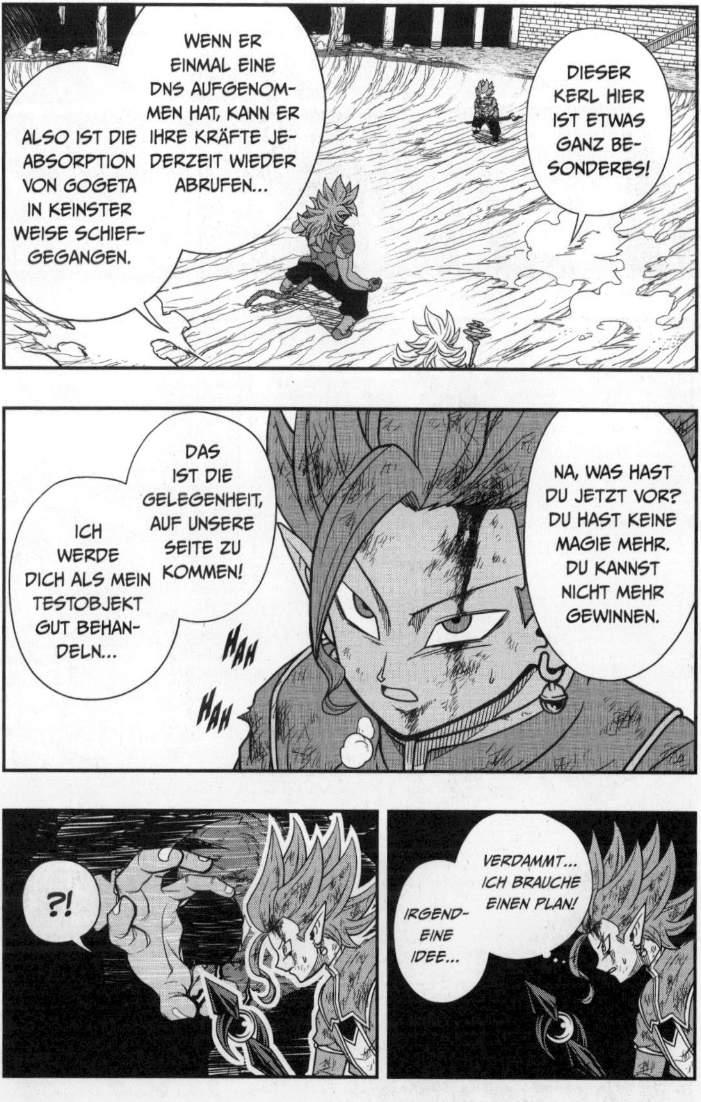
DIESER KERL HIER IST ETWAS GANZ BESONDERES!
WENN ER EINMAL EINE DNS AUFGENOMMEN HAT, KANN ER IHRE KRÄFTE JEDERZEIT WIEDER ABRUFEN...
ALSO IST DIE ABSORPTION VON GOGETA IN KEINSTER WEISE SCHIEFGEGANGEN.
NA, WAS HAST DU JETZT VOR? DU HAST KEINE MAGIE MEHR. DU KANNST NICHT MEHR GEWINNEN.
DAS IST DIE GELEGENHEIT, AUF UNSERE SEITE ZU KOMMEN!
ICH WERDE DICH ALS MEIN TESTOBJEKT GUT BEHANDELN...
HAH
HAH
VERDAMMT... ICH BRAUCHE EINEN PLAN!
IRGENDEINE IDEE...
?!

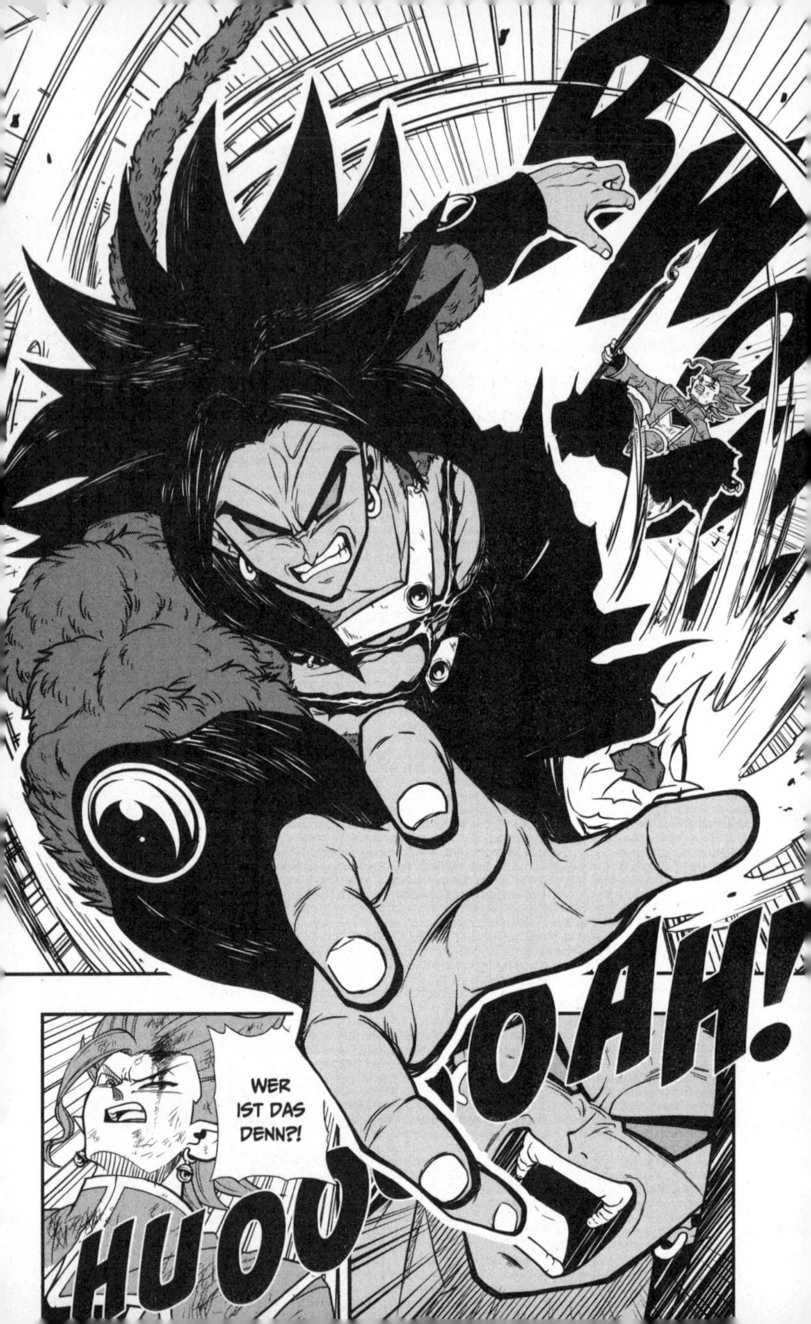
WER IST DAS DENN?!
OAH!

COVERILLUSTRATION DER SAIKYO JUMP 11/2019

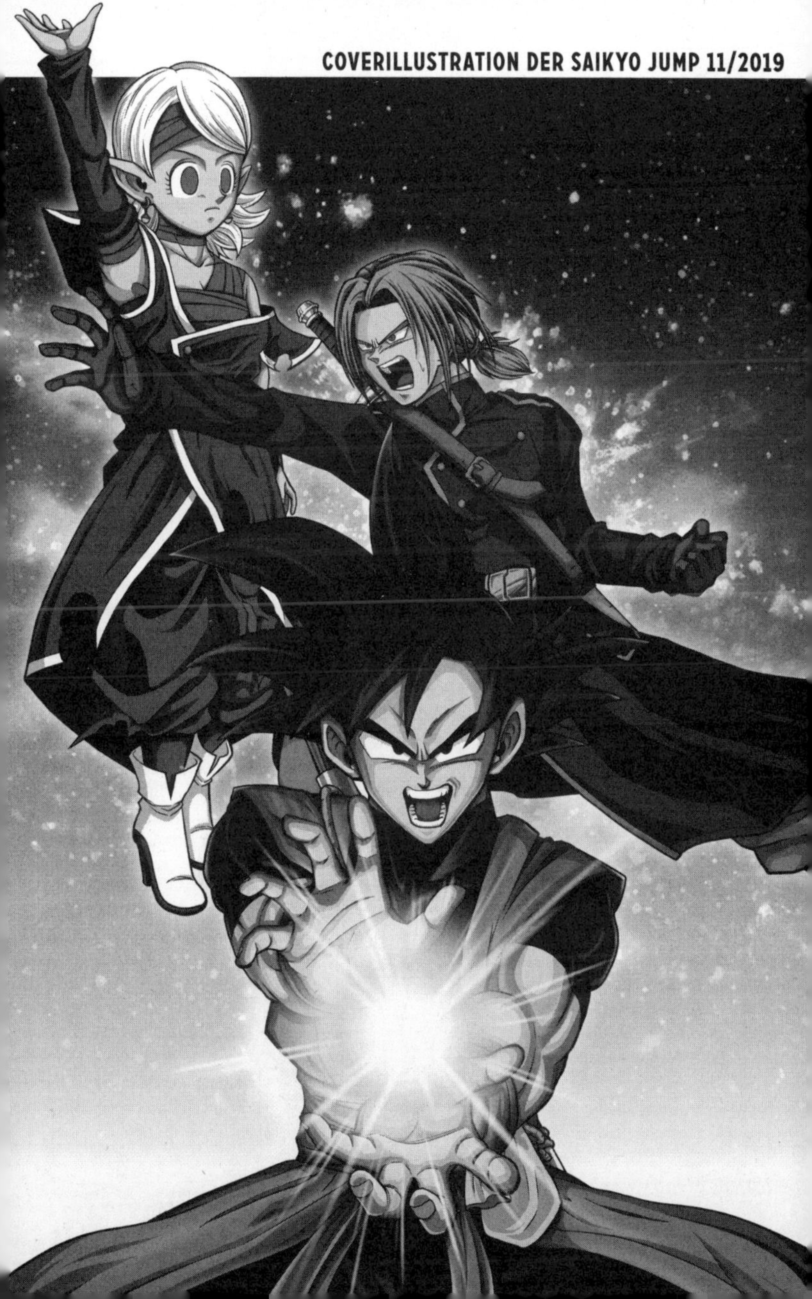

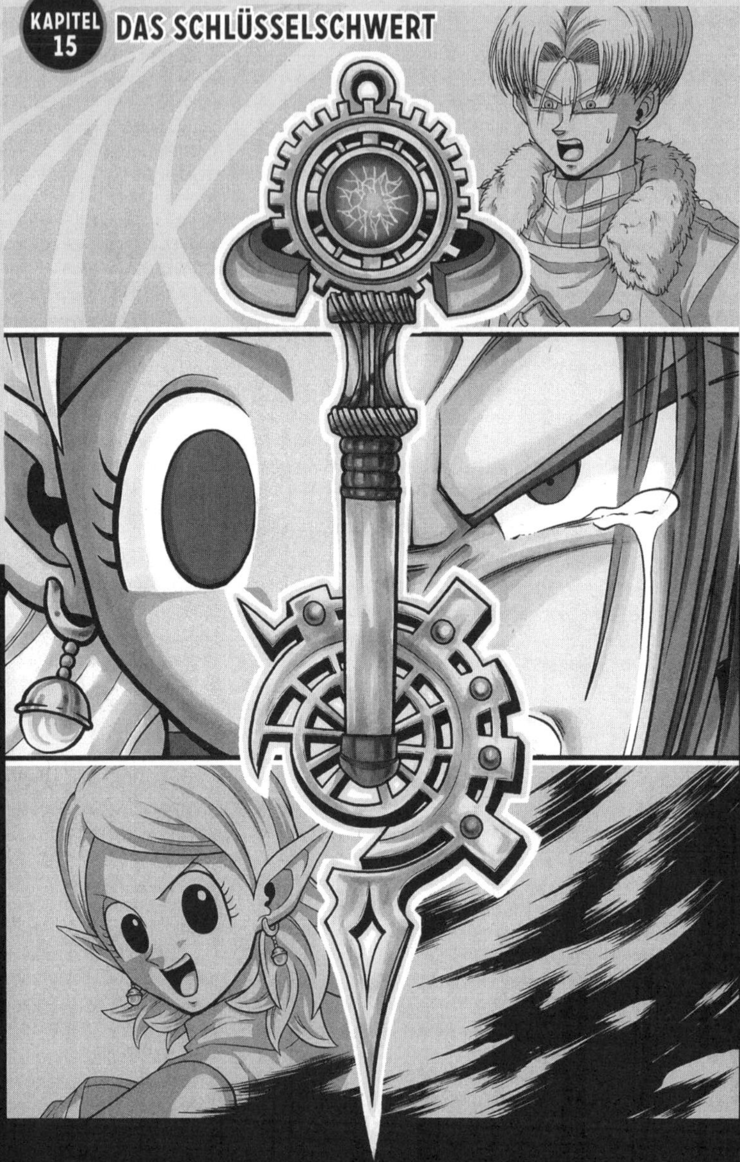
KAPITEL 15
DAS SCHLÜSSELSCHWERT

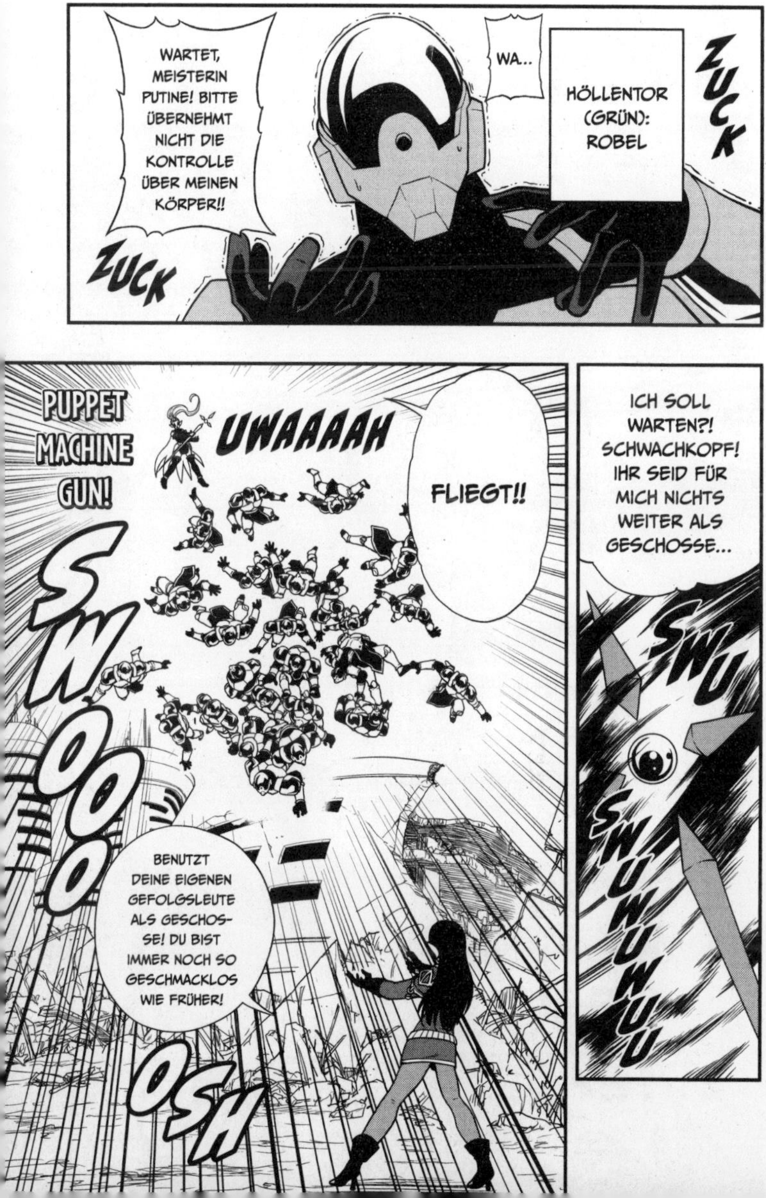
ZUCK
HÖLLENTOR (GRÜN): ROBEL
WA...
WARTET, MEISTERIN PUTINE! BITTE ÜBERNEHMT NICHT DIE KONTROLLE ÜBER MEINEN KÖRPER!!
ZUCK
ICH SOLL WARTEN?! SCHWACHKOPF! IHR SEID FÜR MICH NICHTS WEITER ALS GESCHOSSE...
SWU
SWUWUWUWUU
FLIEGT!!
UWAAAAH
PUPPET MACHINE GUN!
SWOOOOOSH
BENUTZT DEINE EIGENEN GEFOLGSLEUTE ALS GESCHOS-SE! DU BIST IMMER NOCH SO GESCHMACKLOS WIE FRÜHER!

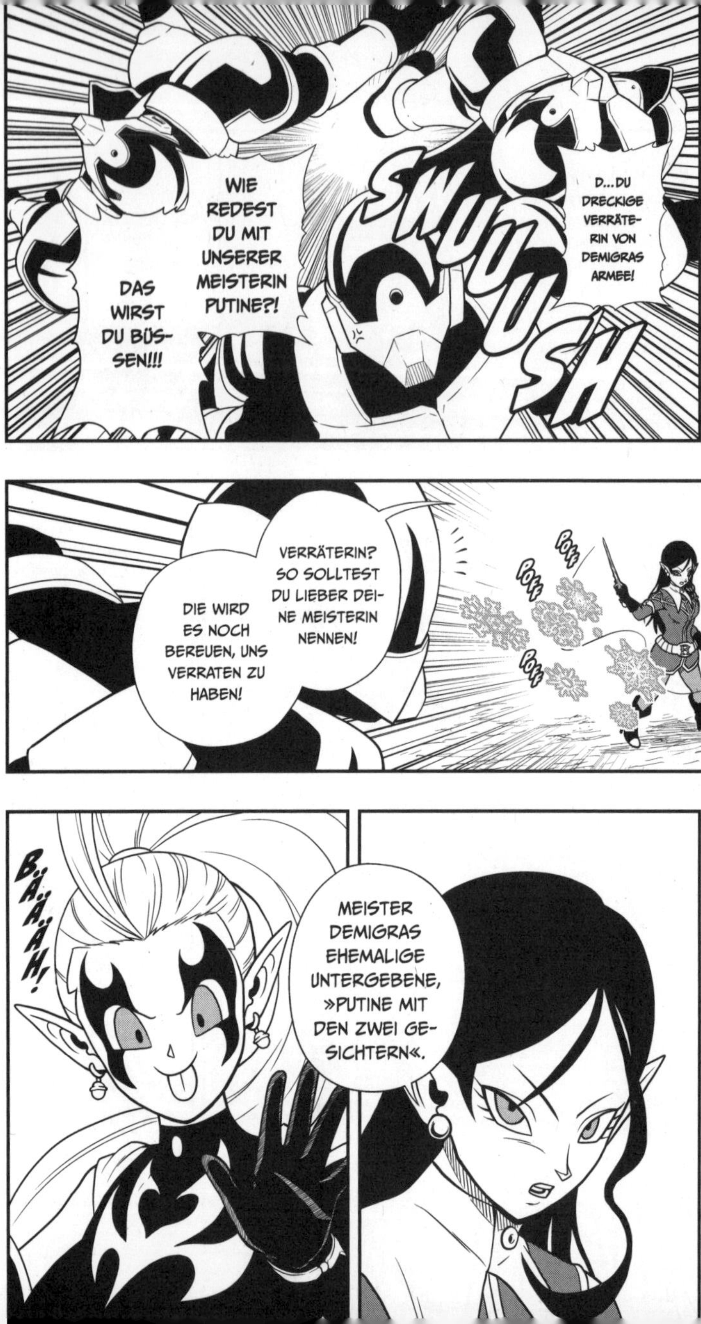
D...DU DRECKIGE VERRÄTERIN VON DEMIGRAS ARMEE!
SWUUUSH
WIE REDEST DU MIT UNSERER MEISTERIN PUTINE?!
DAS WIRST DU BÜSSEN!!!
POFF
POFF
POFF
VERRÄTERIN? SO SOLLTEST DU LIEBER DEINE MEISTERIN NENNEN!
DIE WIRD ES NOCH BEREUEN, UNS VERRATEN ZU HABEN!
MEISTER DEMIGRAS EHEMALIGE UNTERGEBENE, »PUTINE MIT DEN ZWEI GESICHTERN«.
BÄÄÄH!

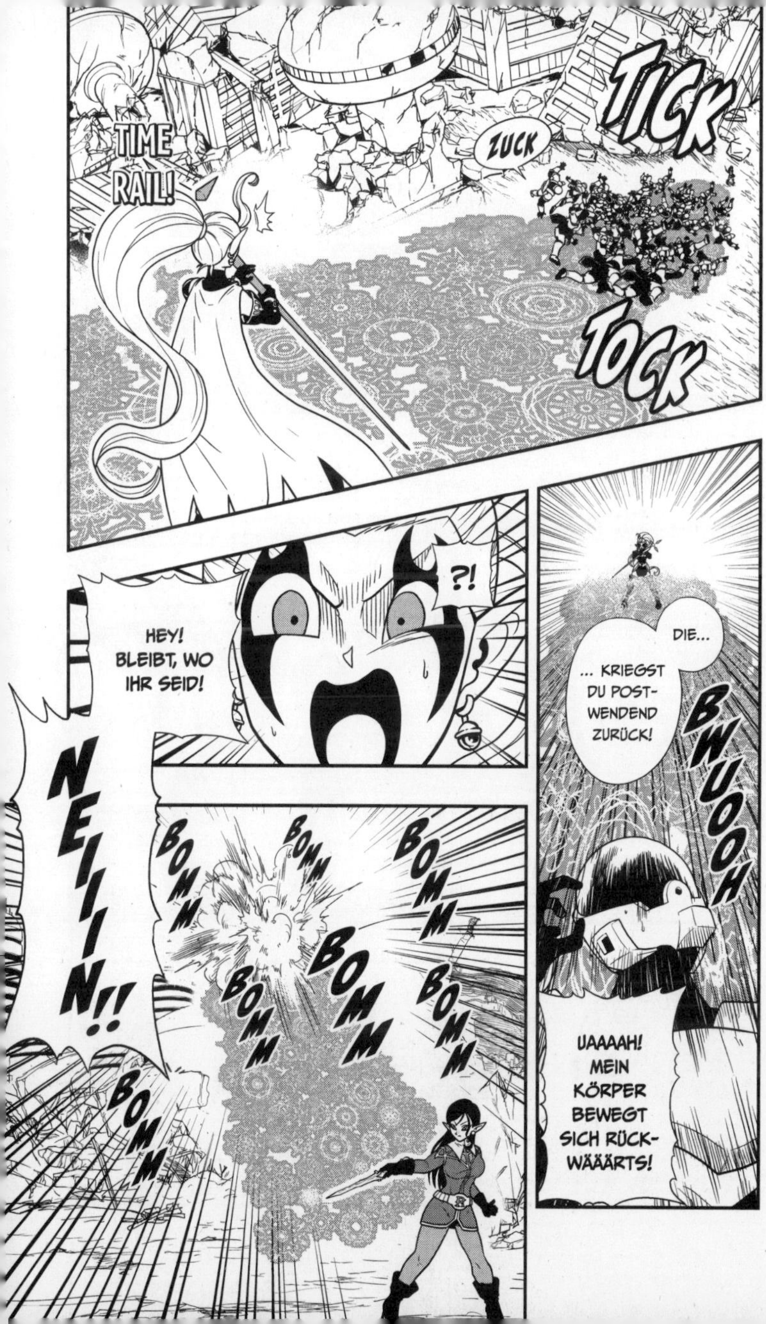
TICK
ZUCK
TIME RAIL!
TOCK
DIE...
... KRIEGST DU POST-WENDEND ZURÜCK!
BWUOOOH
UAAAAH! MEIN KÖRPER BEWEGT SICH RÜCK-WÄÄÄRTS!
?!
HEY! BLEIBT, WO IHR SEID!
BOMM BOMM BOMM BOMM BOMM BOMM BOMM BOMM
NEIIIIN!!

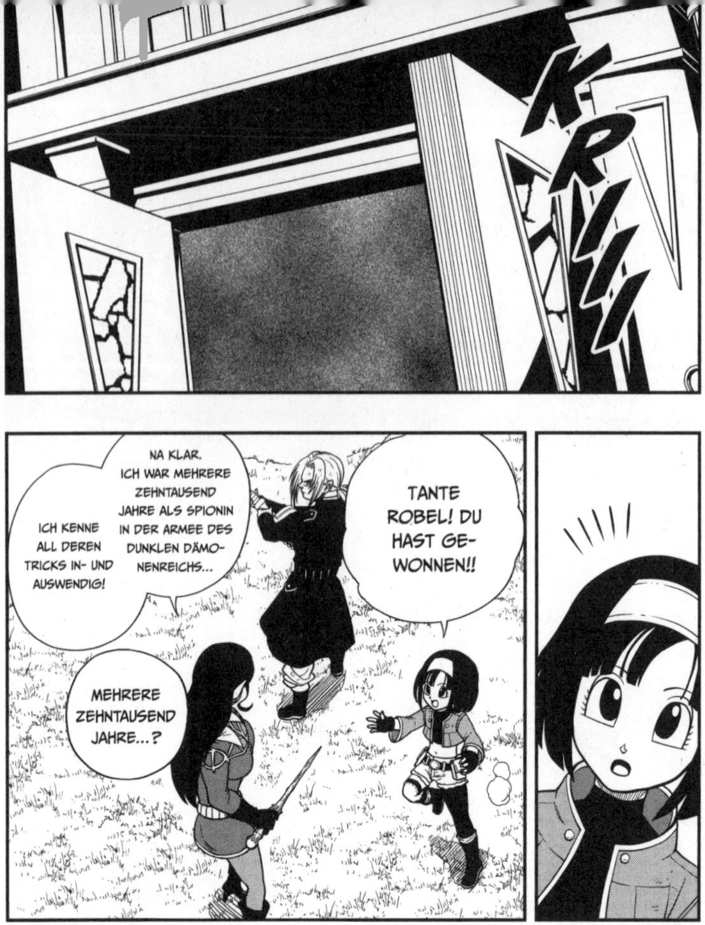
KRIIII
TANTE ROBEL! DU HAST GE-WONNEN!!
NA KLAR. ICH WAR MEHRERE ZEHNTAUSEND JAHRE ALS SPIONIN IN DER ARMEE DES DUNKLEN DÄMO-NENREICHS...
ICH KENNE ALL DEREN TRICKS IN- UND AUSWENDIG!
MEHRERE ZEHNTAUSEND JAHRE...?
OH, IHR WART JA AUCH GANZ SCHÖN SCHNELL...
SEHR GUT!

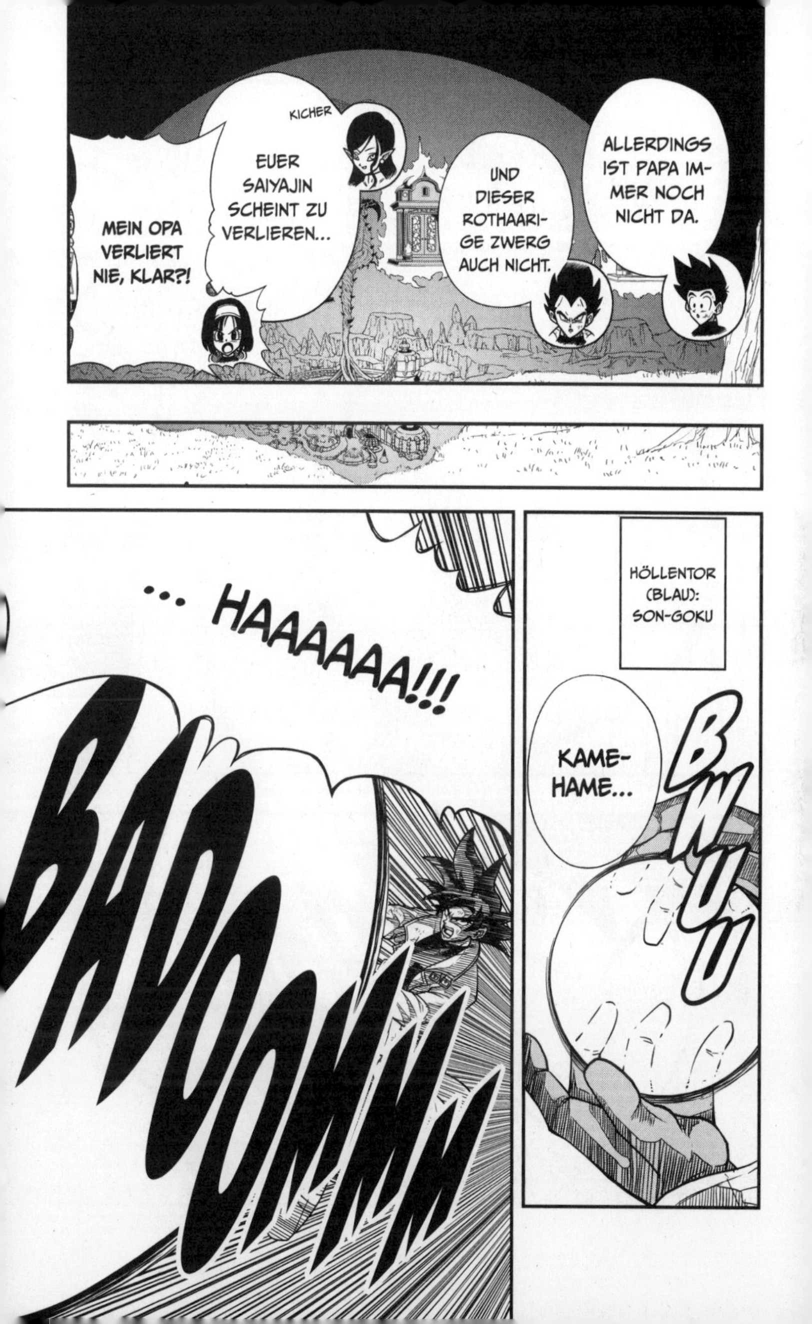
ALLERDINGS IST PAPA IMMER NOCH NICHT DA.
UND DIESER ROTHAARIGE ZWERG AUCH NICHT.
KICHER
EUER SAIYAJIN SCHEINT ZU VERLIEREN...
MEIN OPA VERLIERT NIE, KLAR?!
HÖLLENTOR (BLAU): SON-GOKU
KAMEHAME...
... HAAAAAAA!!!

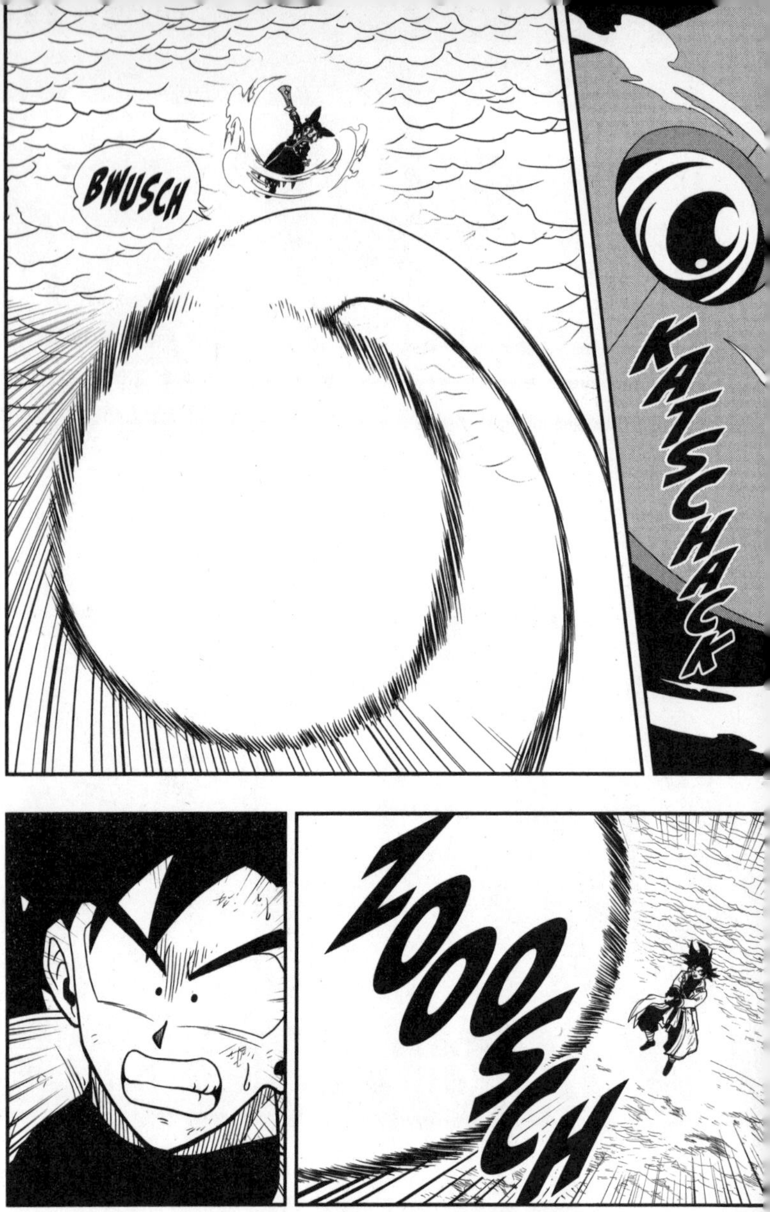
BWUSCH
KATSCHACK
WOOOSCH

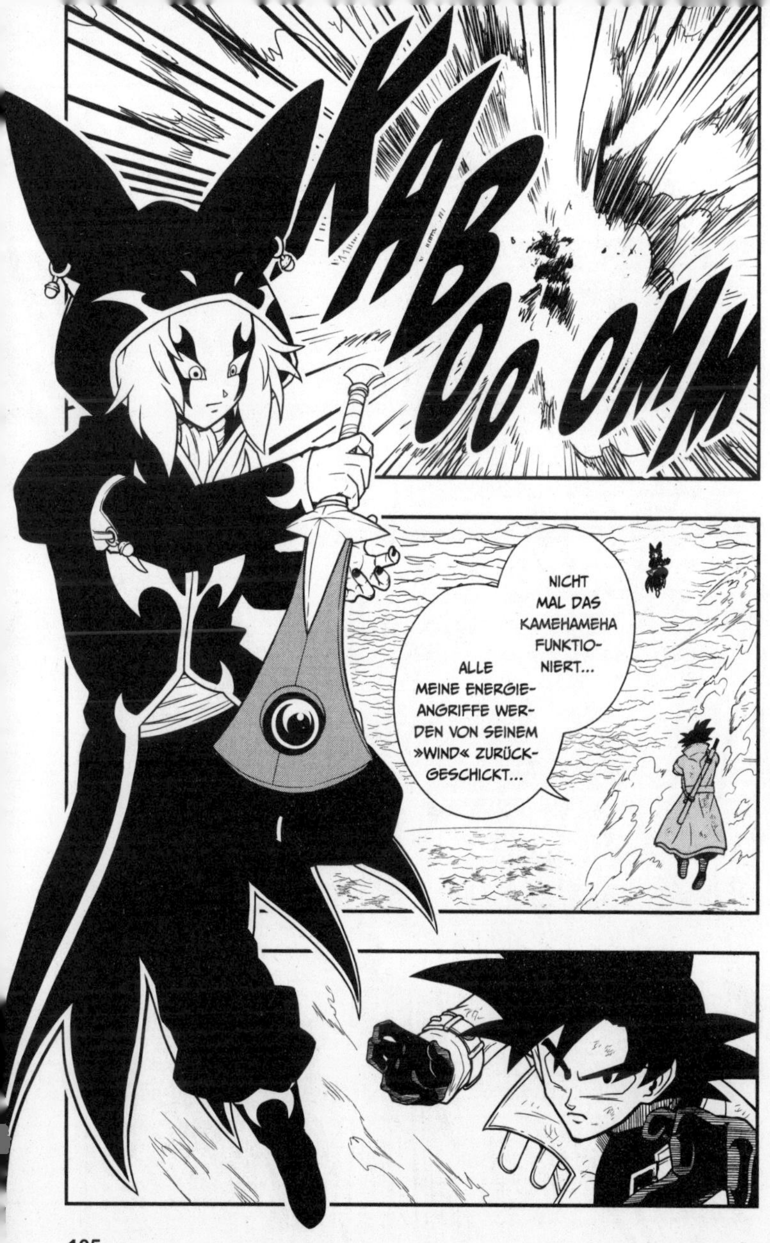
KABOOOMM
NICHT MAL DAS KAMEHAMEHA FUNKTIONIERT...
ALLE MEINE ENERGIEANGRIFFE WERDEN VON SEINEM »WIND« ZURÜCKGESCHICKT...

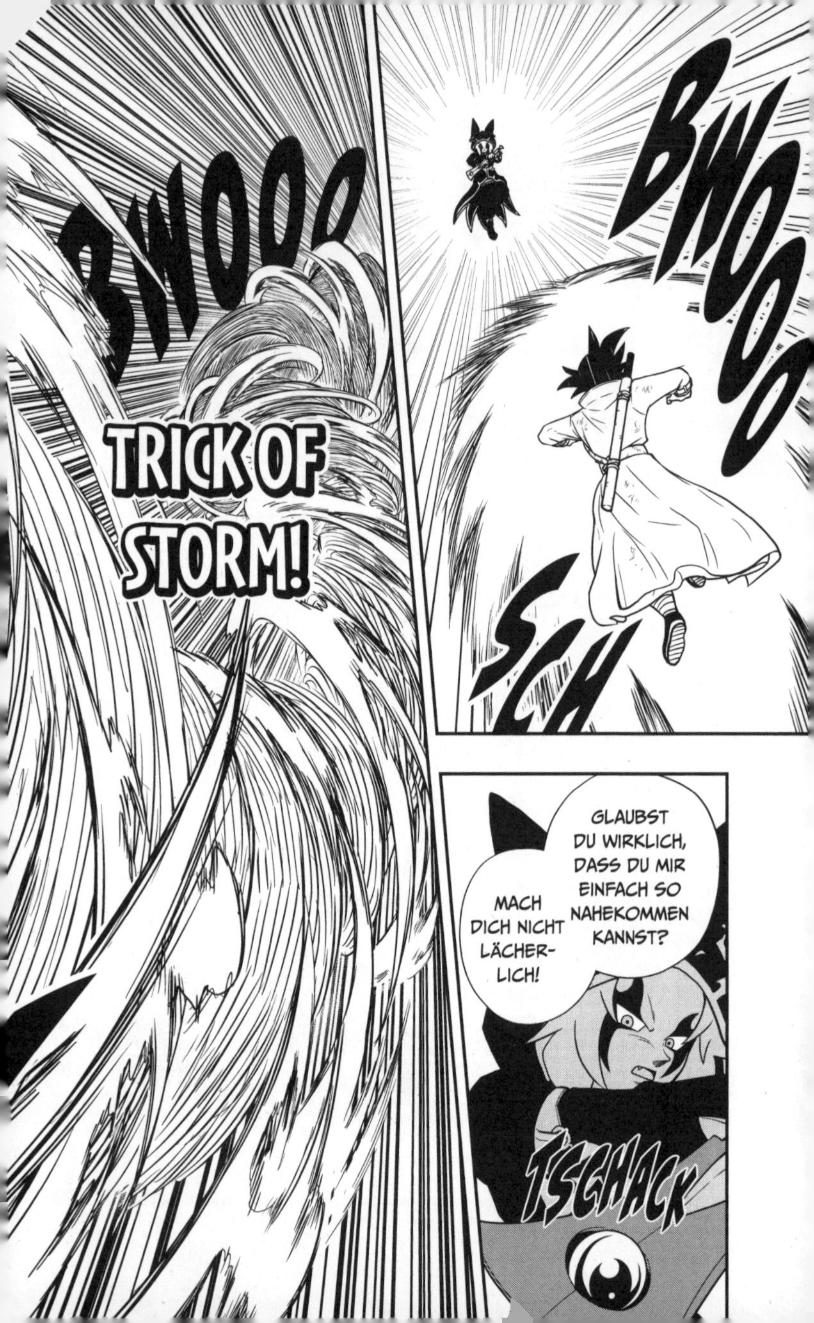
BWOOOO
SCH
GLAUBST DU WIRKLICH, DASS DU MIR EINFACH SO NAHEKOMMEN KANNST?
MACH DICH NICHT LÄCHERLICH!
TSCHACK
BWOOOO
TRICK OF STORM!

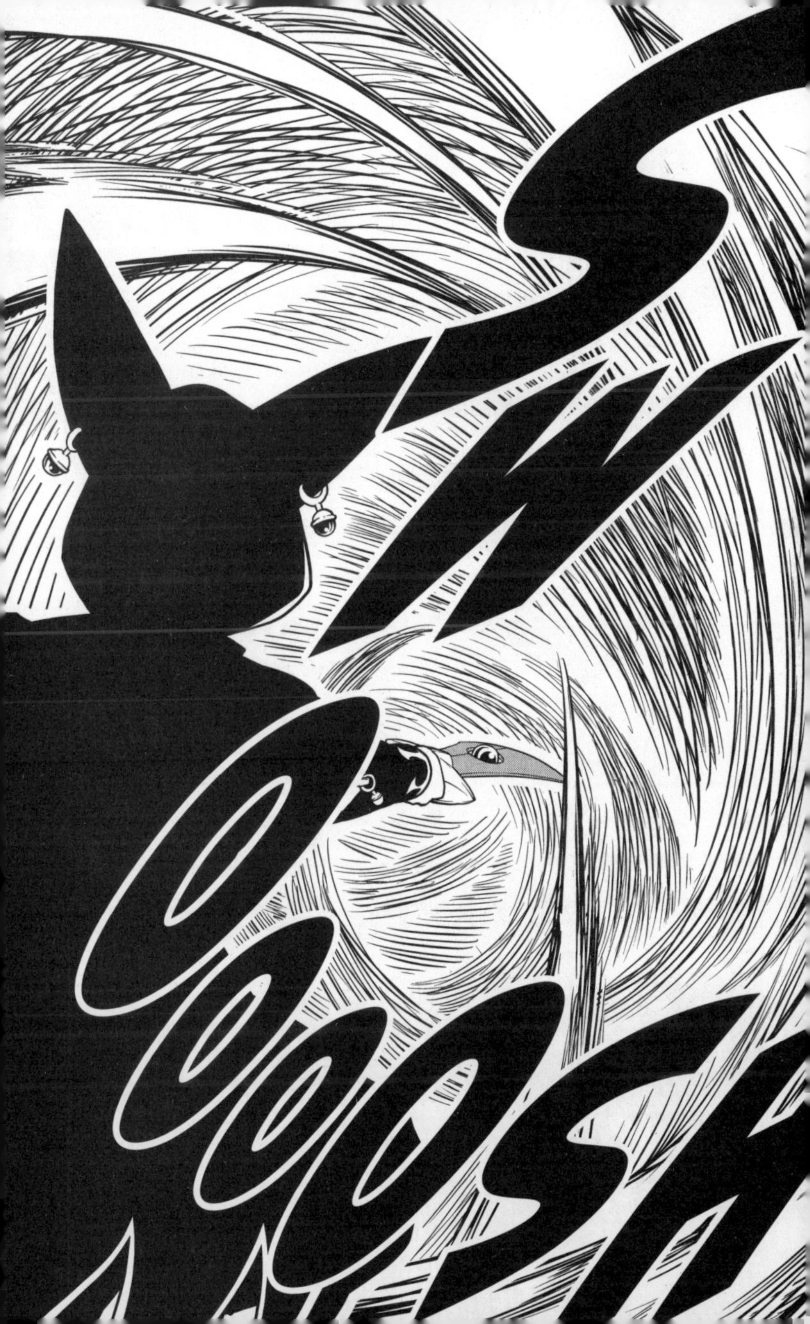

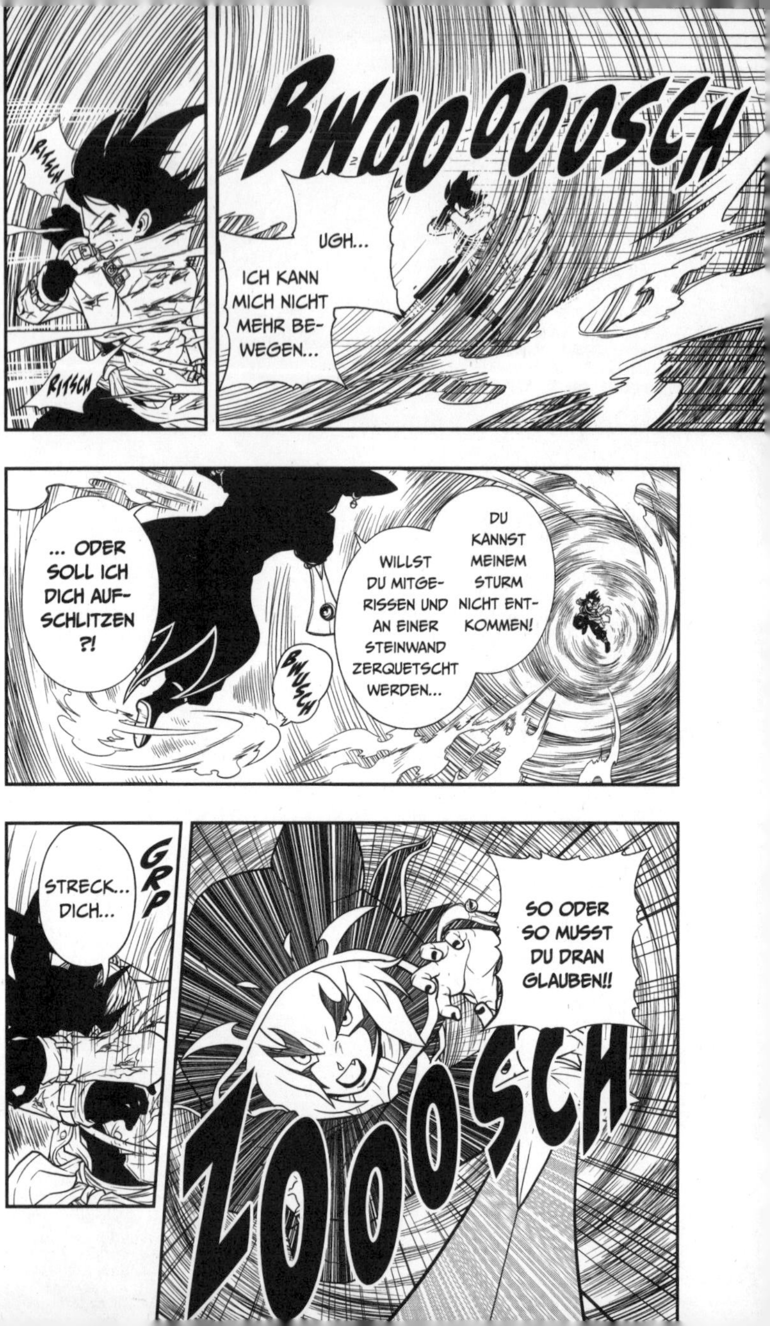
BWOOOOOSCH
UGH...
ICH KANN MICH NICHT MEHR BEWEGEN...
RITSCH
RITSCH
DU KANNST MEINEM STURM NICHT ENTKOMMEN!
WILLST DU MITGERISSEN UND AN EINER STEINWAND ZERQUETSCHT WERDEN...
BWUSCH
... ODER SOLL ICH DICH AUFSCHLITZEN ?!
SO ODER SO MUSST DU DRAN GLAUBEN!!
ZOOOSCH
GRP
STRECK... DICH...

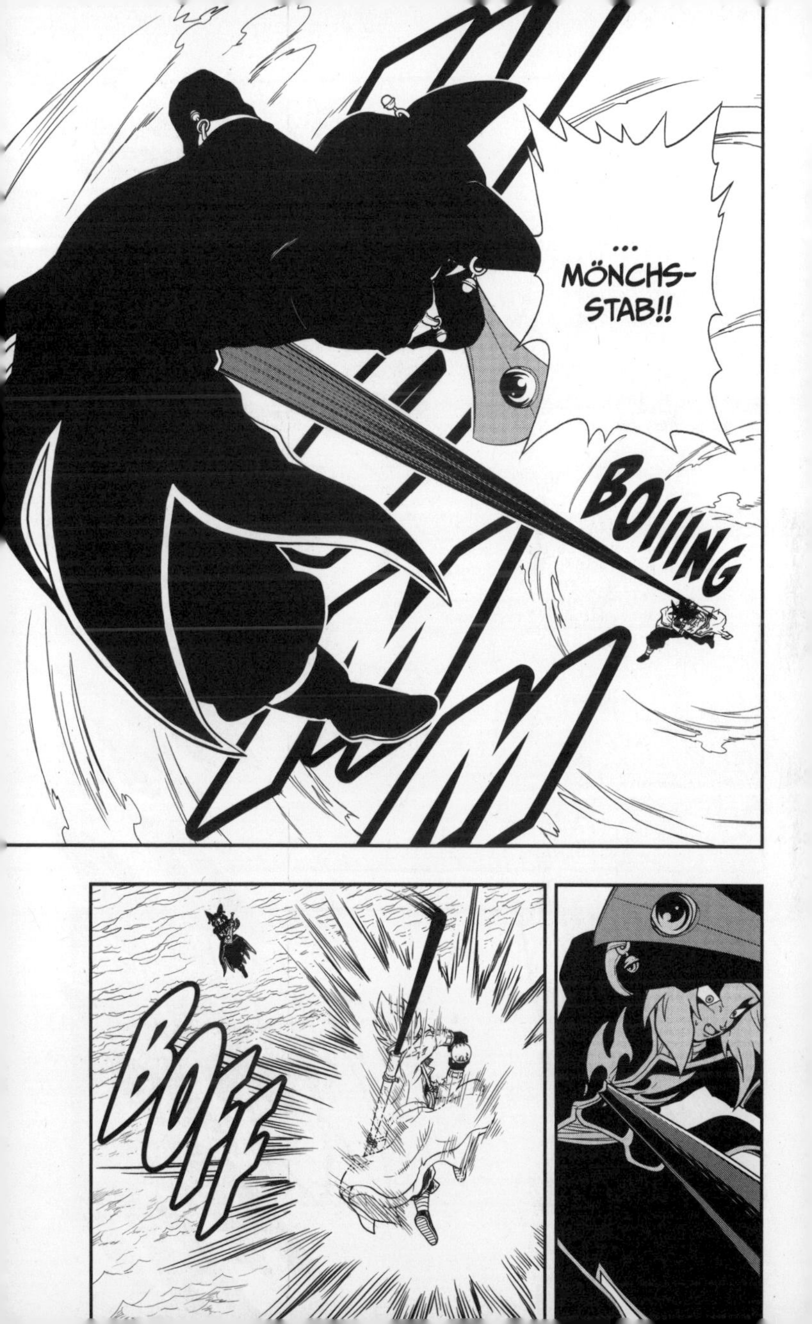
... MÖNCHS-STAB!!
BOIIING
BOFF

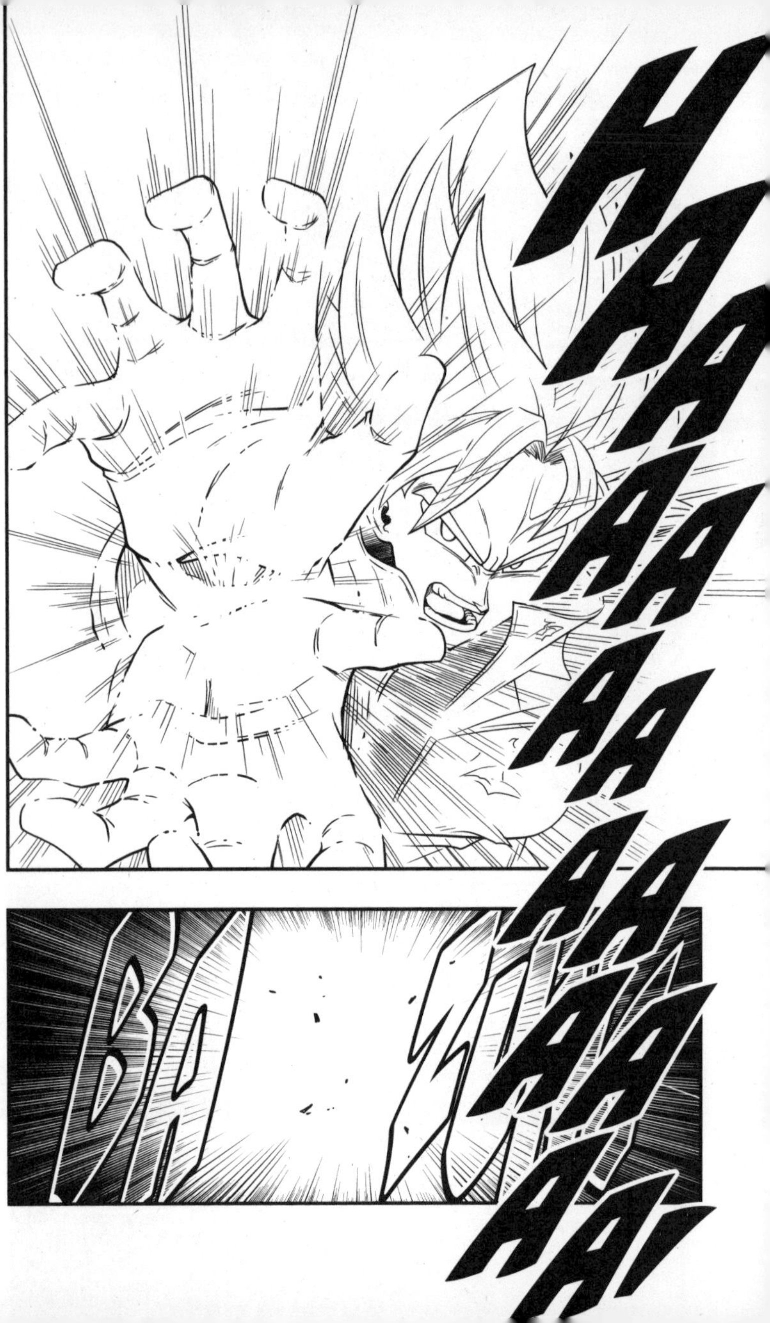
HAAAAAAAAAAAAAAA!
BAZ

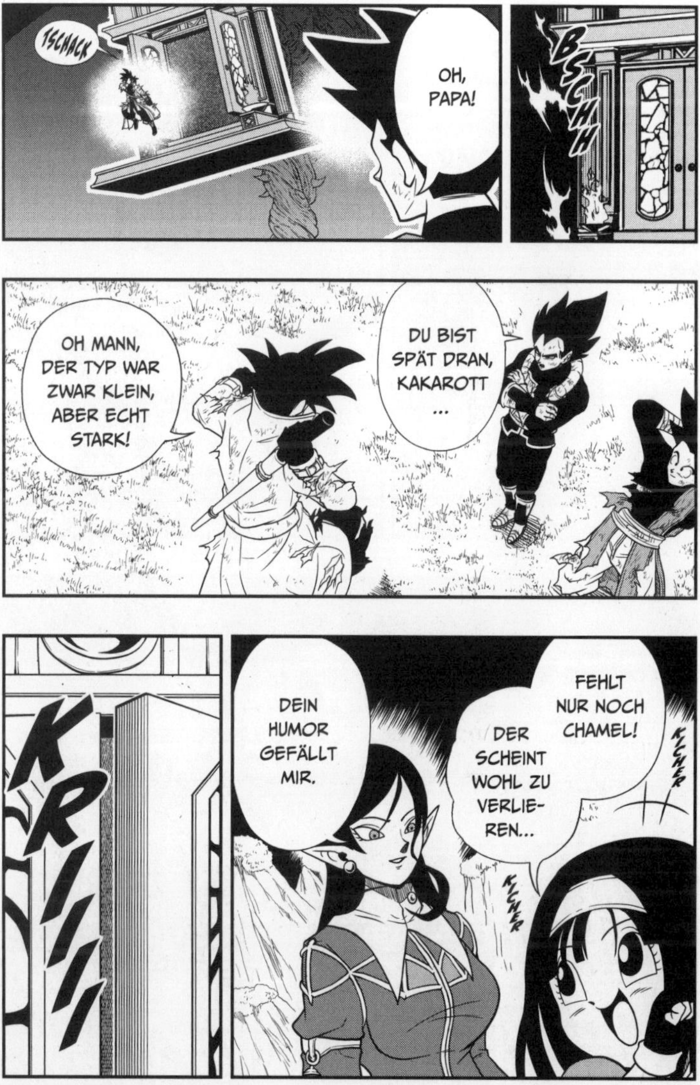
BSCHHH
OH, PAPA!
TSCHACK
DU BIST SPÄT DRAN, KAKAROTT ...
OH MANN, DER TYP WAR ZWAR KLEIN, ABER ECHT STARK!
FEHLT NUR NOCH CHAMEL!
DER SCHEINT WOHL ZU VERLIE-REN...
KICHER
KICHER
DEIN HUMOR GEFÄLLT MIR.
KRIII

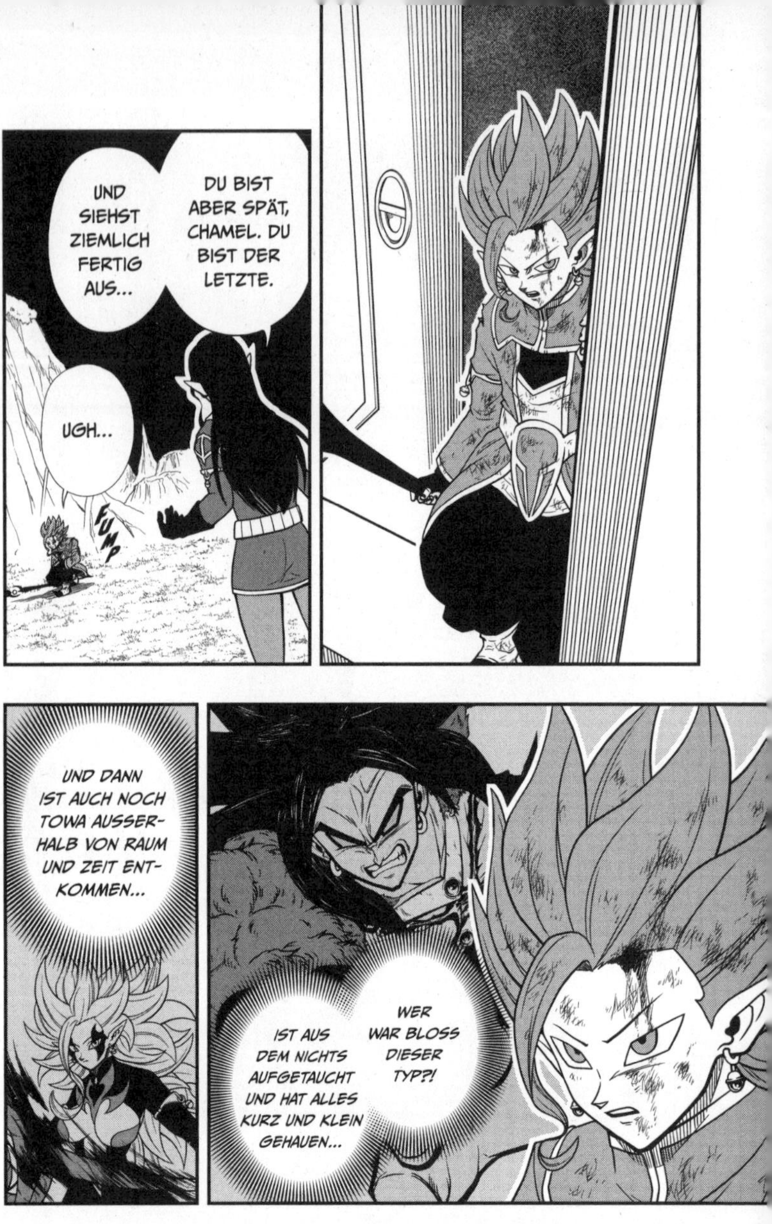
DU BIST ABER SPÄT, CHAMEL. DU BIST DER LETZTE.
UND SIEHST ZIEMLICH FERTIG AUS...
UGH...
FUMP
WER WAR BLOSS DIESER TYP?!
IST AUS DEM NICHTS AUFGETAUCHT UND HAT ALLES KURZ UND KLEIN GEHAUEN...
UND DANN IST AUCH NOCH TOWA AUSSER-HALB VON RAUM UND ZEIT ENT-KOMMEN...

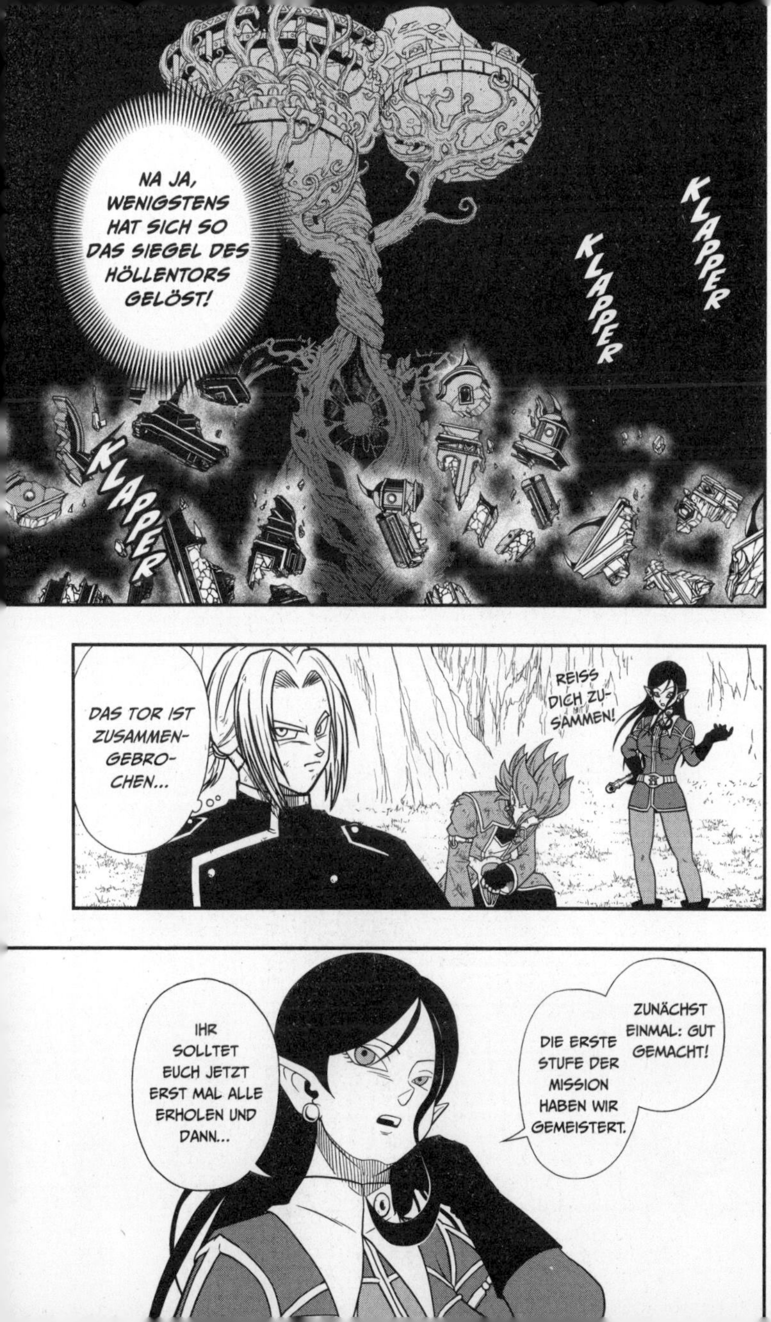
KLAPPER
KLAPPER
NA JA, WENIGSTENS HAT SICH SO DAS SIEGEL DES HÖLLENTORS GELÖST!
KLAPPER
REISS DICH ZUSAMMEN!
DAS TOR IST ZUSAMMENGEBROCHEN...
ZUNÄCHST EINMAL: GUT GEMACHT!
DIE ERSTE STUFE DER MISSION HABEN WIR GEMEISTERT.
IHR SOLLTET EUCH JETZT ERST MAL ALLE ERHOLEN UND DANN...

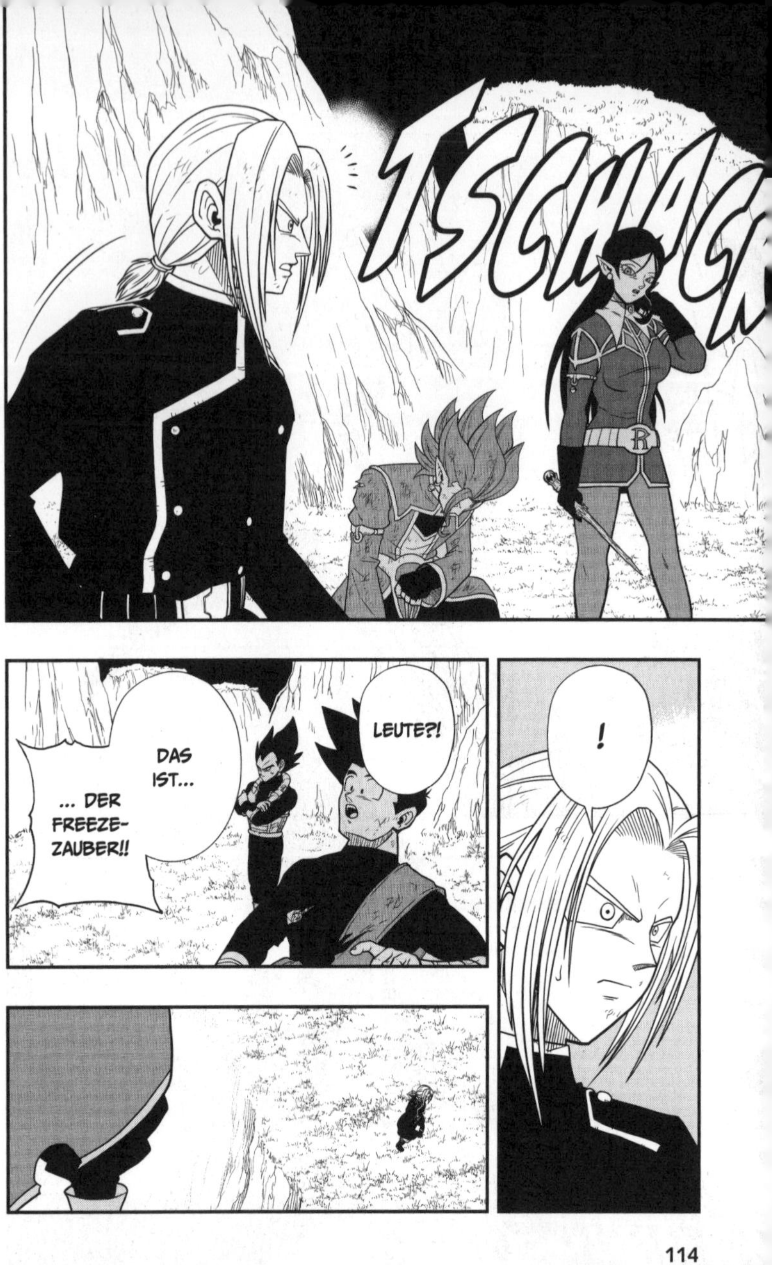
TSCHAG
LEUTE?!
DAS IST...
... DER FREEZE-ZAUBER!!
!

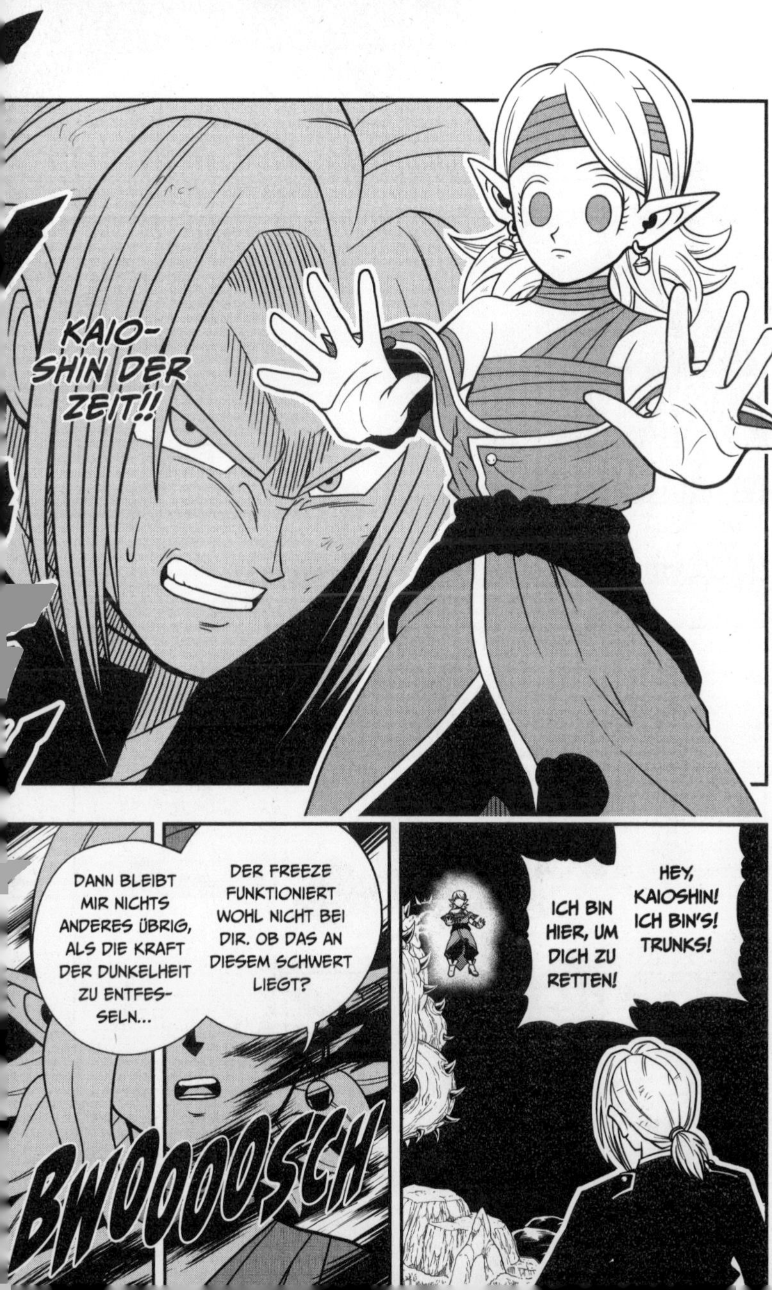
KAIO-SHIN DER ZEIT!!
HEY, KAIOSHIN! ICH BIN'S! TRUNKS!
ICH BIN HIER, UM DICH ZU RETTEN!
DER FREEZE FUNKTIONIERT WOHL NICHT BEI DIR. OB DAS AN DIESEM SCHWERT LIEGT?
DANN BLEIBT MIR NICHTS ANDERES ÜBRIG, ALS DIE KRAFT DER DUNKELHEIT ZU ENTFES-SELN...
BWOOOOOSCH

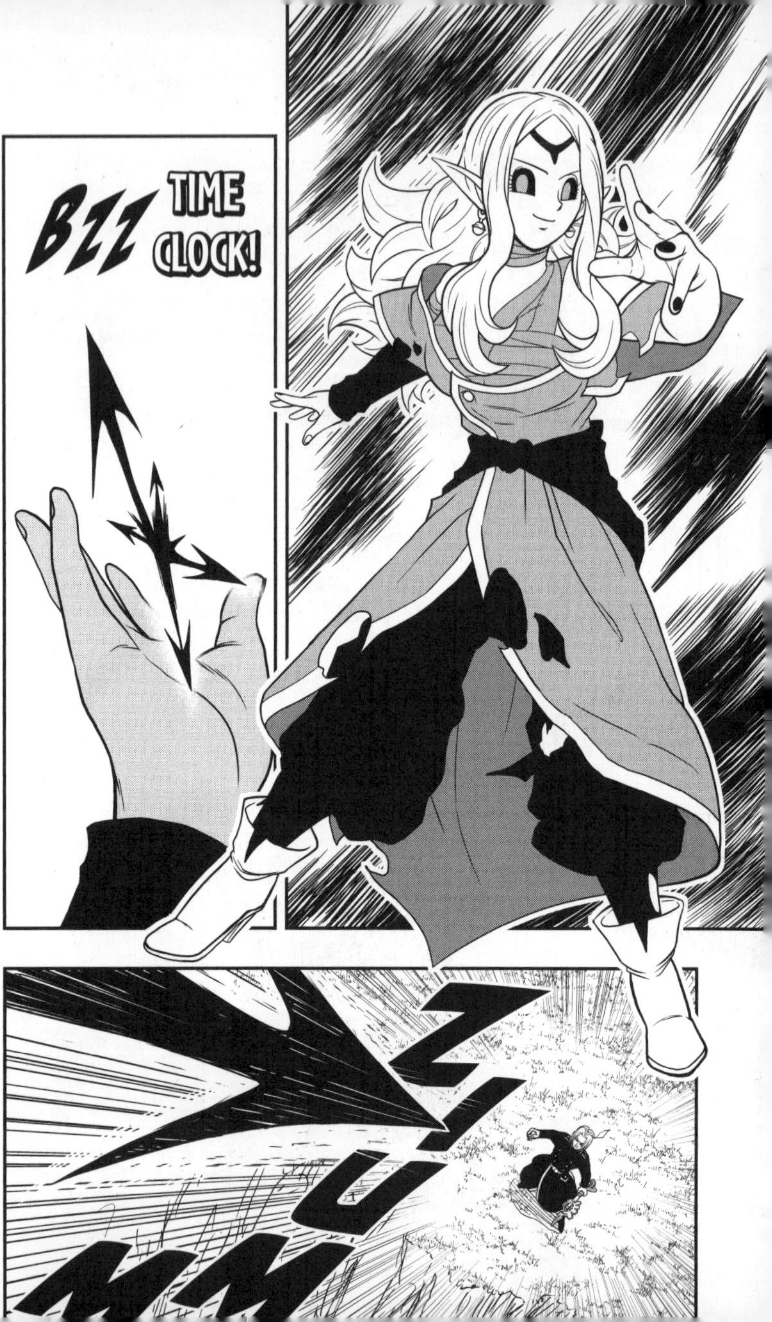
BZZ
TIME CLOCK!

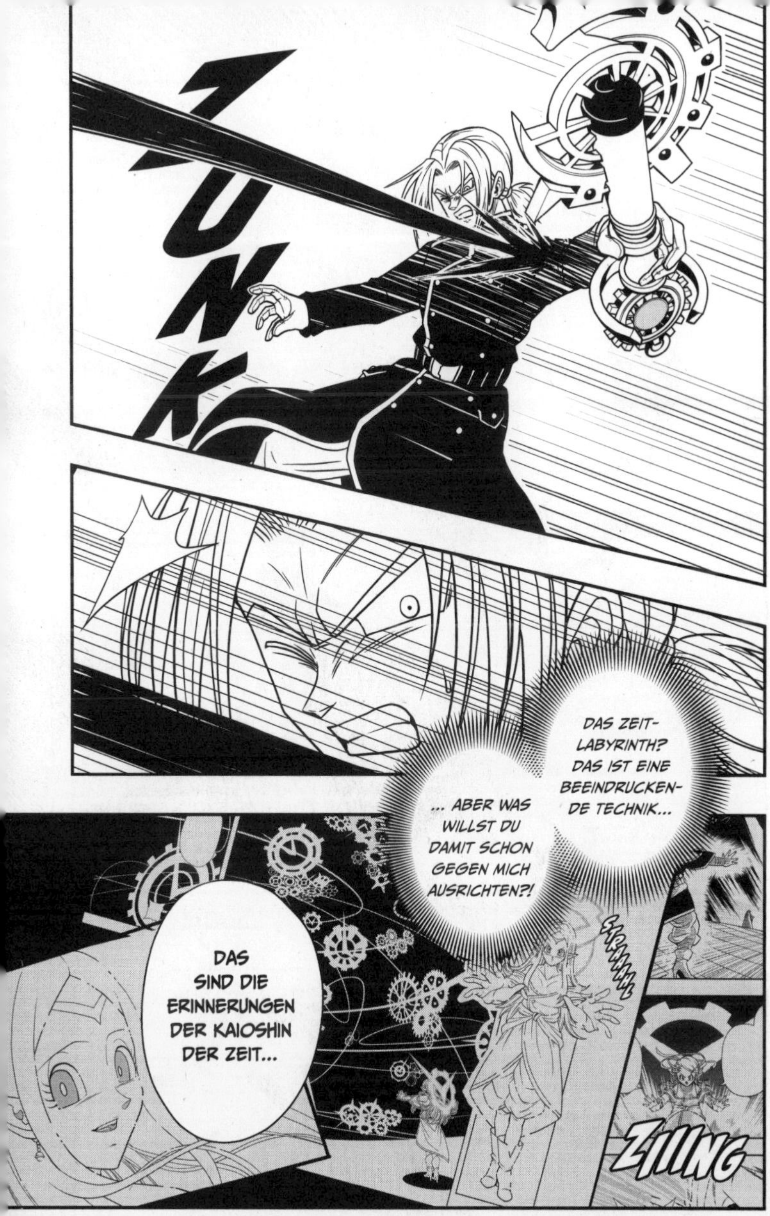
ZUNK
DAS ZEIT-LABYRINTH? DAS IST EINE BEEINDRUCKEN-DE TECHNIK...
... ABER WAS WILLST DU DAMIT SCHON GEGEN MICH AUSRICHTEN?!
ZIIING
DAS SIND DIE ERINNERUNGEN DER KAIOSHIN DER ZEIT...

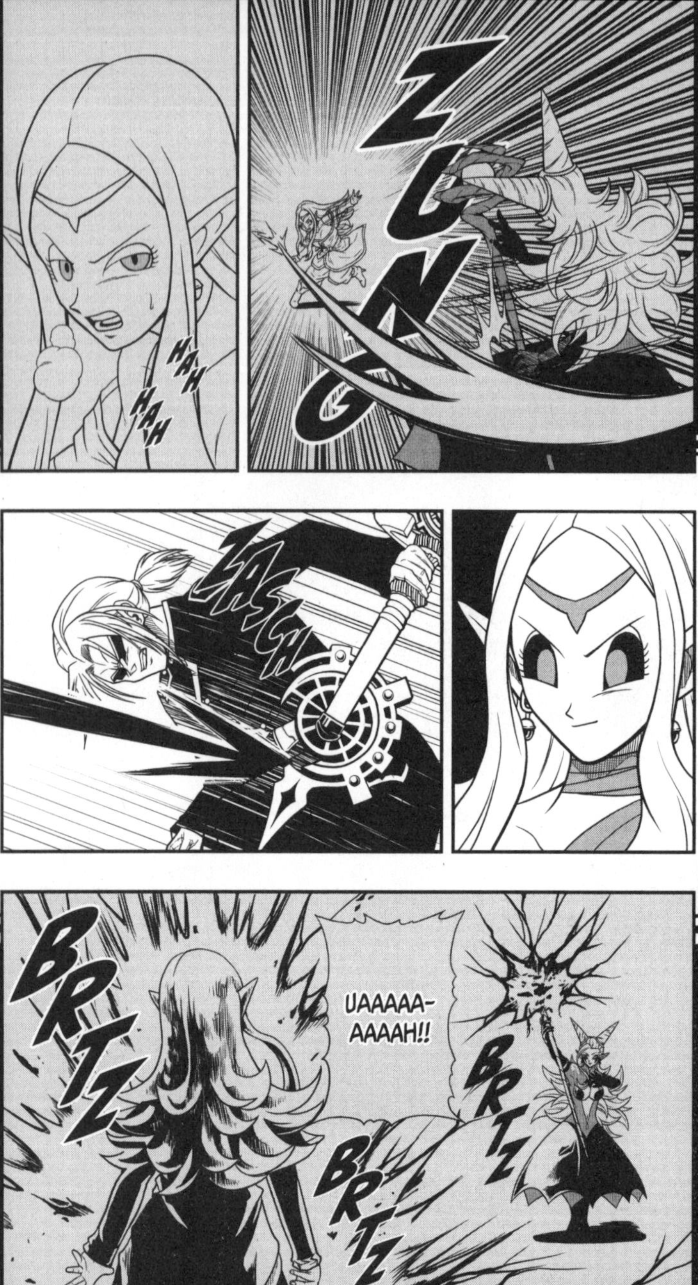
ZUNG
HAH HAH
ZASCH
BRTZ
UAAAAA-
AAAAH!!
BRTZ
BRTZ

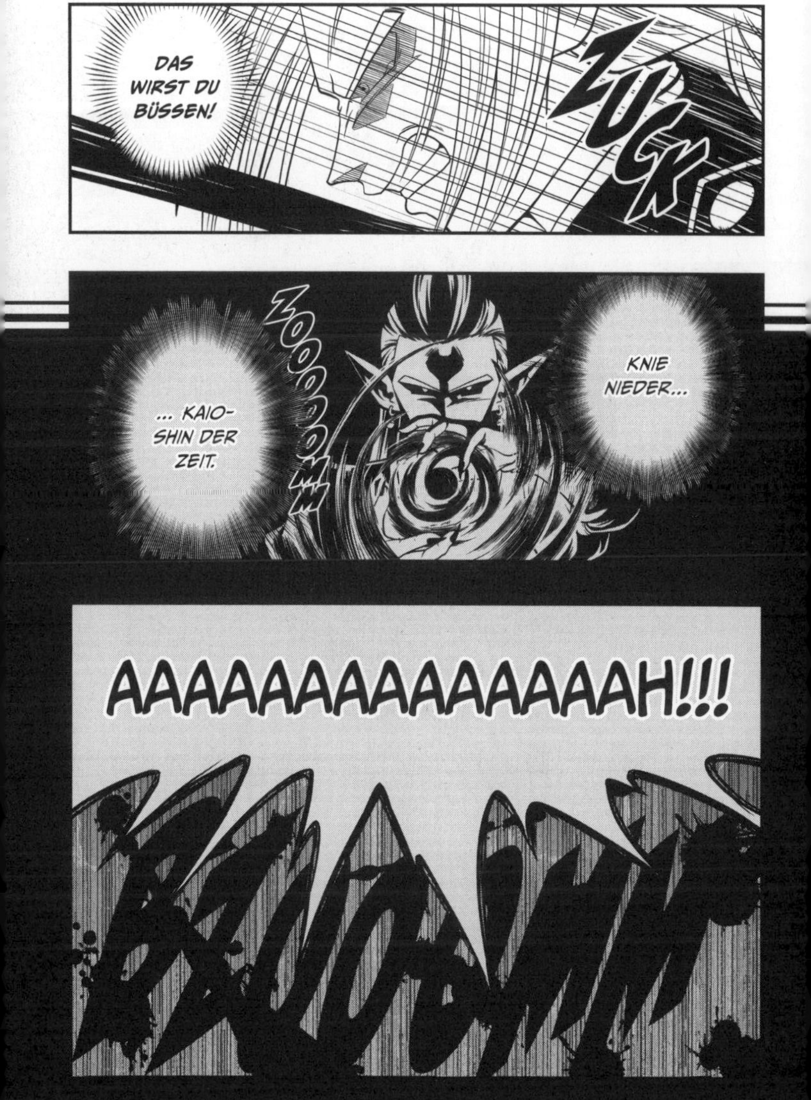

DAS WIRST DU BÜSSEN!
ZUCK!
KNIE NIEDER...
... KAIO-SHIN DER ZEIT.
ZOOOOOOOMM
AAAAAAAAAAAAAAAH!!!

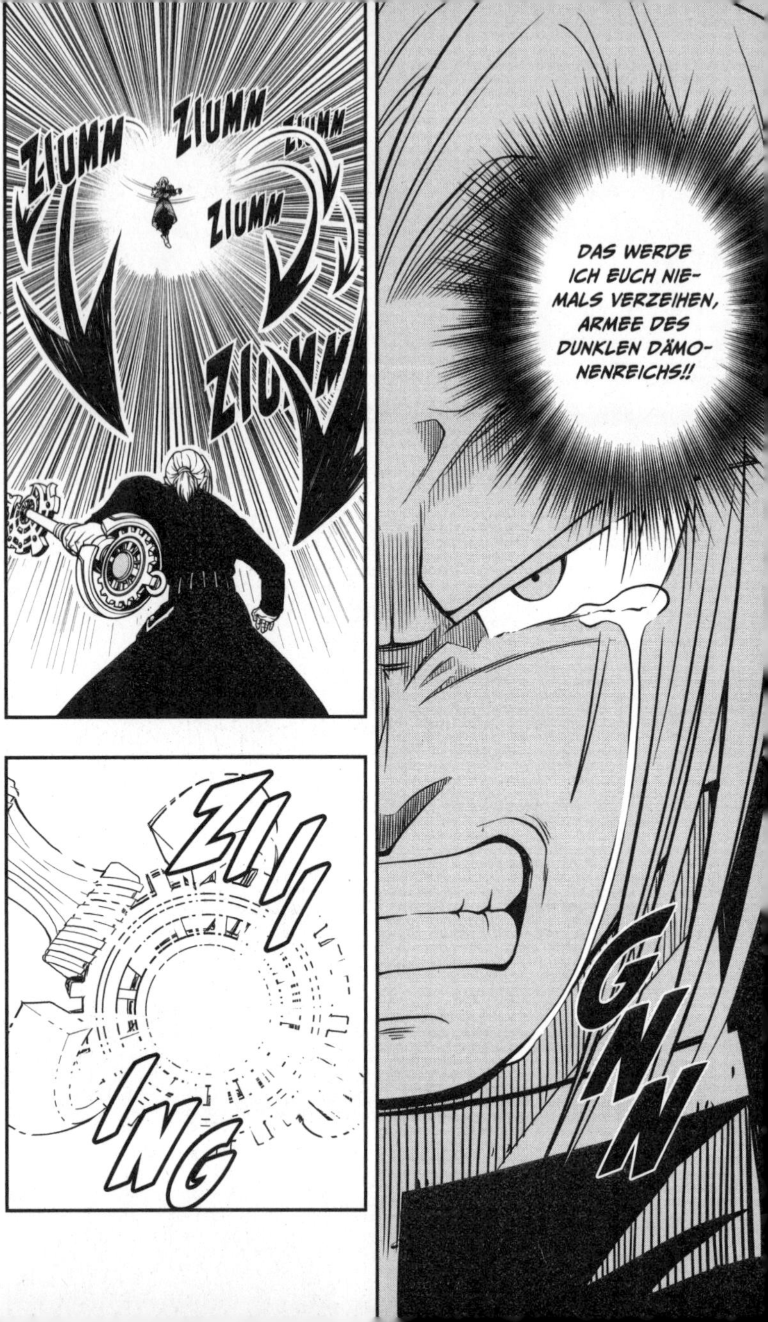
DAS WERDE ICH EUCH NIEMALS VERZEIHEN, ARMEE DES DUNKLEN DÄMONENREICHS!!
GMN
ZIUMM
ZIUMM
ZIUMM
ZIIIING

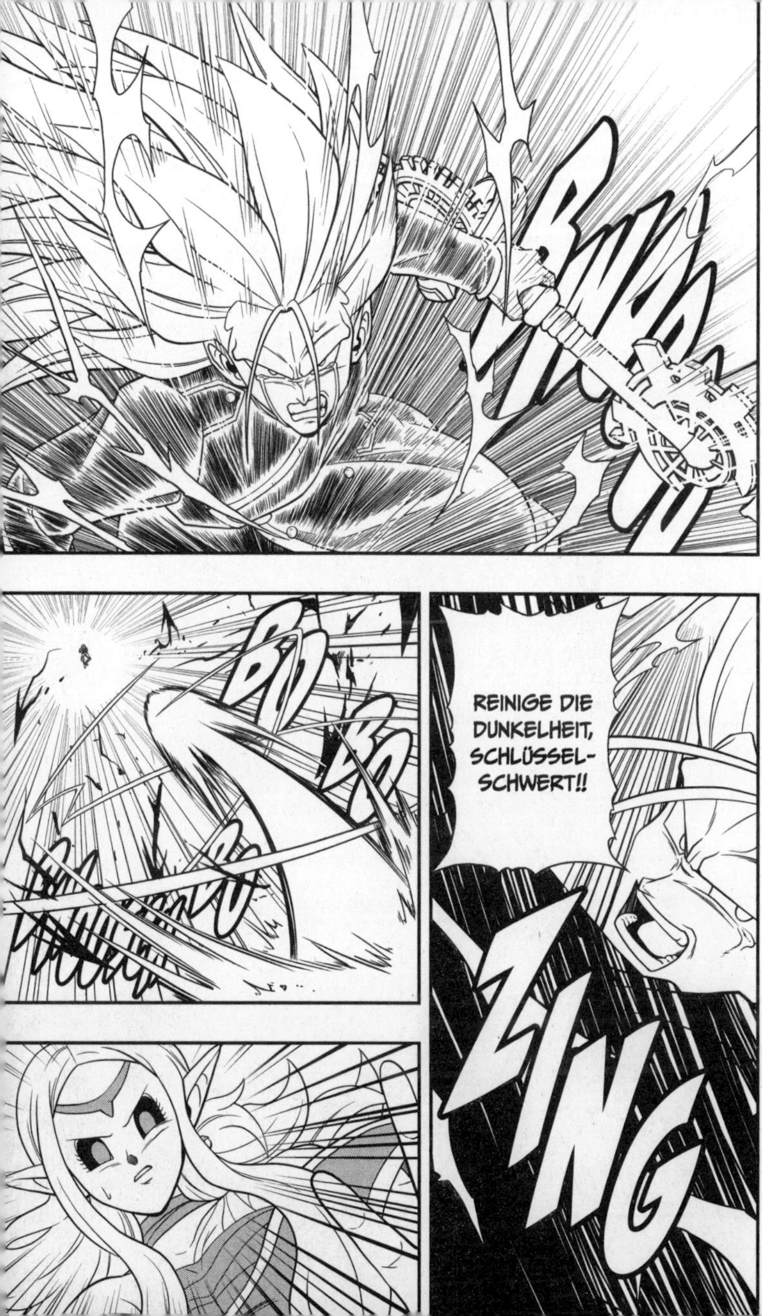
REINIGE DIE
DUNKELHEIT,
SCHLÜSSEL-
SCHWERT!!
ZING

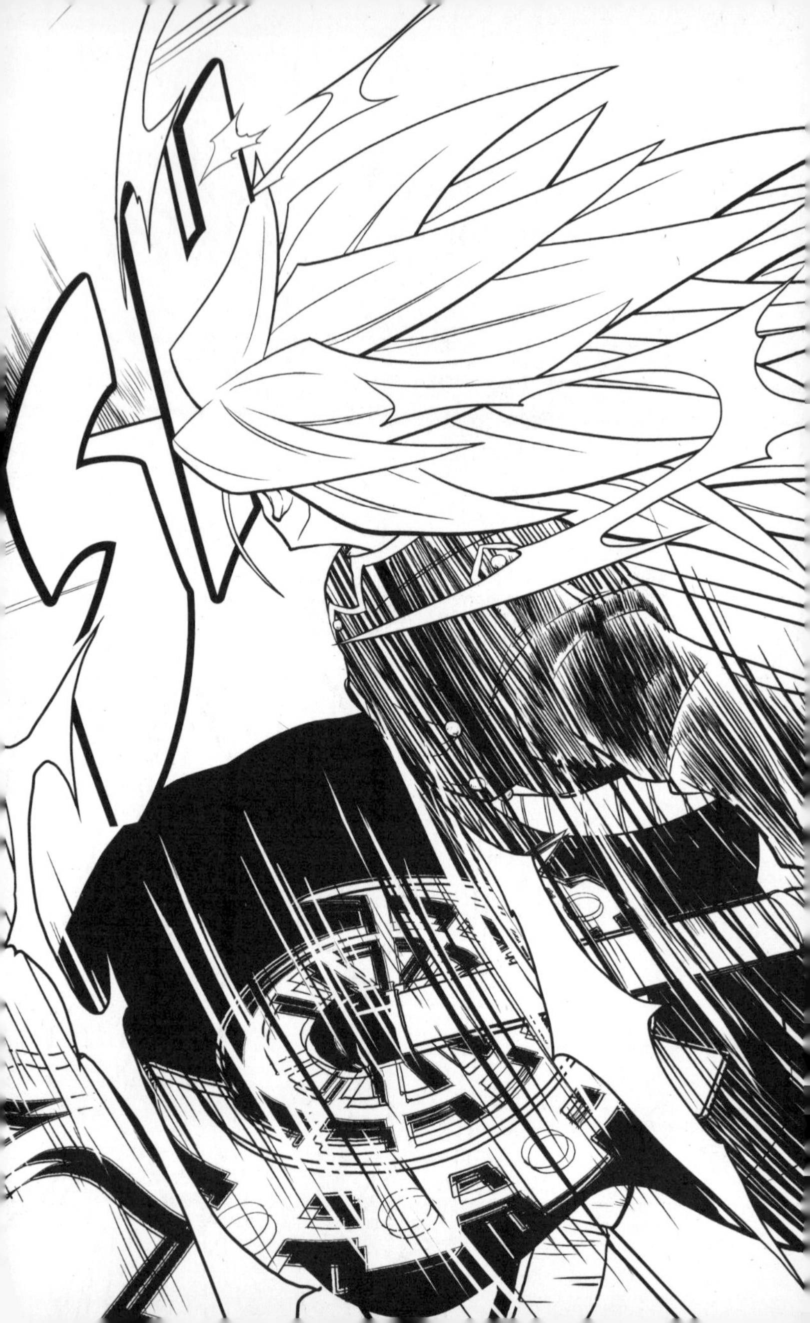

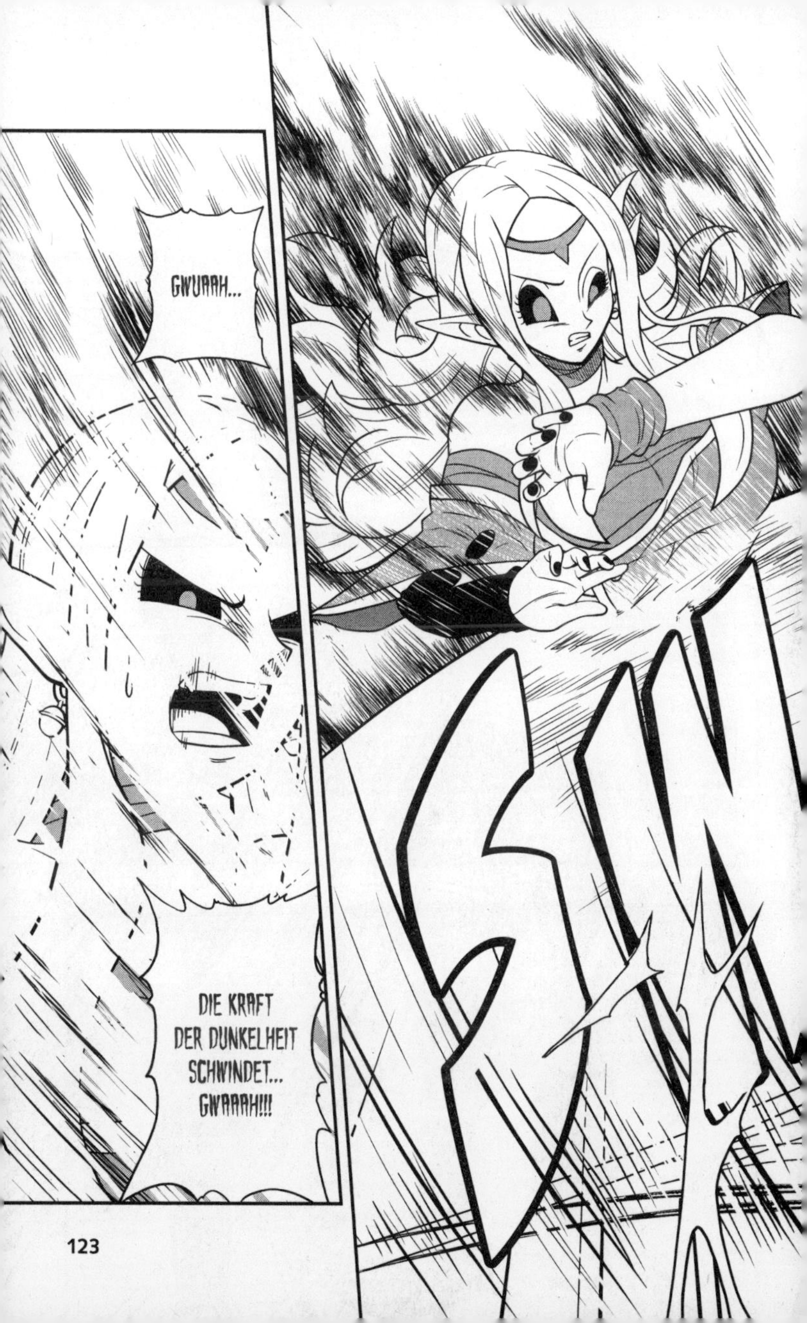
GWUAAH...
DIE KRAFT DER DUNKELHEIT SCHWINDET... GWAAAH!!!

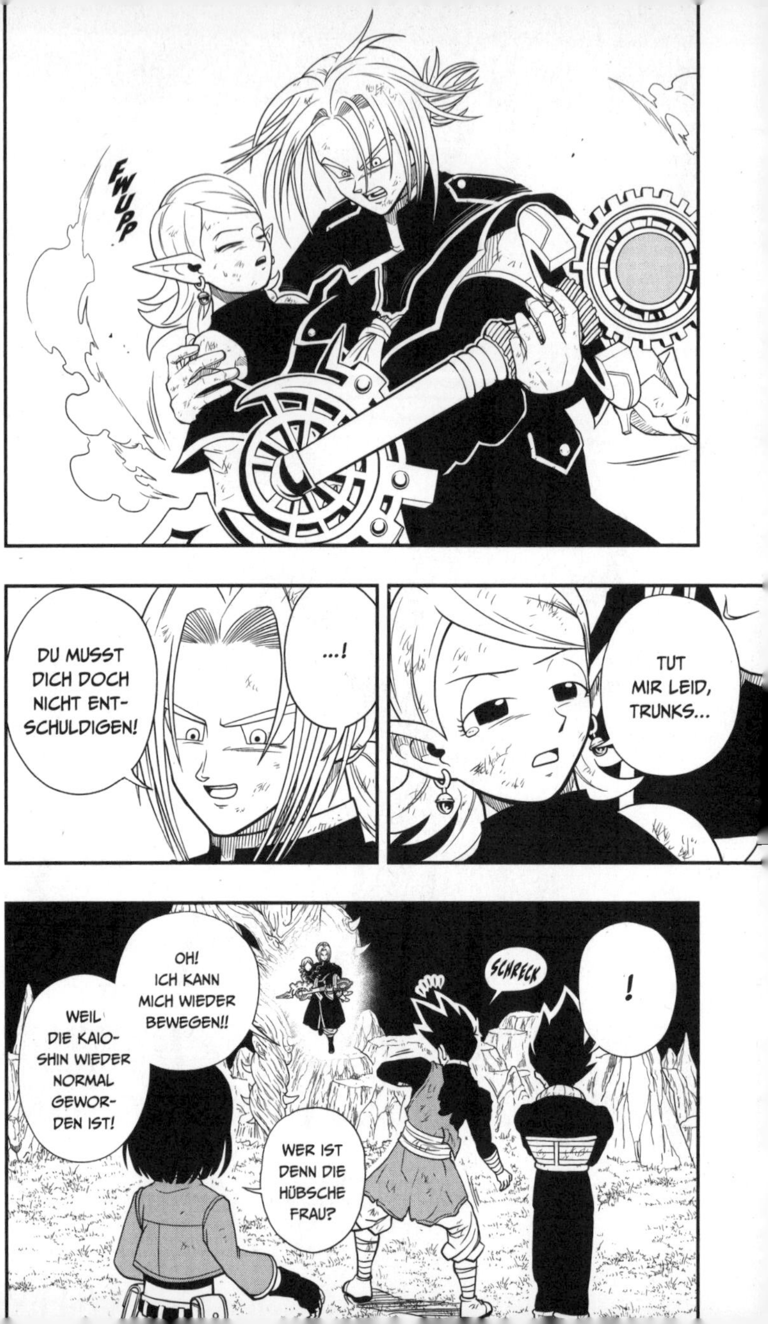
FWUPP
TUT MIR LEID, TRUNKS...
...!
DU MUSST DICH DOCH NICHT ENT-SCHULDIGEN!
!
SCHRECK
OH! ICH KANN MICH WIEDER BEWEGEN!!
WEIL DIE KAIO-SHIN WIEDER NORMAL GEWOR-DEN IST!
WER IST DENN DIE HÜBSCHE FRAU?

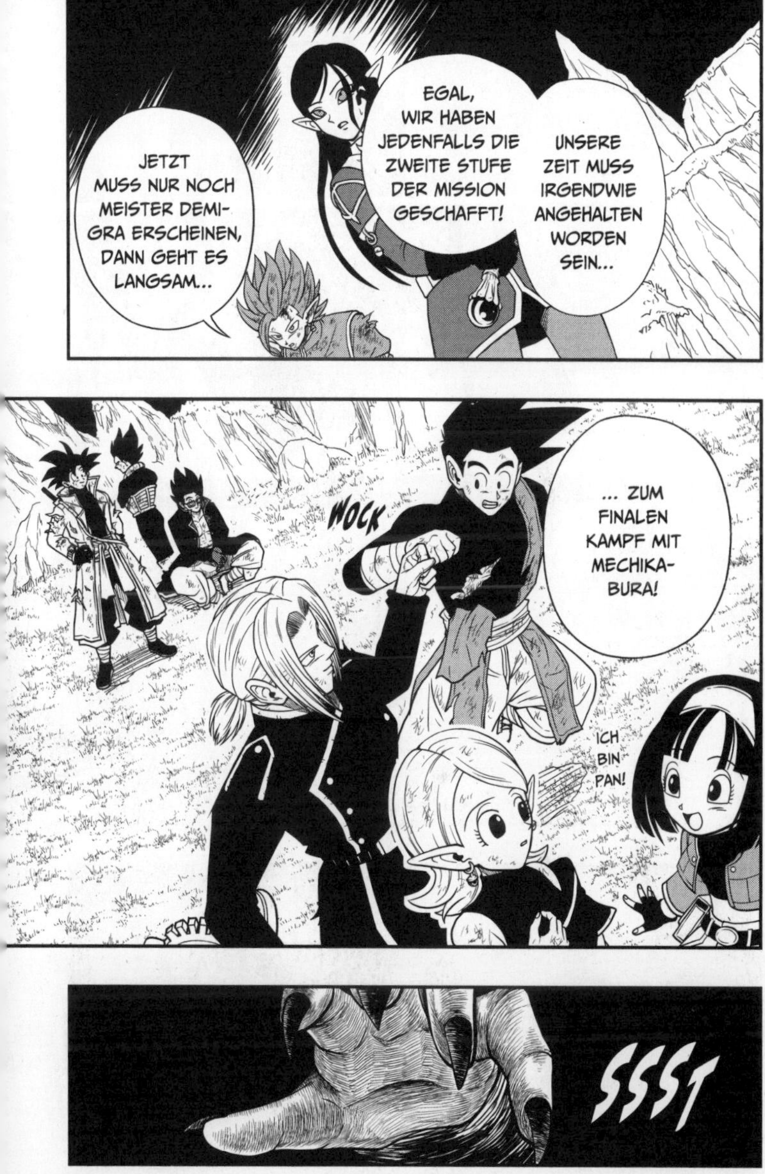
UNSERE ZEIT MUSS IRGENDWIE ANGEHALTEN WORDEN SEIN...
EGAL, WIR HABEN JEDENFALLS DIE ZWEITE STUFE DER MISSION GESCHAFFT!
JETZT MUSS NUR NOCH MEISTER DEMI- GRA ERSCHEINEN, DANN GEHT ES LANGSAM...
... ZUM FINALEN KAMPF MIT MECHIKA- BURA!
WOCK
ICH BIN PAN!
SSST

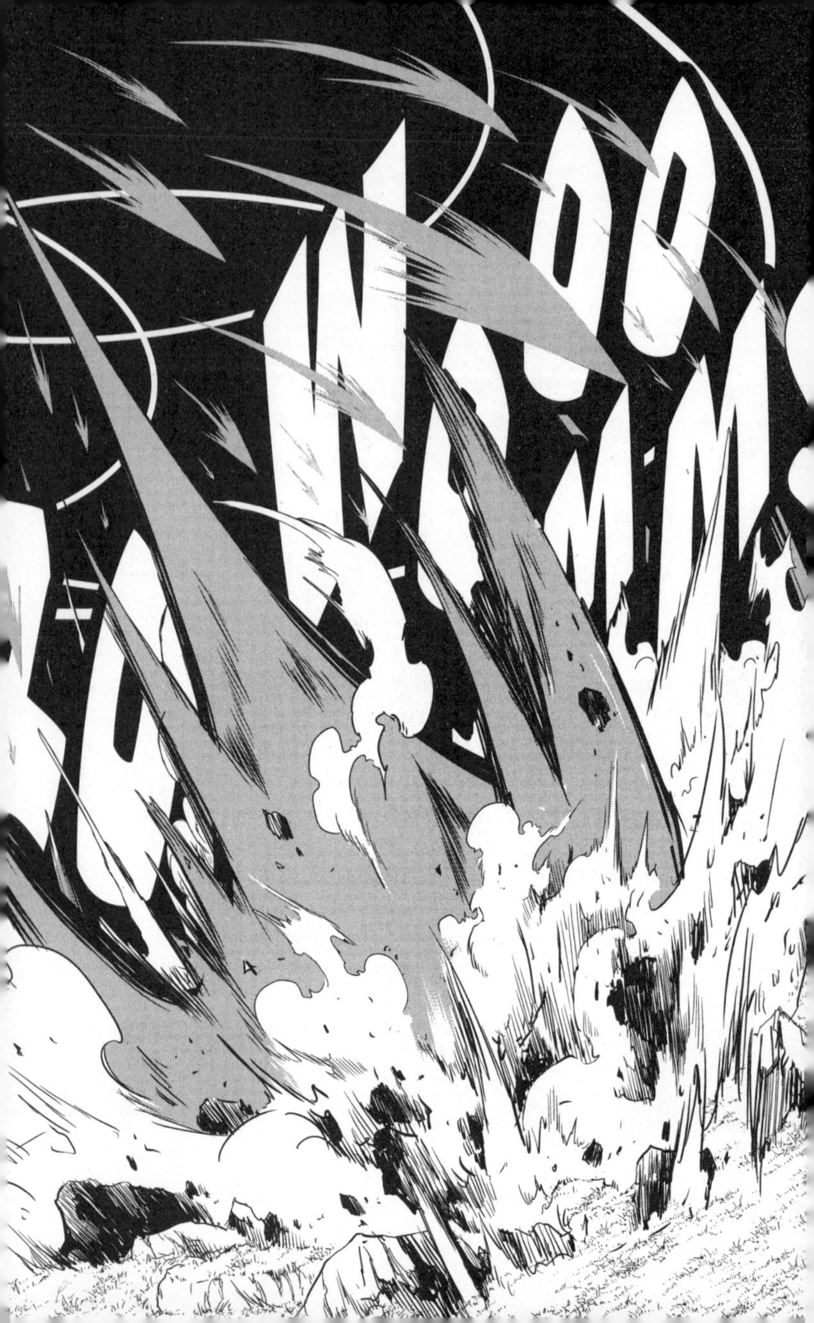

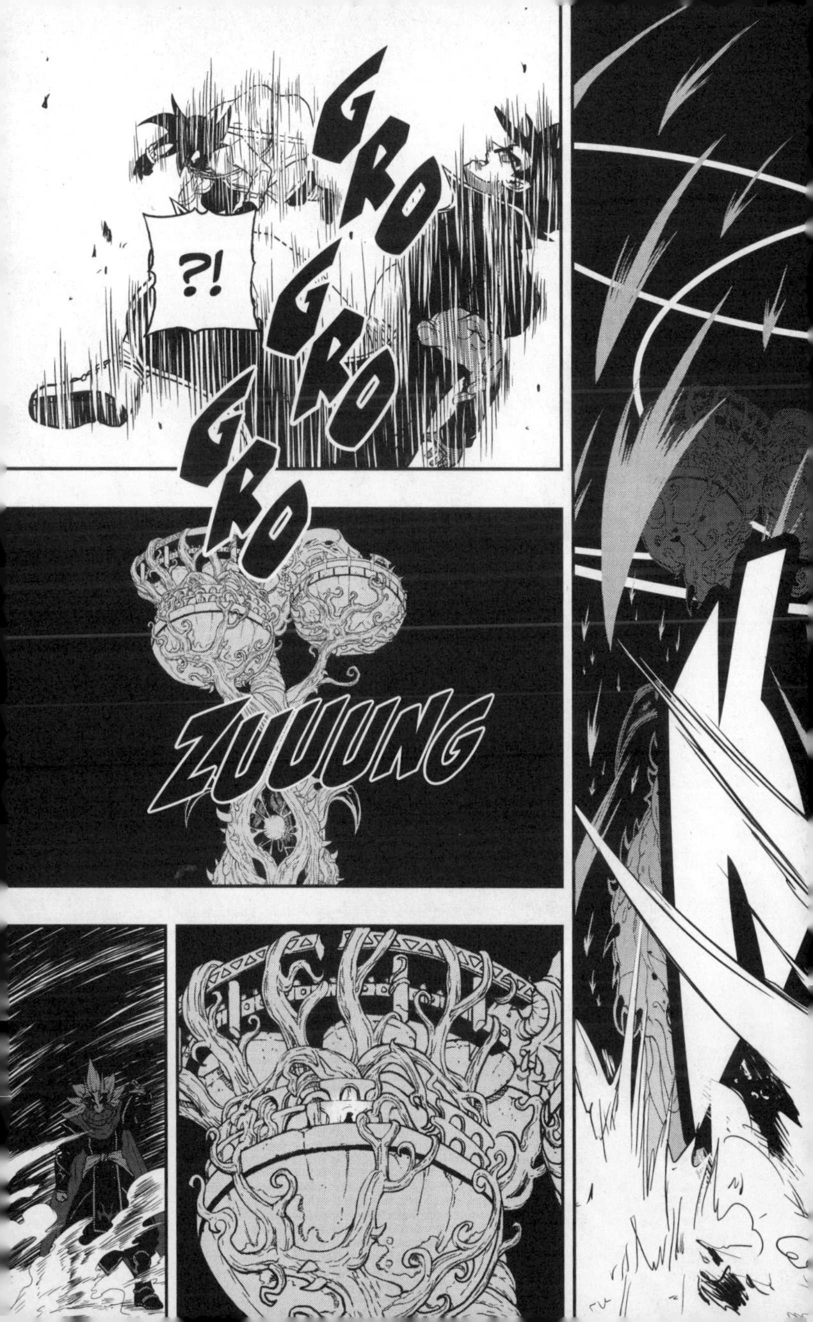

GRO GRO GRO
?!
ZUUUNG

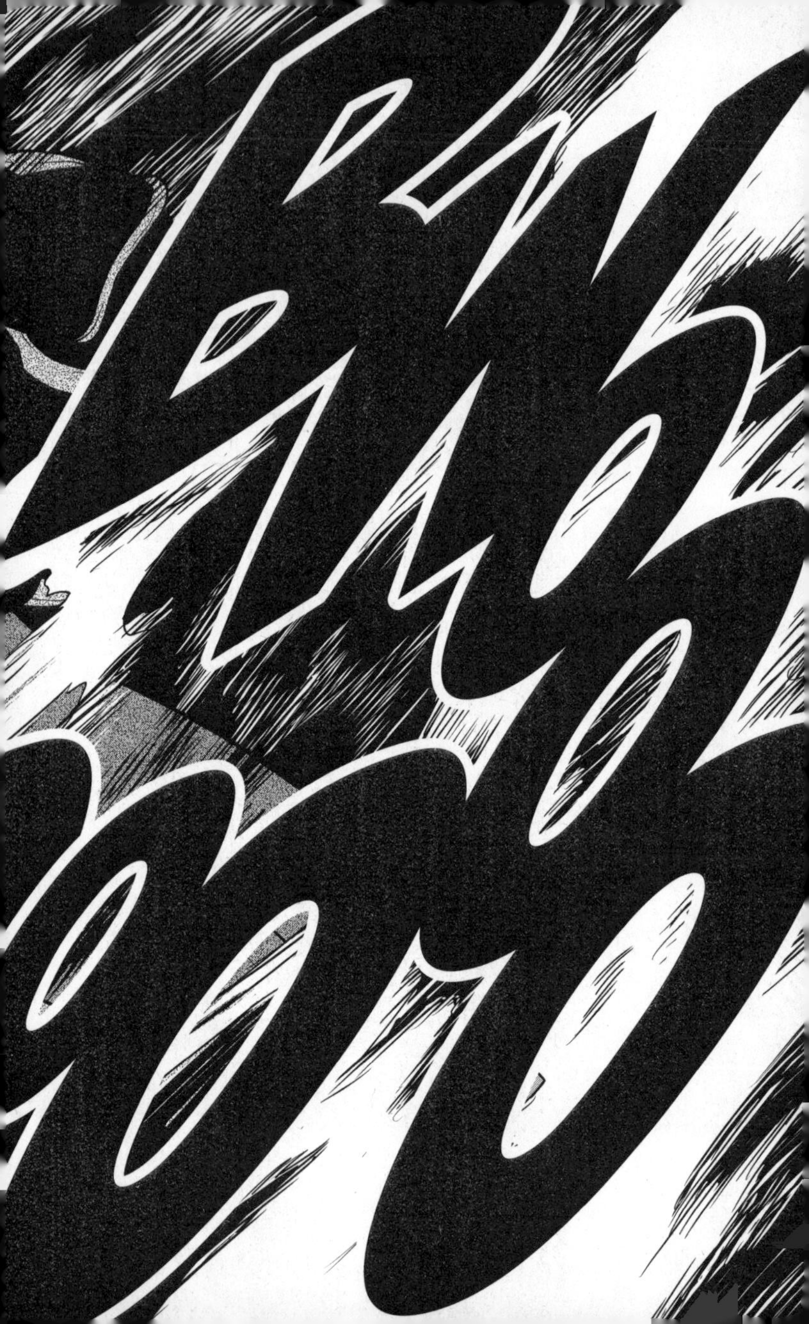

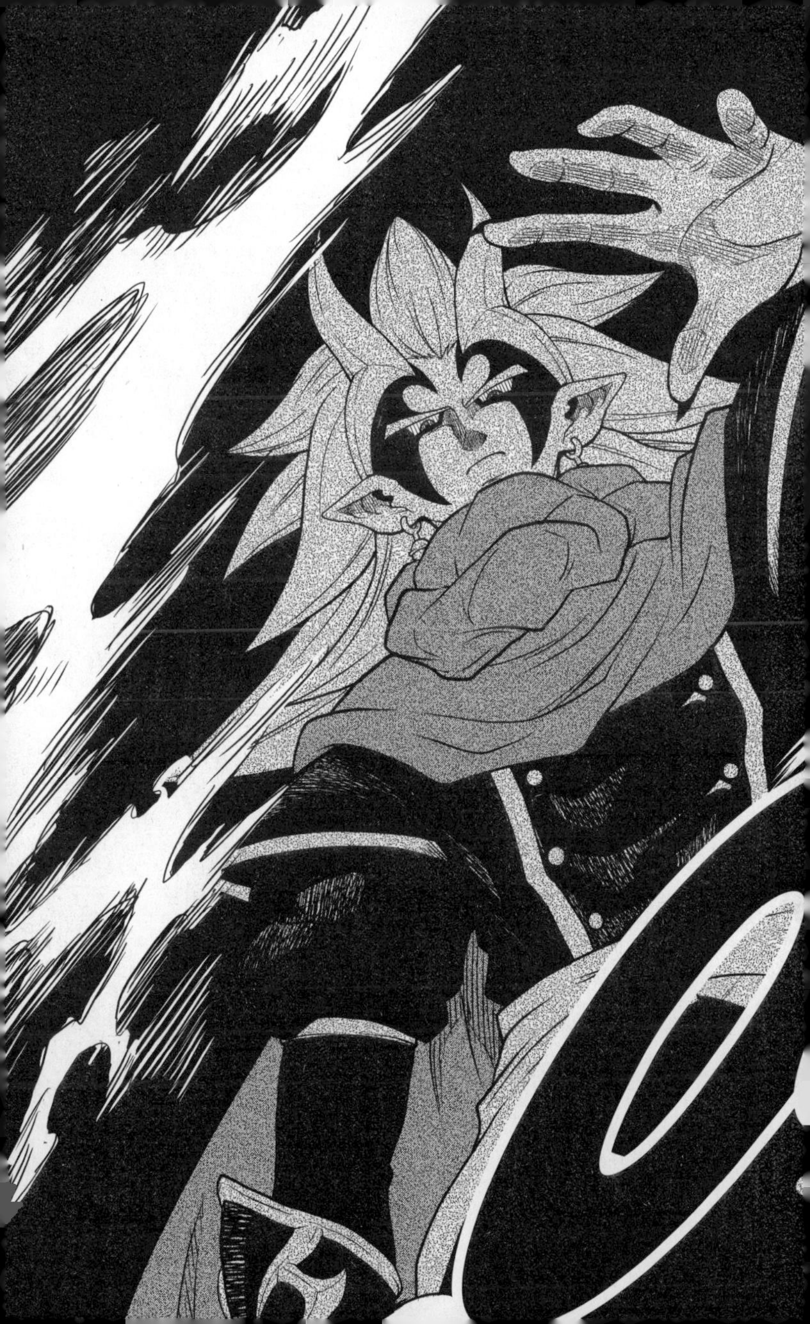

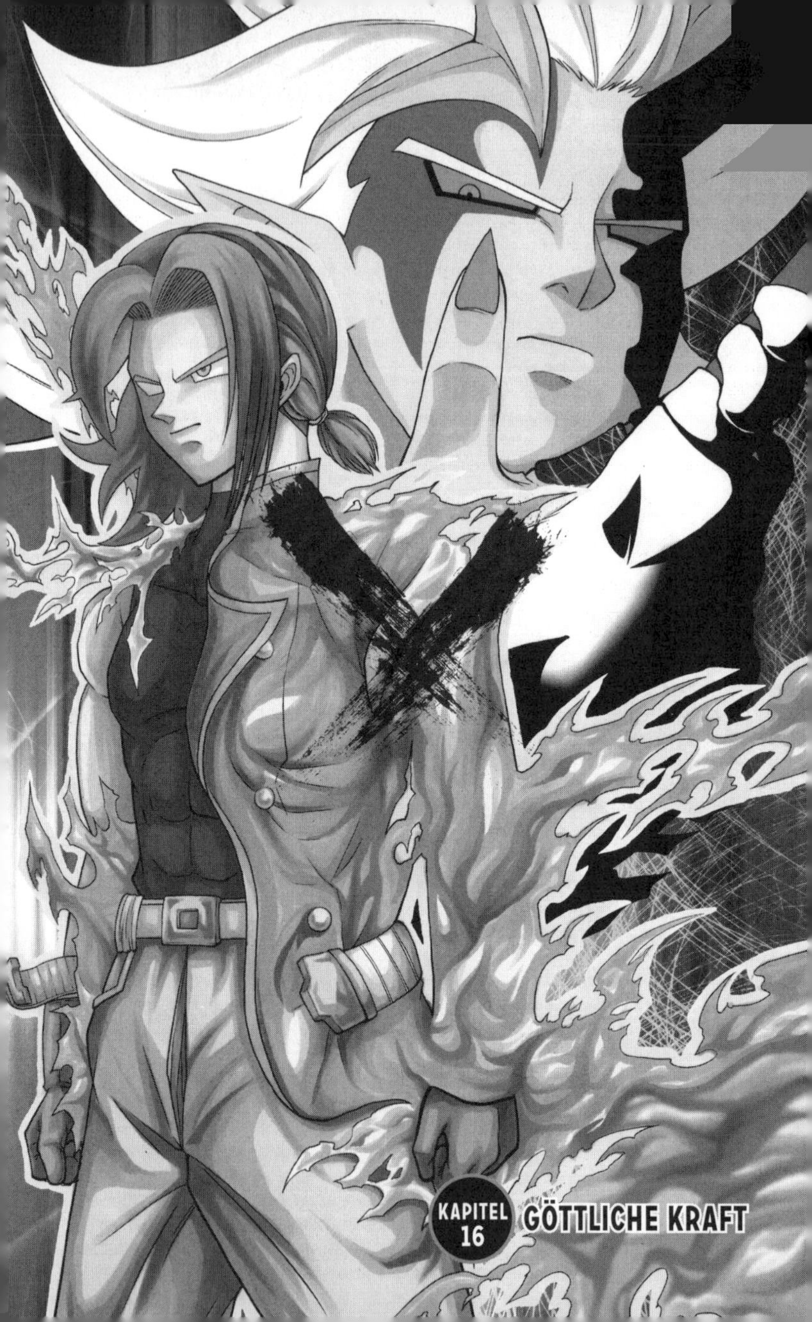
KAPITEL 16
GÖTTLICHE KRAFT

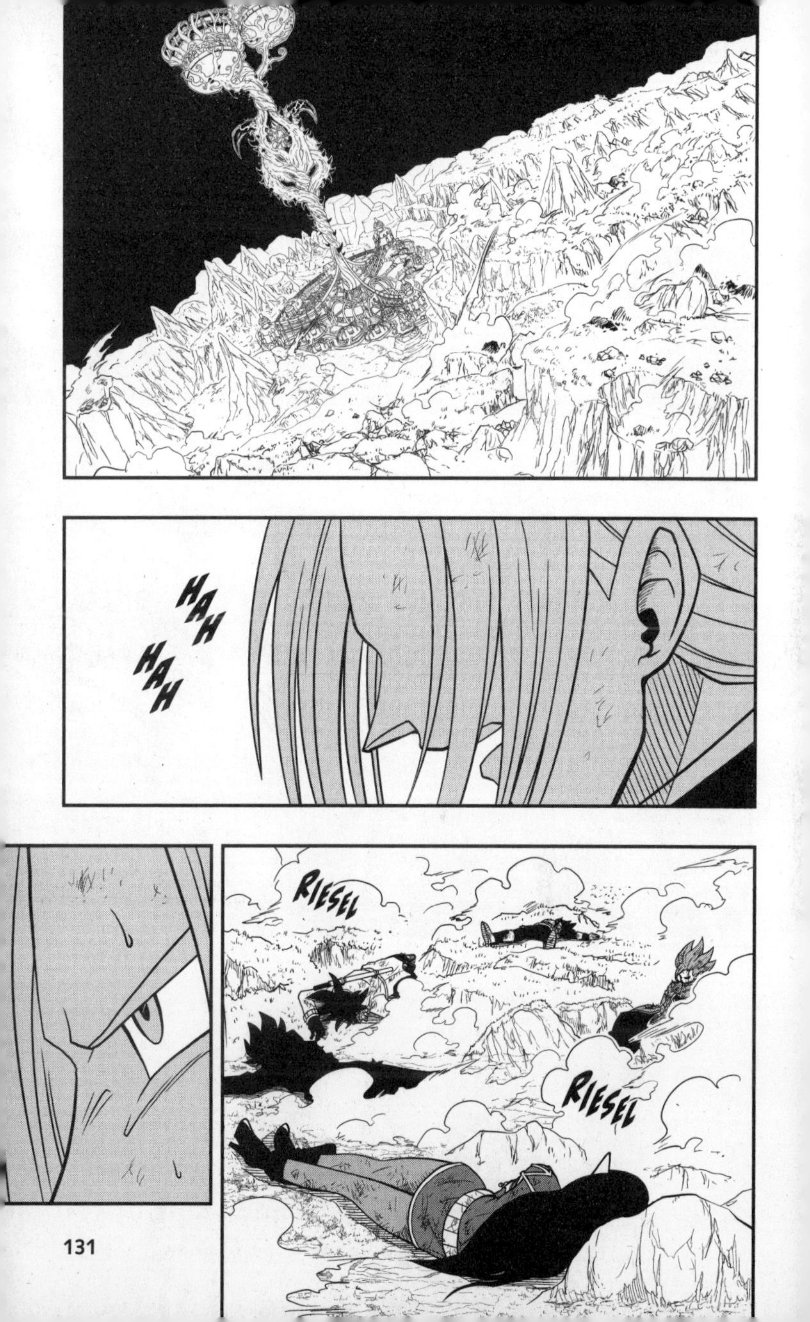
HAH
HAH
RIESEL
RIESEL

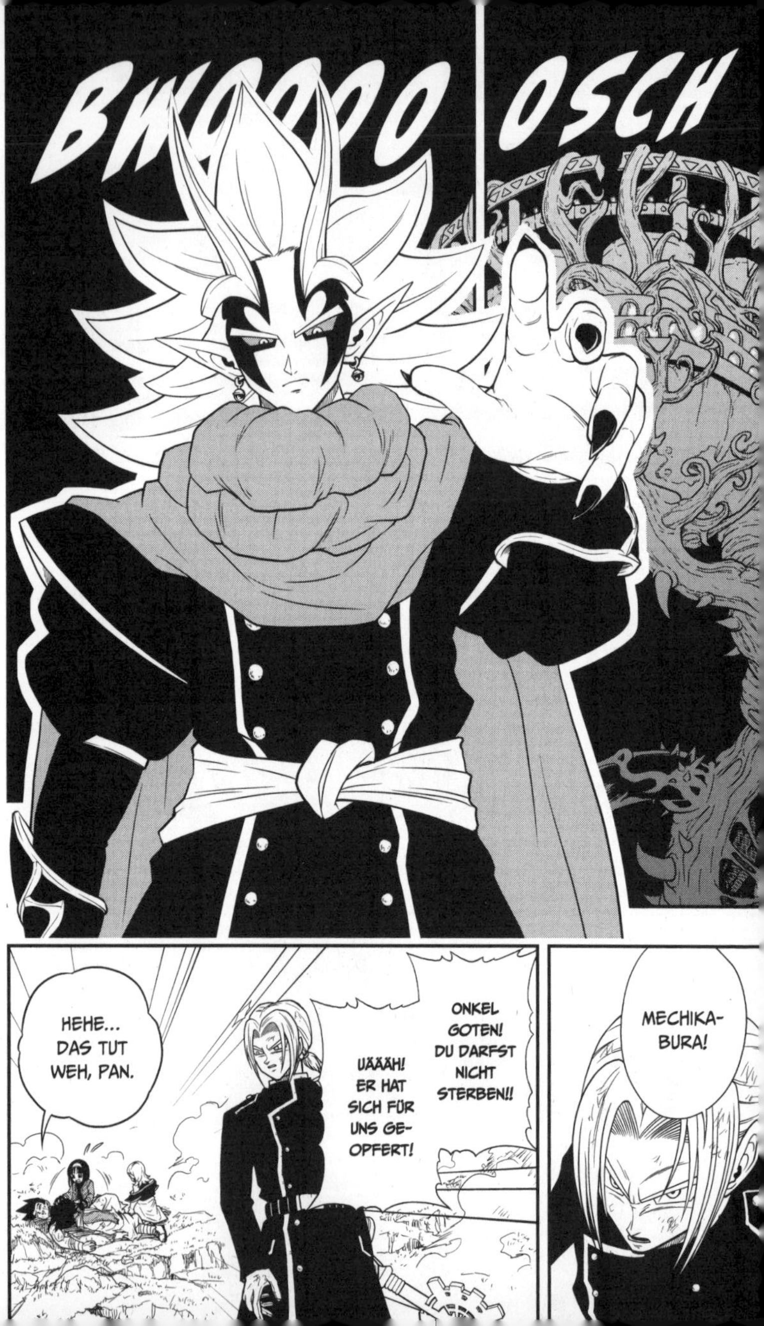
BWOOOO OSCH
MECHIKA-BURA!
ONKEL GOTEN! DU DARFST NICHT STERBEN!!
UÄÄÄH! ER HAT SICH FÜR UNS GE-OPFERT!
HEHE... DAS TUT WEH, PAN.

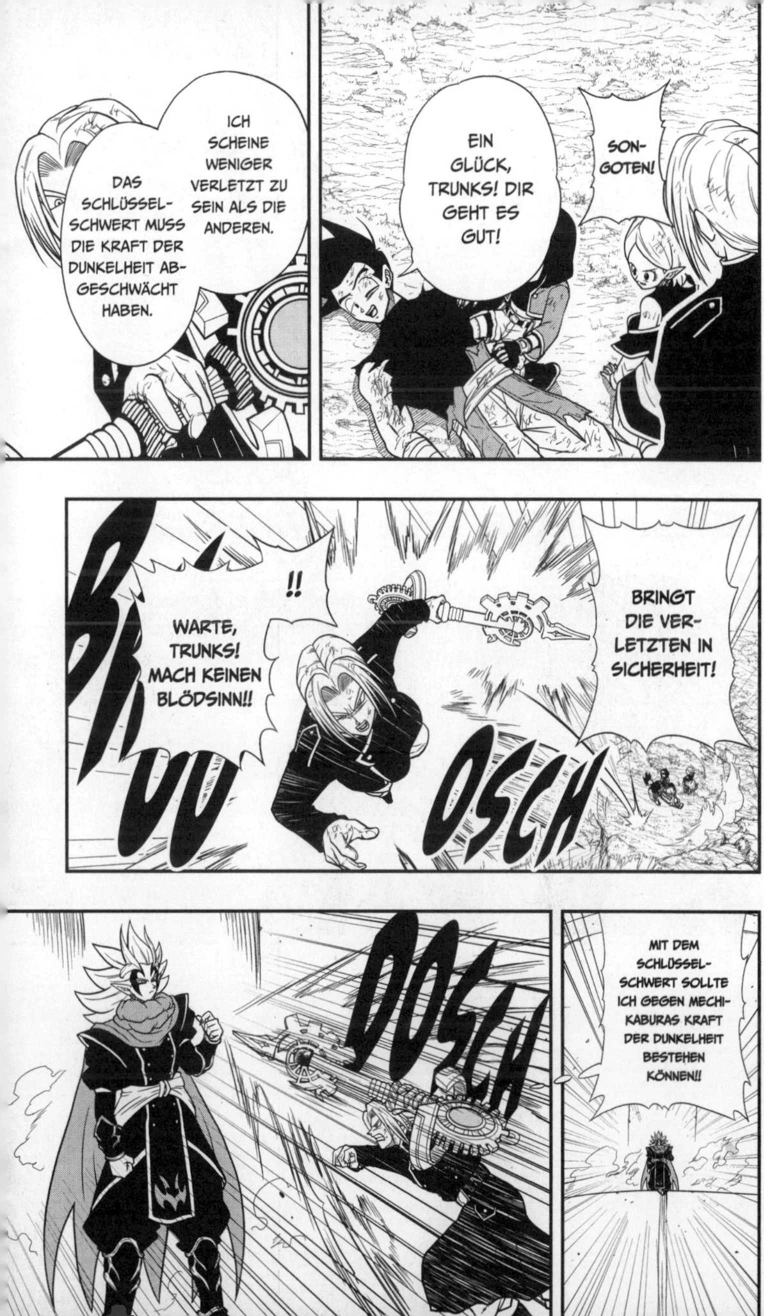
SON-GOTEN!
EIN GLÜCK, TRUNKS! DIR GEHT ES GUT!
ICH SCHEINE WENIGER VERLETZT ZU SEIN ALS DIE ANDEREN.
DAS SCHLÜSSEL-SCHWERT MUSS DIE KRAFT DER DUNKELHEIT AB-GESCHWÄCHT HABEN.
BRINGT DIE VER-LETZTEN IN SICHERHEIT!
!!
WARTE, TRUNKS! MACH KEINEN BLÖDSINN!!
BRUUOSCH
MIT DEM SCHLÜSSEL-SCHWERT SOLLTE ICH GEGEN MECHI-KABURAS KRAFT DER DUNKELHEIT BESTEHEN KÖNNEN!!
DOOSCH

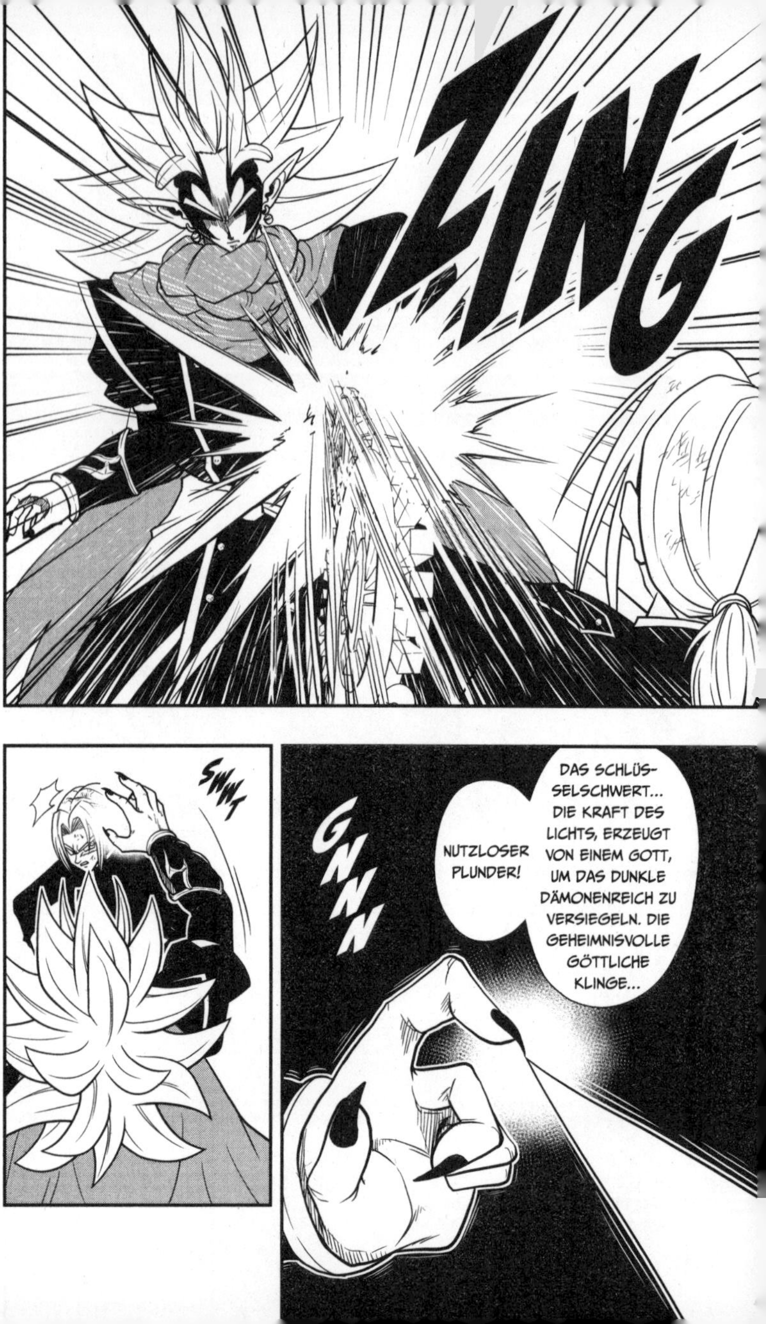
ZING
DAS SCHLÜSSELSCHWERT… DIE KRAFT DES LICHTS, ERZEUGT VON EINEM GOTT, UM DAS DUNKLE DÄMONENREICH ZU VERSIEGELN. DIE GEHEIMNISVOLLE GÖTTLICHE KLINGE…
NUTZLOSER PLUNDER!
GNNN
SWW

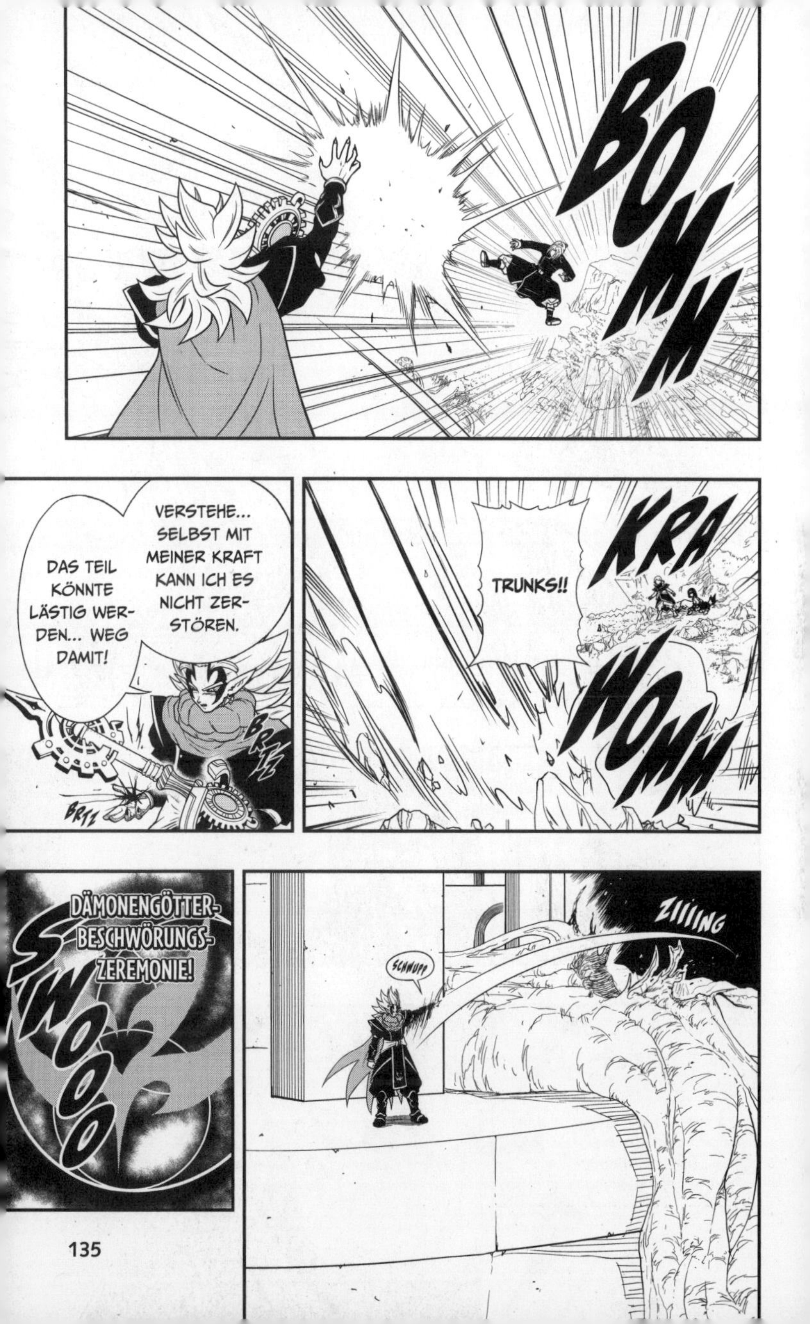
BOMM
KRA WOMM
TRUNKS!!
VERSTEHE... SELBST MIT MEINER KRAFT KANN ICH ES NICHT ZER-STÖREN.
DAS TEIL KÖNNTE LÄSTIG WER-DEN... WEG DAMIT!
BRZZ
BRZZ
ZIIIING
SCHNUPP
DÄMONENGÖTTER-BESCHWÖRUNGS-ZEREMONIE!
SWOOO

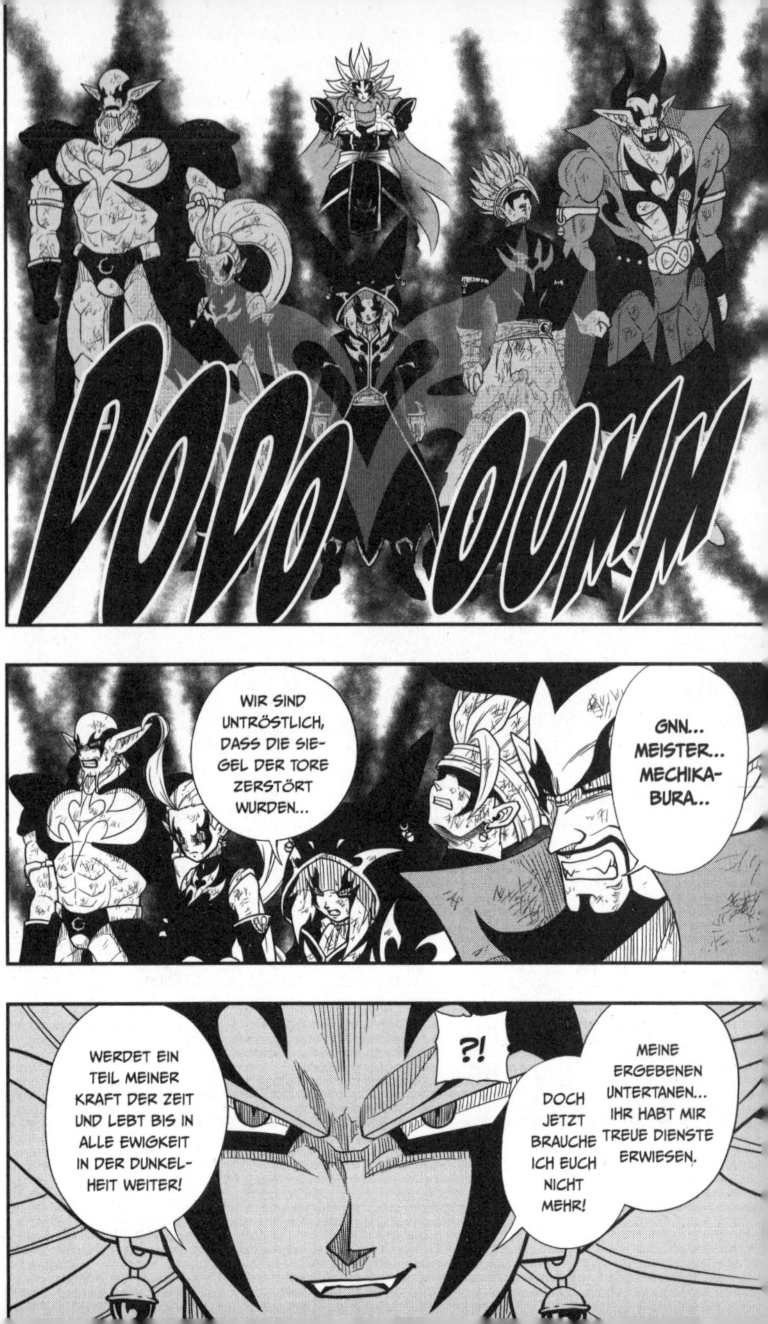
GNN... MEISTER... MECHIKA-BURA...
WIR SIND UNTRÖSTLICH, DASS DIE SIE-GEL DER TORE ZERSTÖRT WURDEN...
MEINE ERGEBENEN UNTERTANEN... IHR HABT MIR TREUE DIENSTE ERWIESEN.
?!
DOCH JETZT BRAUCHE ICH EUCH NICHT MEHR!
WERDET EIN TEIL MEINER KRAFT DER ZEIT UND LEBT BIS IN ALLE EWIGKEIT IN DER DUNKEL-HEIT WEITER!

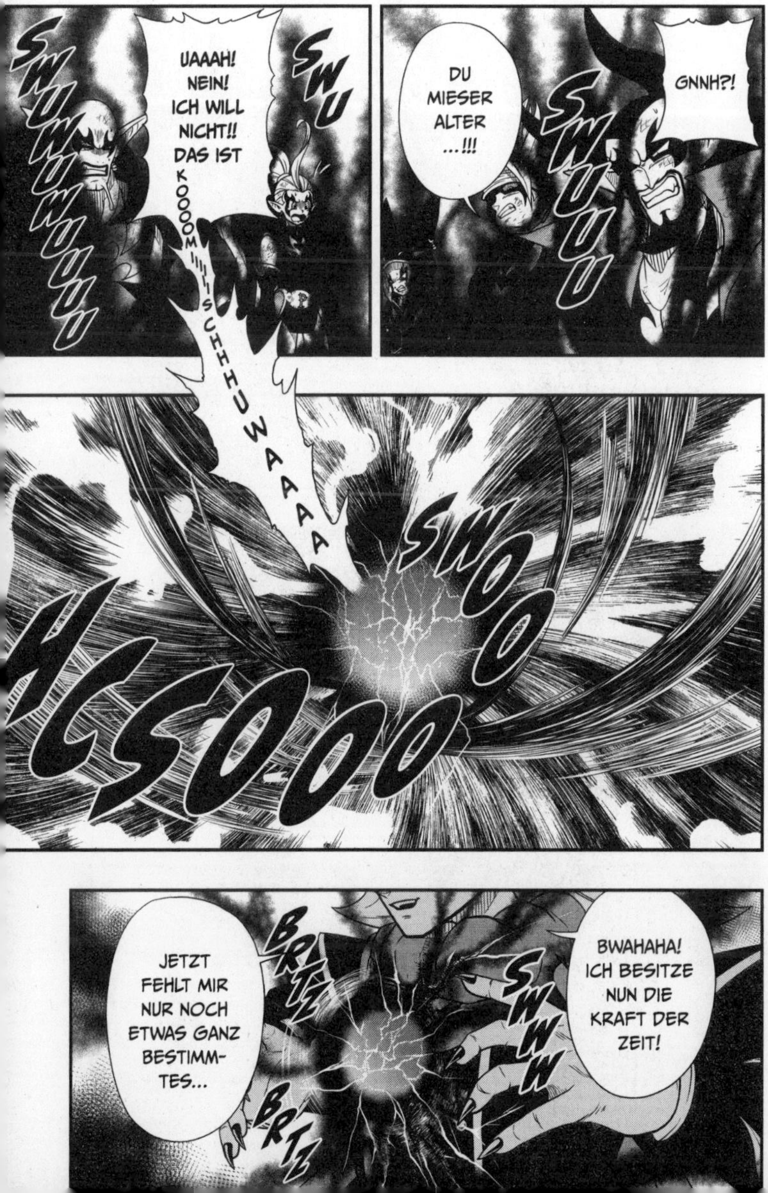
GNNH?!
DU MIESER ALTER ...!!!
UAAAH! NEIN! ICH WILL NICHT!! DAS IST KOOOOM!!!
SWU
SCHHHUWAAAA
SWOOO
HCSOOOO
BWAHAHA! ICH BESITZE NUN DIE KRAFT DER ZEIT!
JETZT FEHLT MIR NUR NOCH ETWAS GANZ BESTIMMTES...
BRTZ
BRTZ

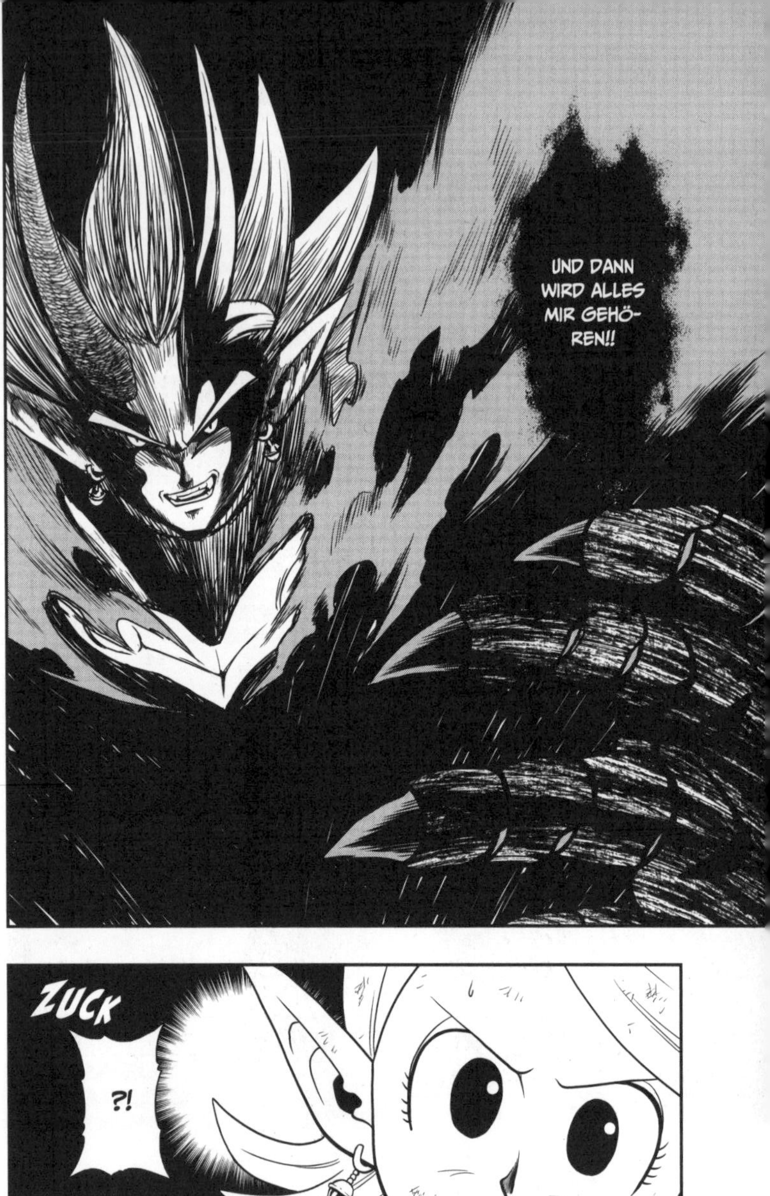
UND DANN WIRD ALLES MIR GEHÖ-REN!!
ZUCK
?!

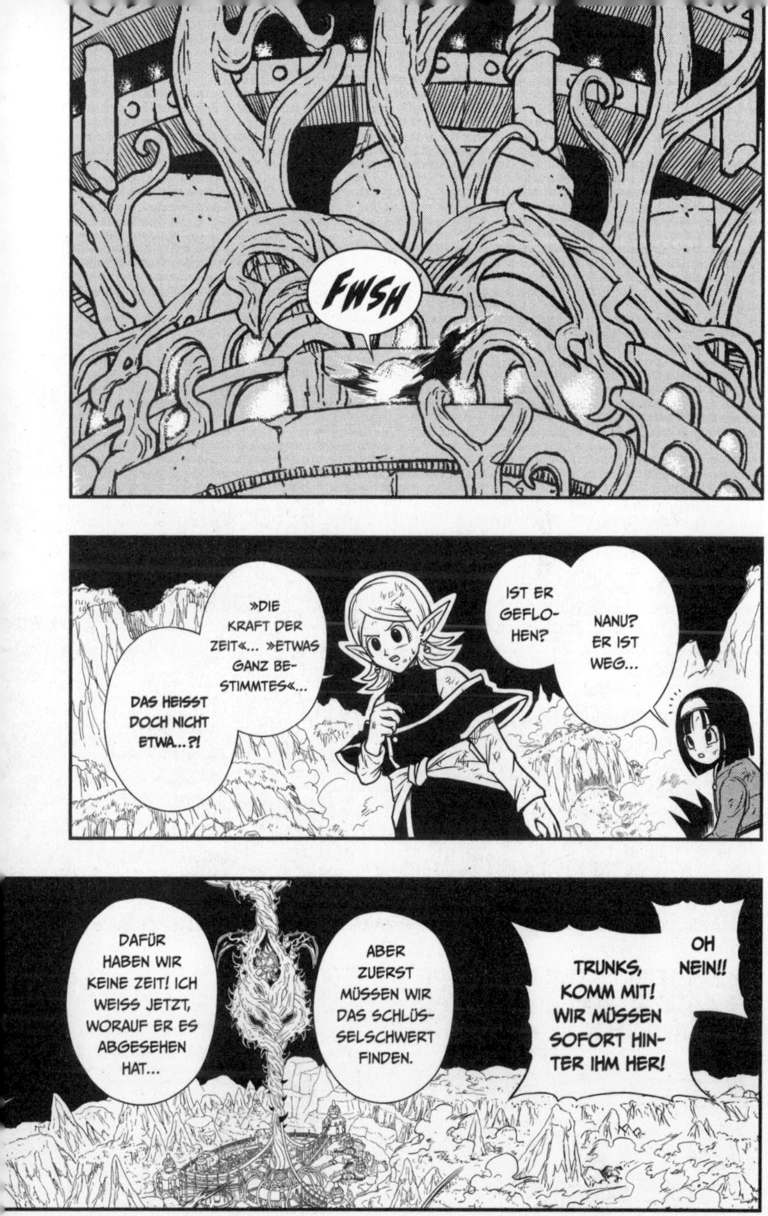
FWSH
NANU? ER IST WEG...
IST ER GEFLOHEN?
»DIE KRAFT DER ZEIT«... »ETWAS GANZ BESTIMMTES«...
DAS HEISST DOCH NICHT ETWA...?!
OH NEIN!!
TRUNKS, KOMM MIT! WIR MÜSSEN SOFORT HINTER IHM HER!
ABER ZUERST MÜSSEN WIR DAS SCHLÜSSELSCHWERT FINDEN.
DAFÜR HABEN WIR KEINE ZEIT! ICH WEISS JETZT, WORAUF ER ES ABGESEHEN HAT...

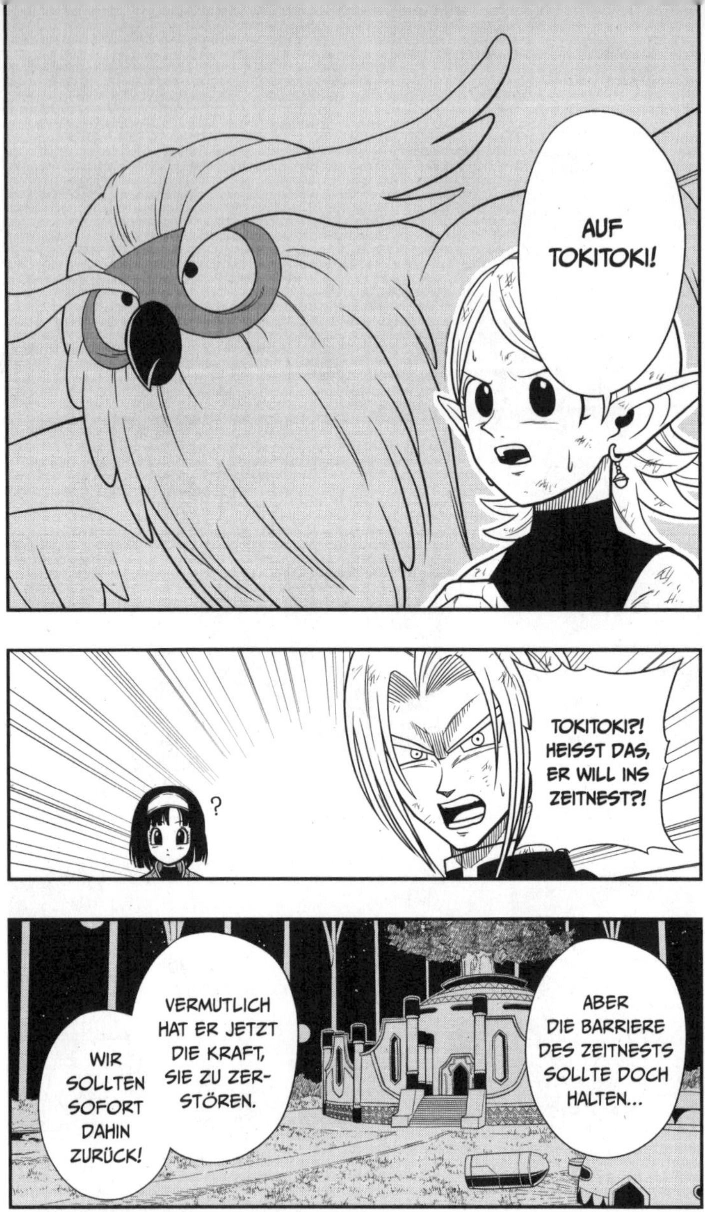
AUF TOKITOKI!
TOKITOKI?! HEISST DAS, ER WILL INS ZEITNEST?!
?
ABER DIE BARRIERE DES ZEITNESTS SOLLTE DOCH HALTEN...
VERMUTLICH HAT ER JETZT DIE KRAFT, SIE ZU ZERSTÖREN.
WIR SOLLTEN SOFORT DAHIN ZURÜCK!

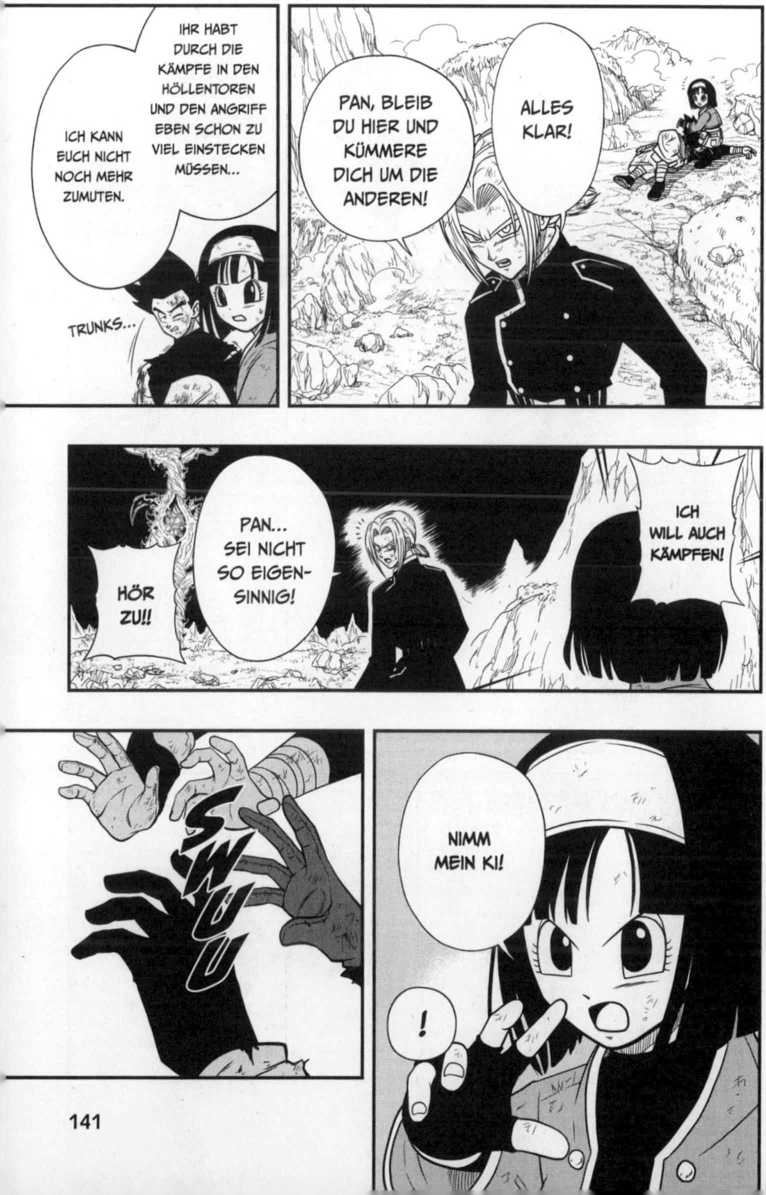
ALLES KLAR!
PAN, BLEIB DU HIER UND KÜMMERE DICH UM DIE ANDEREN!
IHR HABT DURCH DIE KÄMPFE IN DEN HÖLLENTOREN UND DEN ANGRIFF EBEN SCHON ZU VIEL EINSTECKEN MÜSSEN...
ICH KANN EUCH NICHT NOCH MEHR ZUMUTEN.
TRUNKS...
ICH WILL AUCH KÄMPFEN!
PAN... SEI NICHT SO EIGENSINNIG!
HÖR ZU!!
NIMM MEIN KI!
!

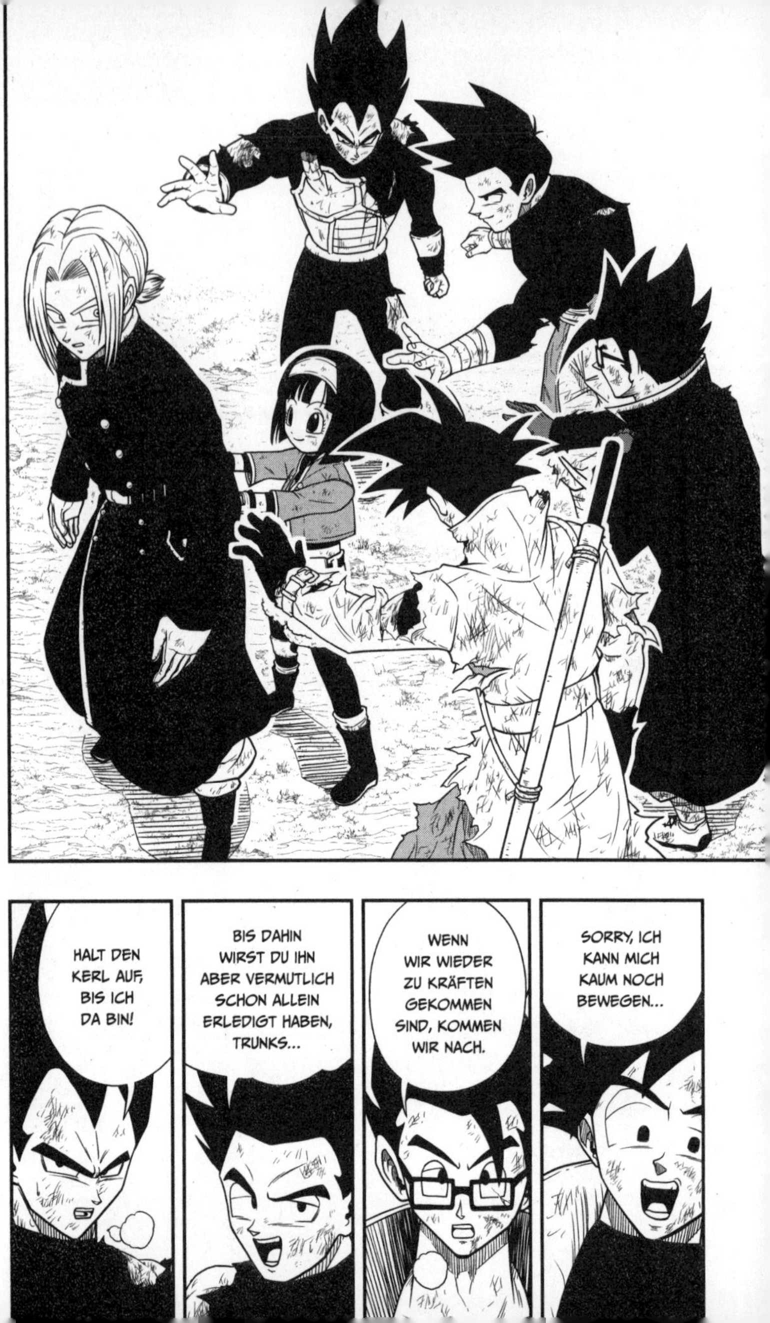
SORRY, ICH KANN MICH KAUM NOCH BEWEGEN...
WENN WIR WIEDER ZU KRÄFTEN GEKOMMEN SIND, KOMMEN WIR NACH.
BIS DAHIN WIRST DU IHN ABER VERMUTLICH SCHON ALLEIN ERLEDIGT HABEN, TRUNKS...
HALT DEN KERL AUF, BIS ICH DA BIN!

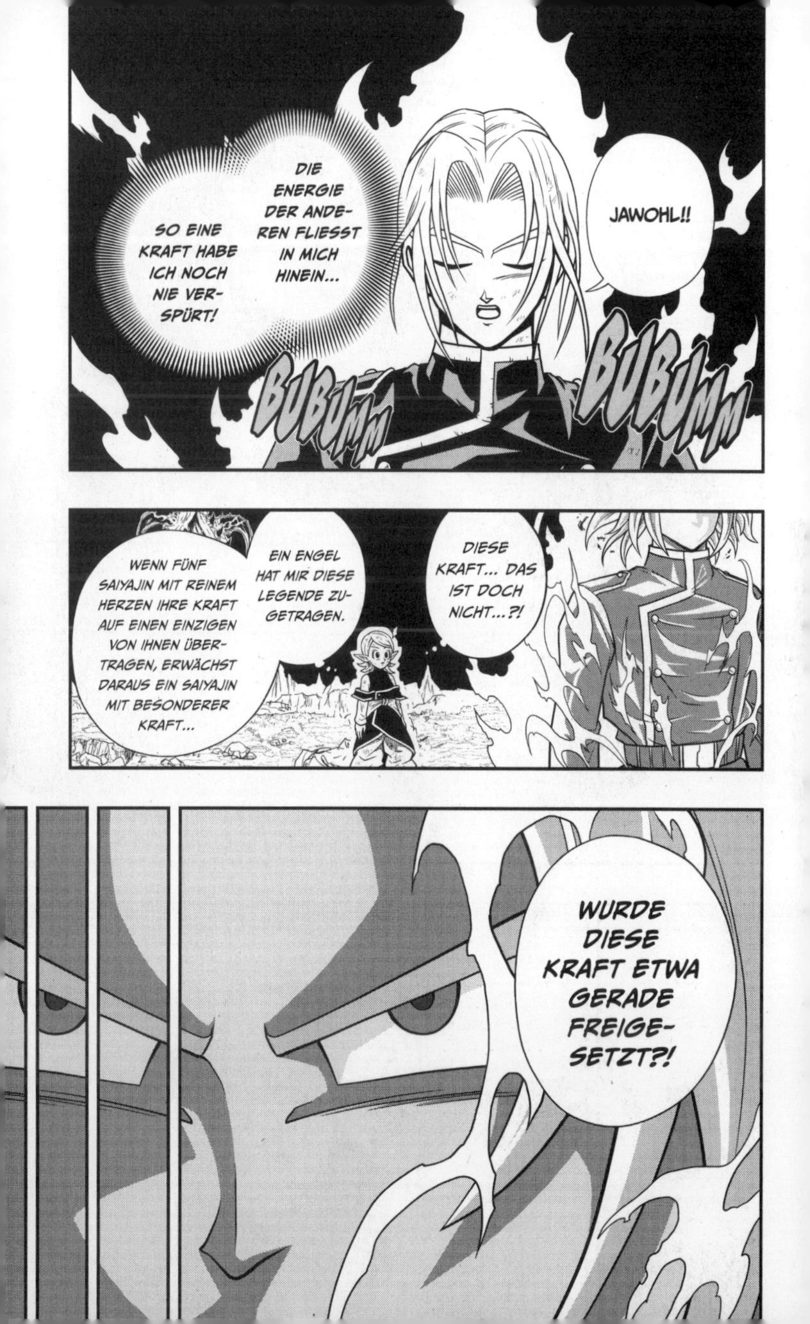
JAWOHL!!
DIE ENERGIE DER ANDEREN FLIESST IN MICH HINEIN...
SO EINE KRAFT HABE ICH NOCH NIE VERSPÜRT!
BUBUMM
BUBUMM
DIESE KRAFT... DAS IST DOCH NICHT...?!
EIN ENGEL HAT MIR DIESE LEGENDE ZUGETRAGEN.
WENN FÜNF SAIYAJIN MIT REINEM HERZEN IHRE KRAFT AUF EINEN EINZIGEN VON IHNEN ÜBERTRAGEN, ERWÄCHST DARAUS EIN SAIYAJIN MIT BESONDERER KRAFT...
WURDE DIESE KRAFT ETWA GERADE FREIGESETZT?!

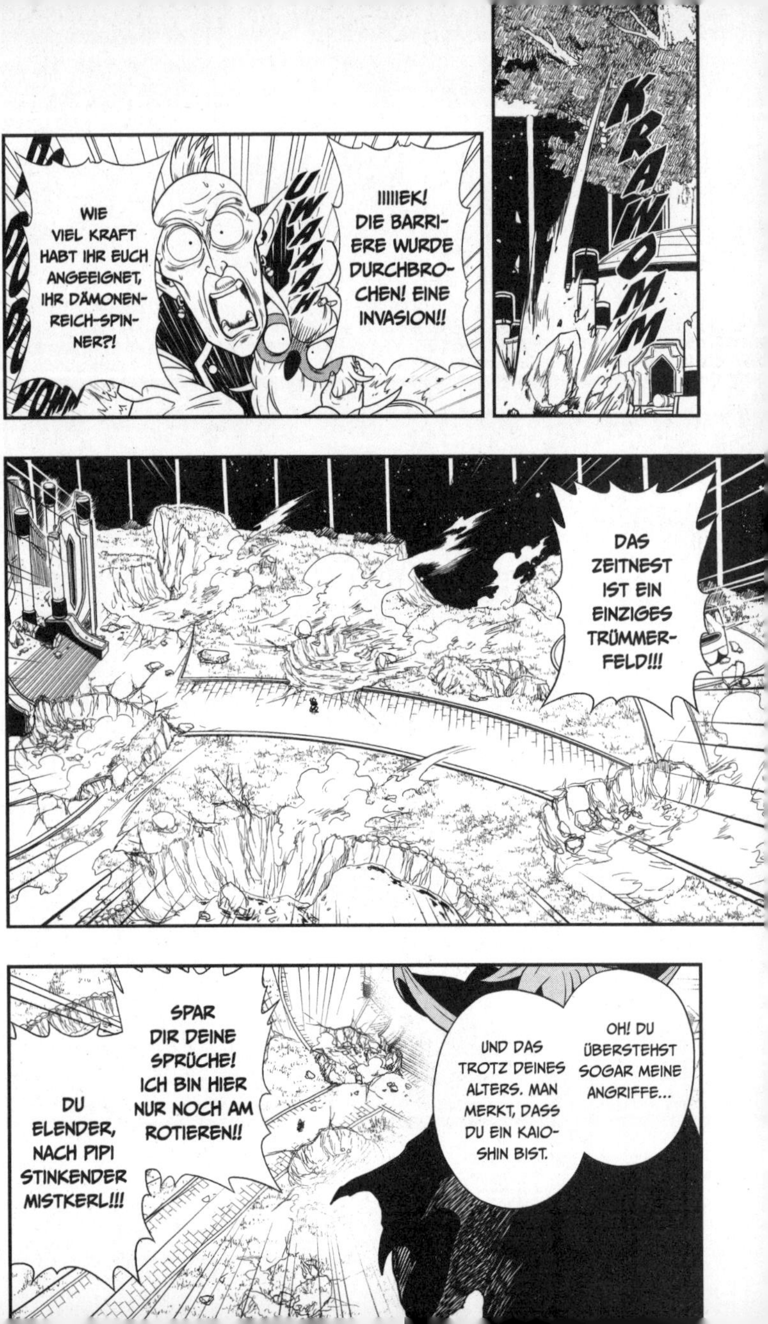
KRAWOMM
UWAAAAH
IIIIIEK! DIE BARRIERE WURDE DURCHBROCHEN! EINE INVASION!!
WIE VIEL KRAFT HABT IHR EUCH ANGEEIGNET, IHR DÄMONENREICH-SPINNER?!
VOMM
DAS ZEITNEST IST EIN EINZIGES TRÜMMERFELD!!!
OH! DU ÜBERSTEHST SOGAR MEINE ANGRIFFE...
UND DAS TROTZ DEINES ALTERS. MAN MERKT, DASS DU EIN KAIOSHIN BIST.
SPAR DIR DEINE SPRÜCHE! ICH BIN HIER NUR NOCH AM ROTIEREN!!
DU ELENDER, NACH PIPI STINKENDER MISTKERL!!!

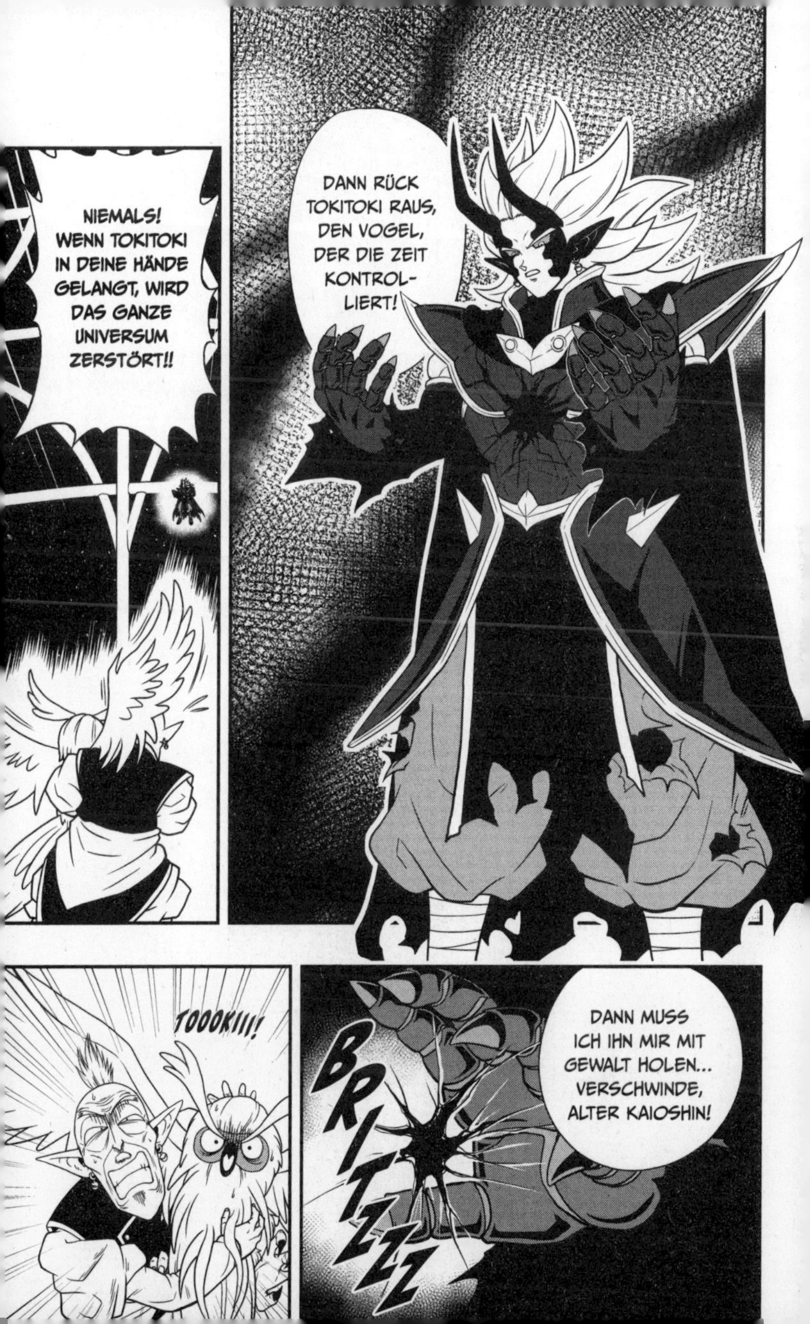

NIEMALS! WENN TOKITOKI IN DEINE HÄNDE GELANGT, WIRD DAS GANZE UNIVERSUM ZERSTÖRT!!
DANN RÜCK TOKITOKI RAUS, DEN VOGEL, DER DIE ZEIT KONTROL-LIERT!
TOOOKIII!
BRITZZZ
DANN MUSS ICH IHN MIR MIT GEWALT HOLEN... VERSCHWINDE, ALTER KAIOSHIN!

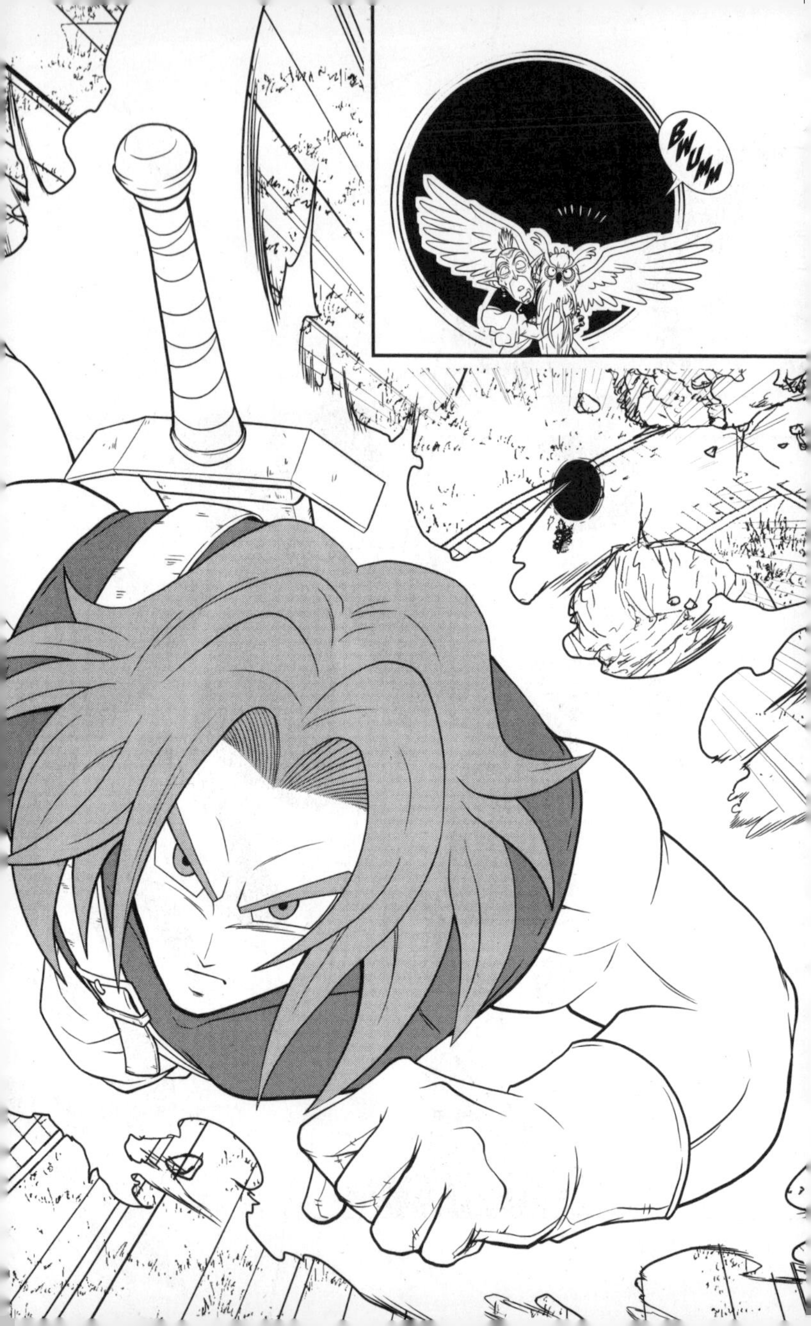
BWUMM

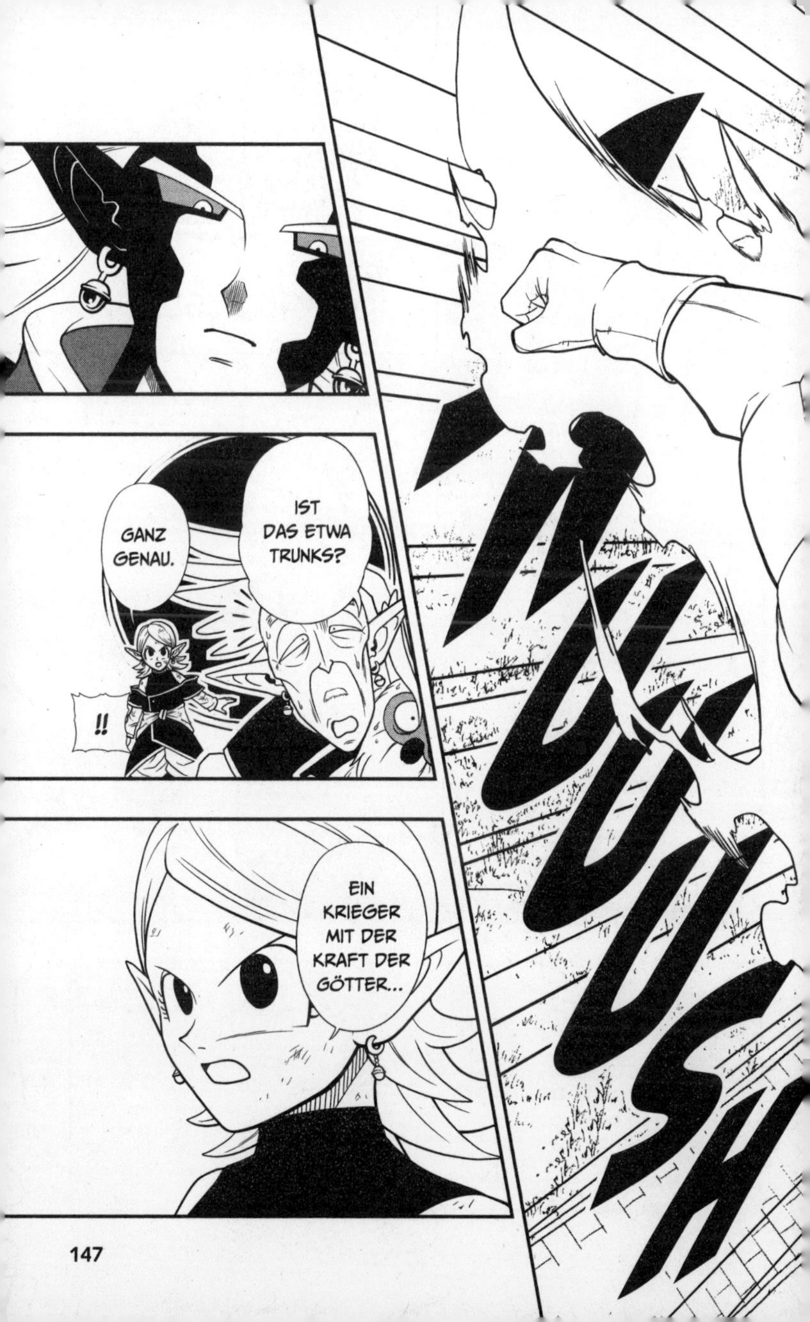
WUUUSH
IST DAS ETWA TRUNKS?
GANZ GENAU.
!!
EIN KRIEGER MIT DER KRAFT DER GÖTTER...

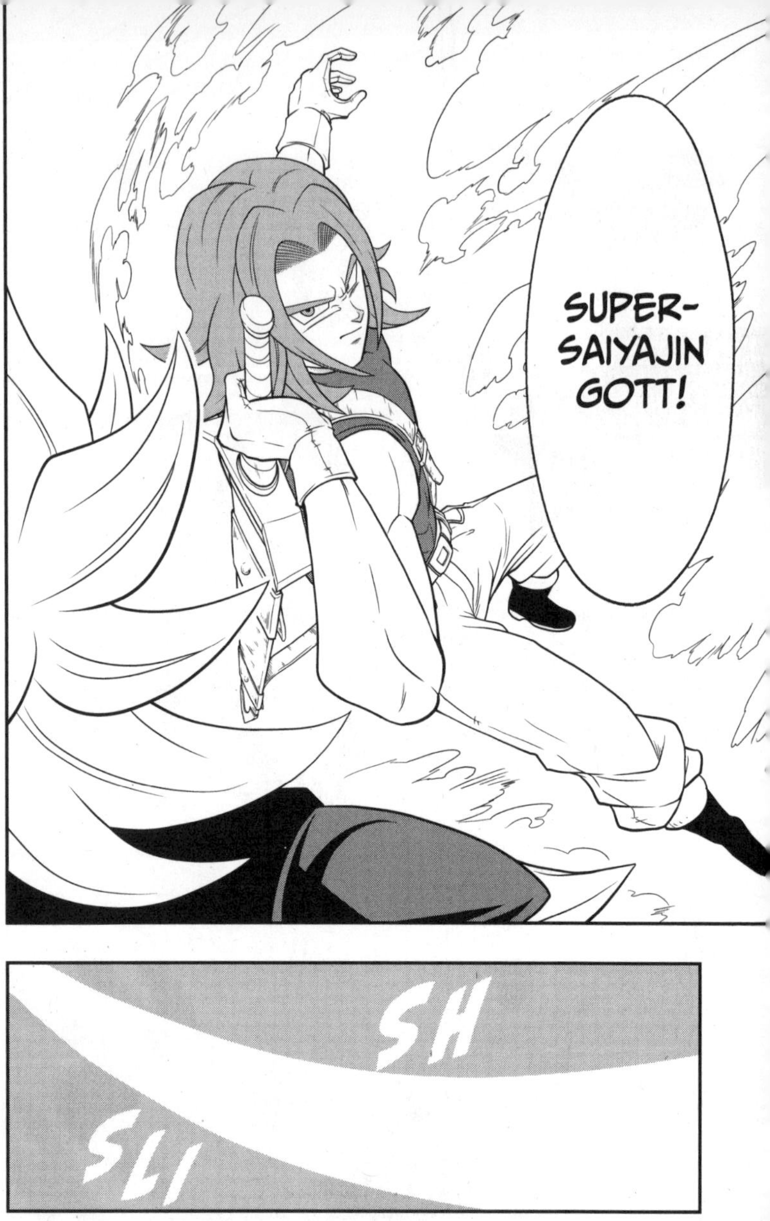
SUPER-SAIYAJIN GOTT!
SH
SLI

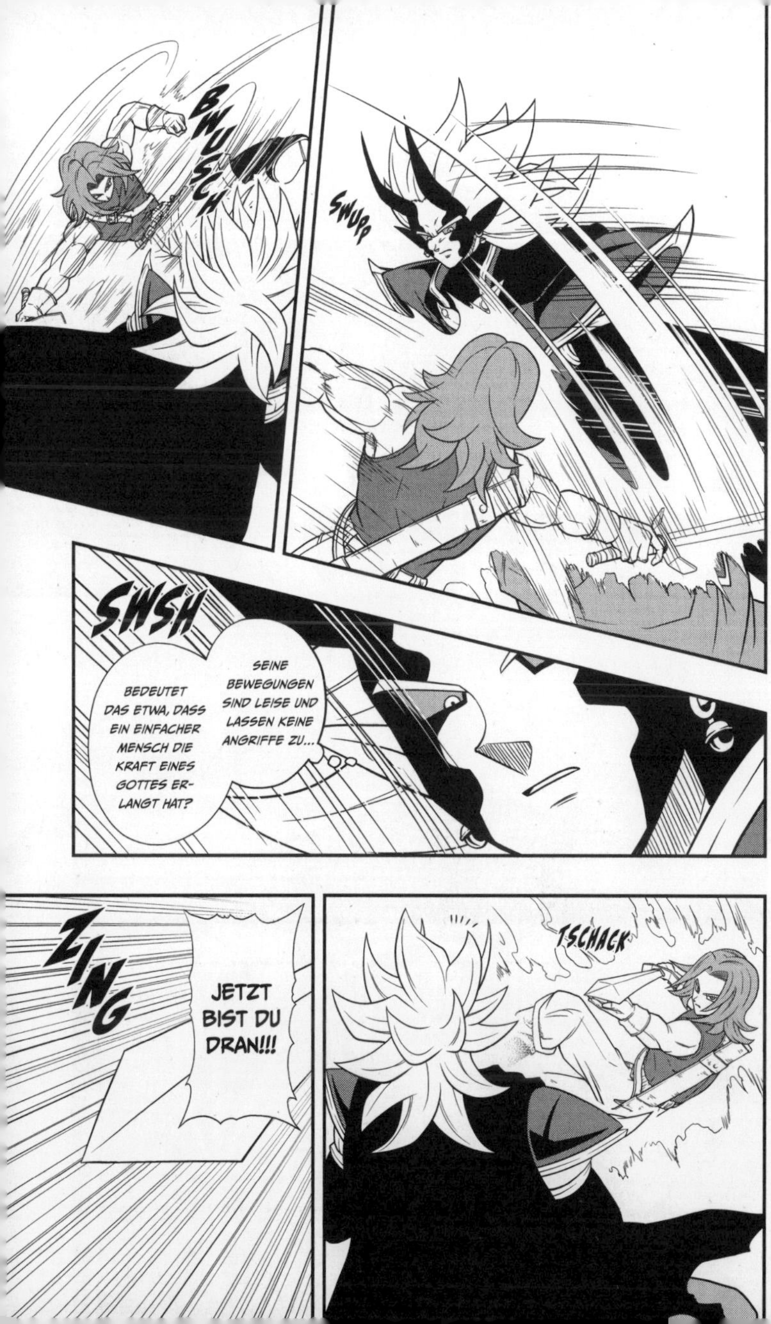
SWUP
BWUSCH
SWSH
SEINE BEWEGUNGEN SIND LEISE UND LASSEN KEINE ANGRIFFE ZU ...
BEDEUTET DAS ETWA, DASS EIN EINFACHER MENSCH DIE KRAFT EINES GOTTES ERLANGT HAT?
TSCHACK
ZING
JETZT BIST DU DRAN!!!

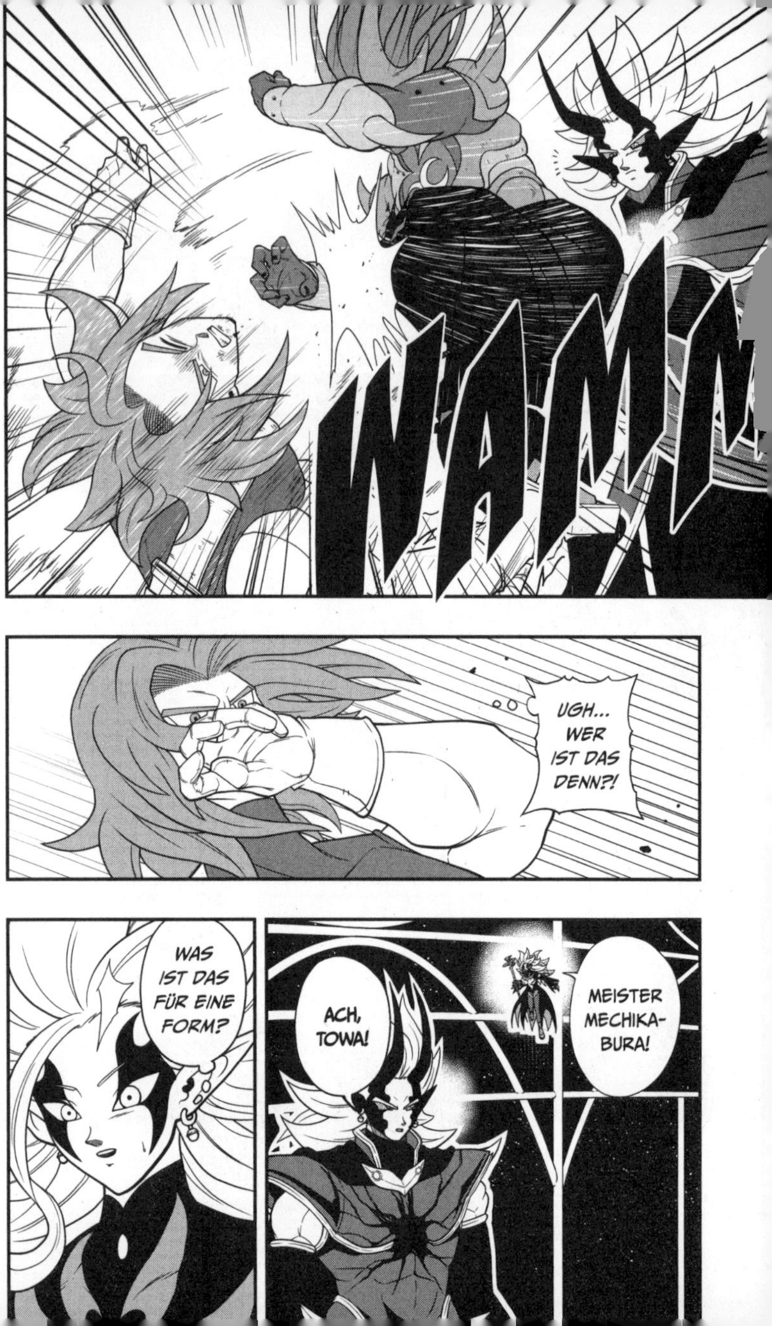
WAMM
UGH... WER IST DAS DENN?!
WAS IST DAS FÜR EINE FORM?
ACH, TOWA!
MEISTER MECHIKABURA!

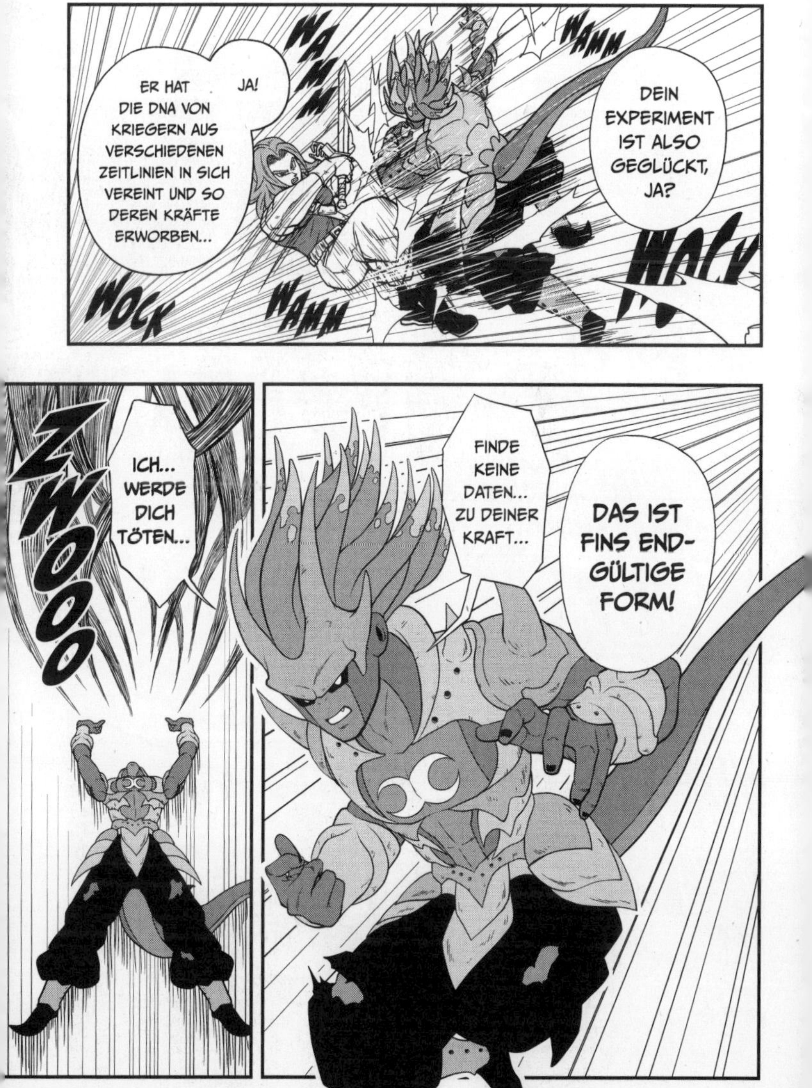
WAMM
WAMM
DEIN EXPERIMENT IST ALSO GEGLÜCKT, JA?
JA!
ER HAT DIE DNA VON KRIEGERN AUS VERSCHIEDENEN ZEITLINIEN IN SICH VEREINT UND SO DEREN KRÄFTE ERWORBEN...
WOCK
WAMM
WOCK
DAS IST FINS ENDGÜLTIGE FORM!
FINDE KEINE DATEN... ZU DEINER KRAFT...
ICH... WERDE DICH TÖTEN...
ZWOOO

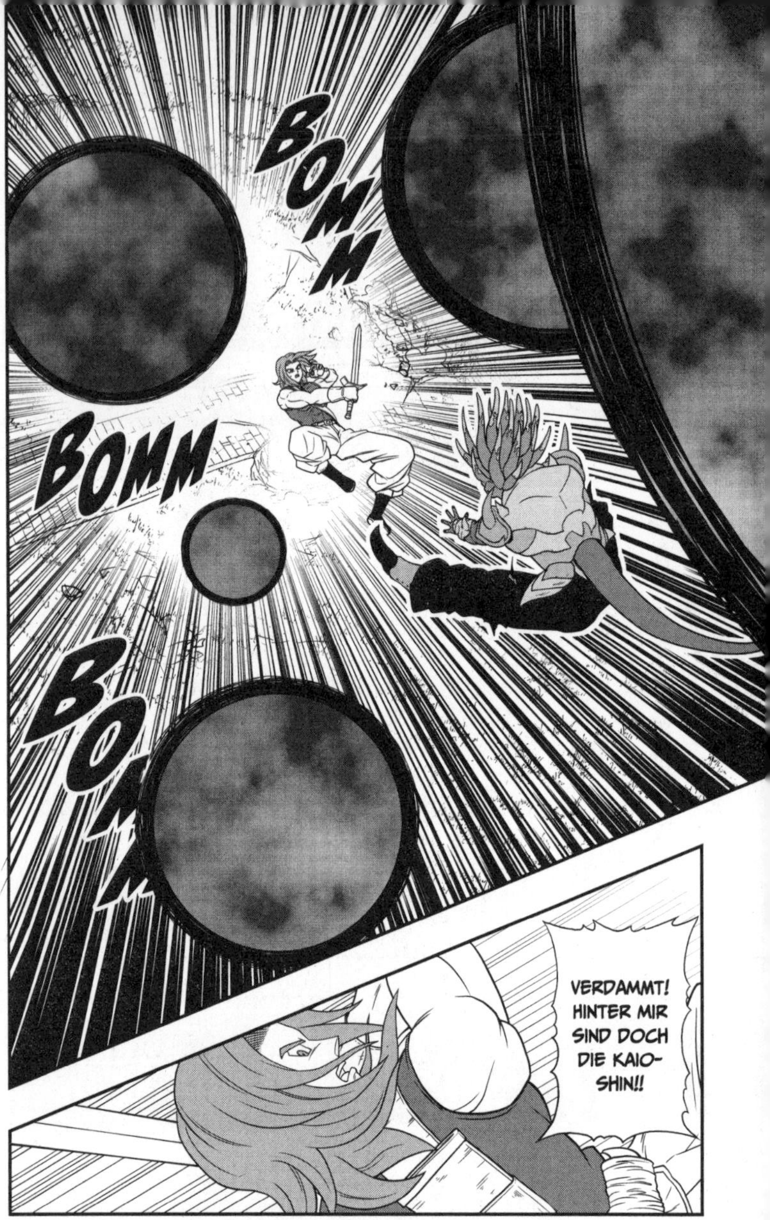
BOMM
BOMM
BOM
VERDAMMT! HINTER MIR SIND DOCH DIE KAIO-SHIN!!

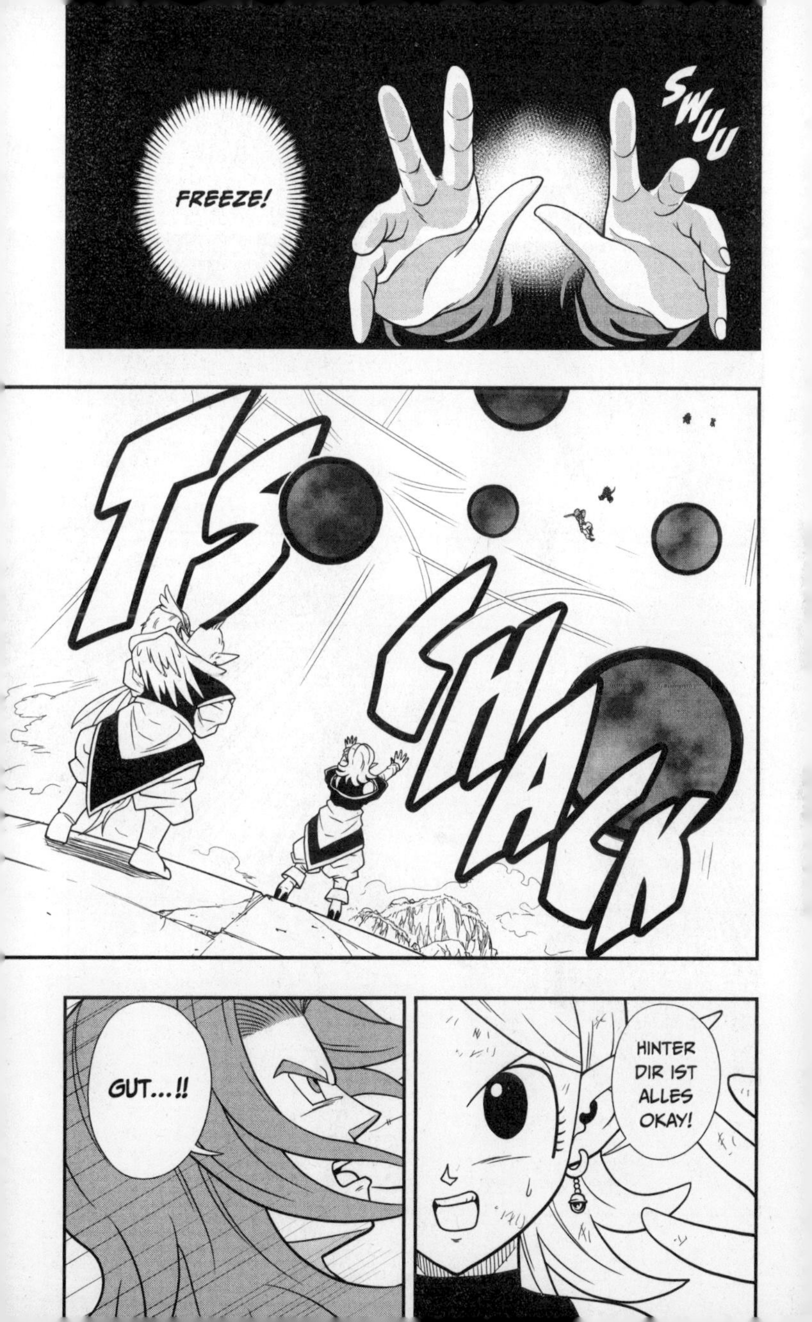
FREEZE!
SWUU
TSCHACK
GUT...!!
HINTER DIR IST ALLES OKAY!

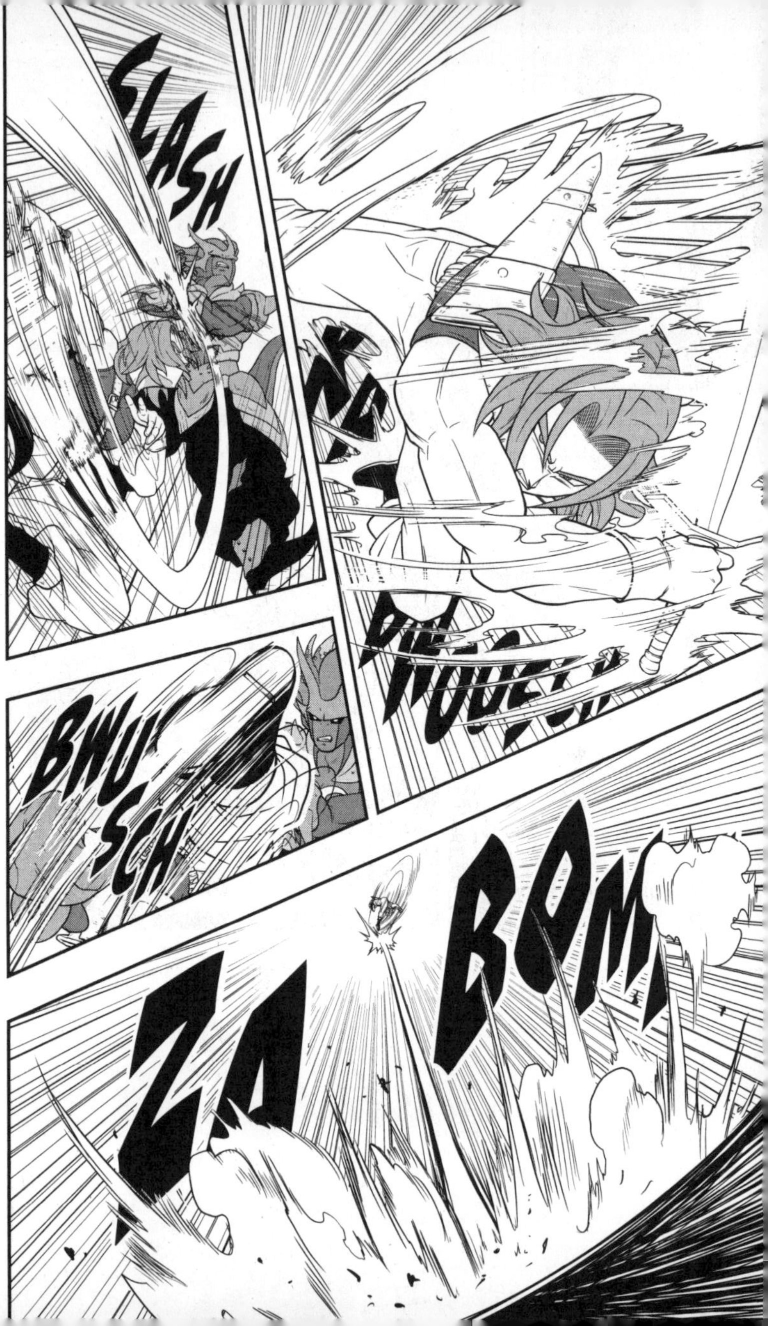
SLASH
BWUSCH
ZA BOM

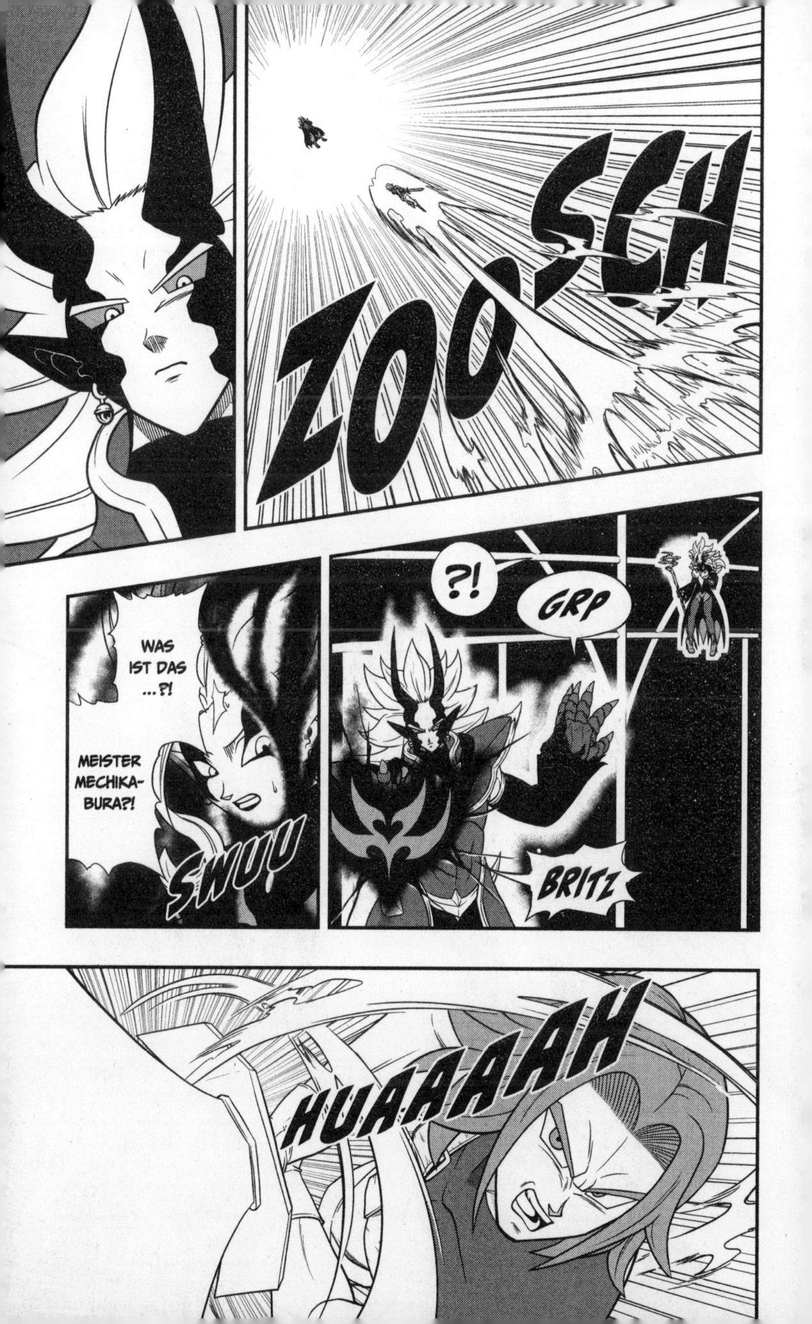
ZOOOSCH
?!
GRP
BRITZ
WAS IST DAS ...?!
MEISTER MECHIKABURA?!
SWUU
HUAAAAAH

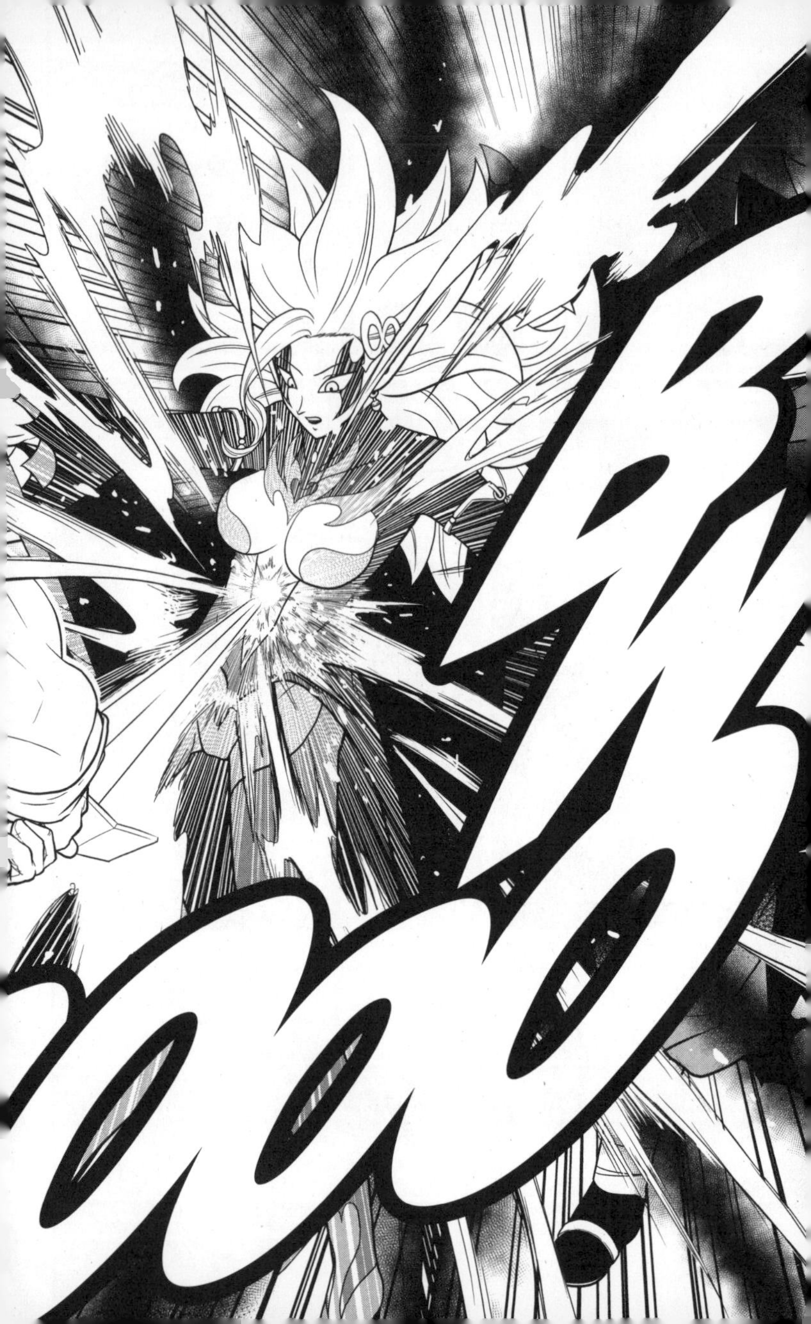

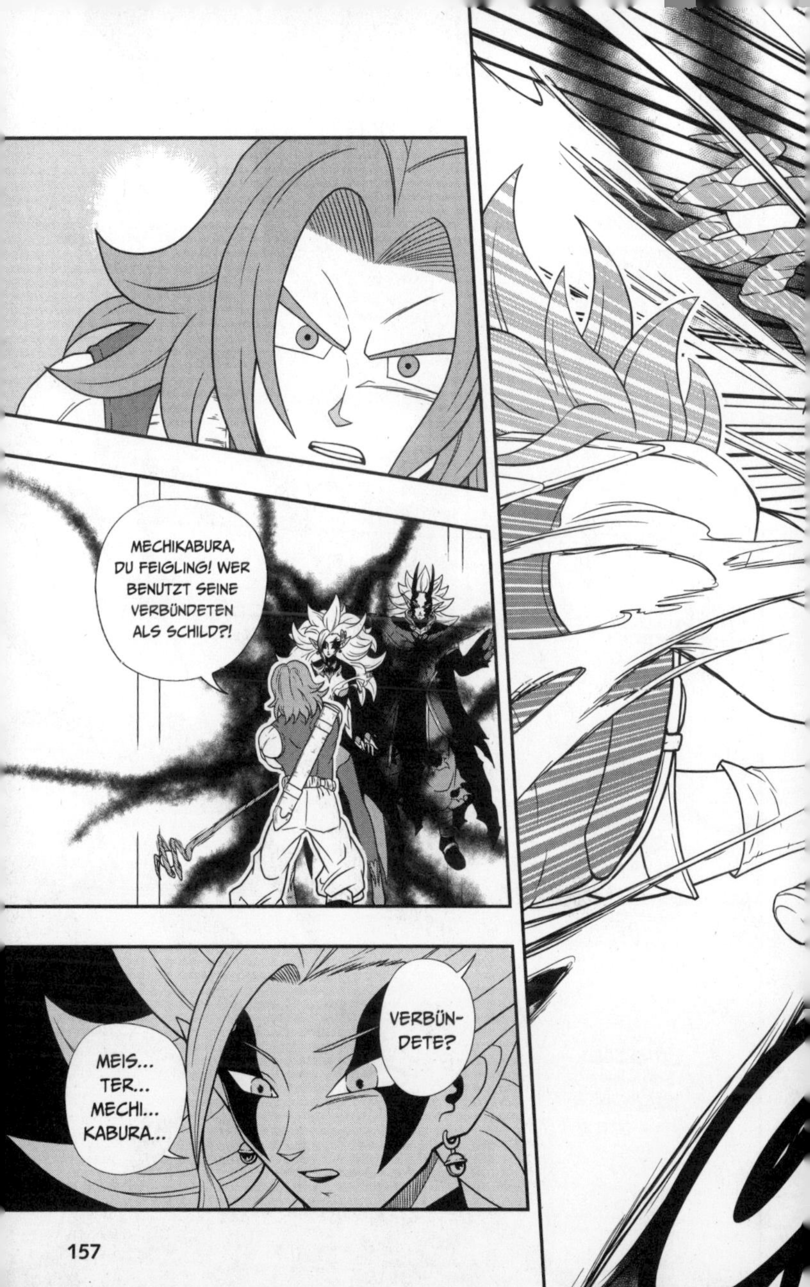
MECHIKABURA, DU FEIGLING! WER BENUTZT SEINE VERBÜNDETEN ALS SCHILD?!
VERBÜN-DETE?
MEIS... TER... MECHI... KABURA...

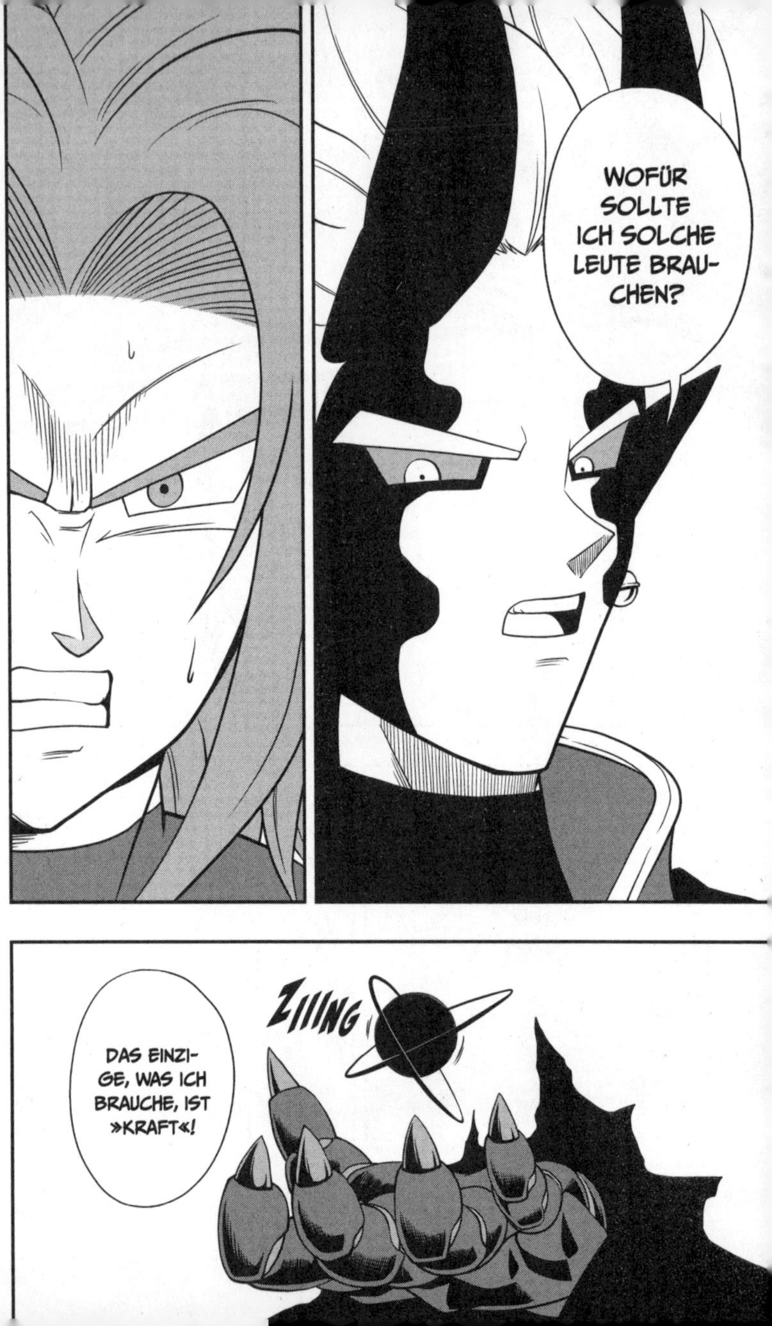
WOFÜR SOLLTE ICH SOLCHE LEUTE BRAU-CHEN?
DAS EINZI-GE, WAS ICH BRAUCHE, IST »KRAFT«!
ZIIING

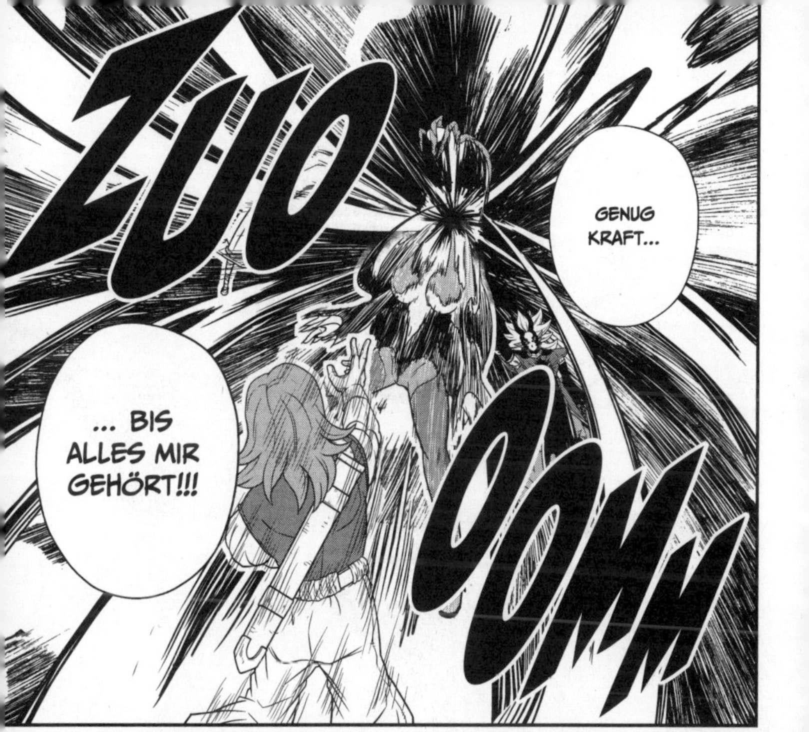
ZUO
OOMM
GENUG KRAFT...
... BIS ALLES MIR GEHÖRT!!!
GWOOOO
ICH WERDE EINGE-SOGEN!!
BWOOOOSCH

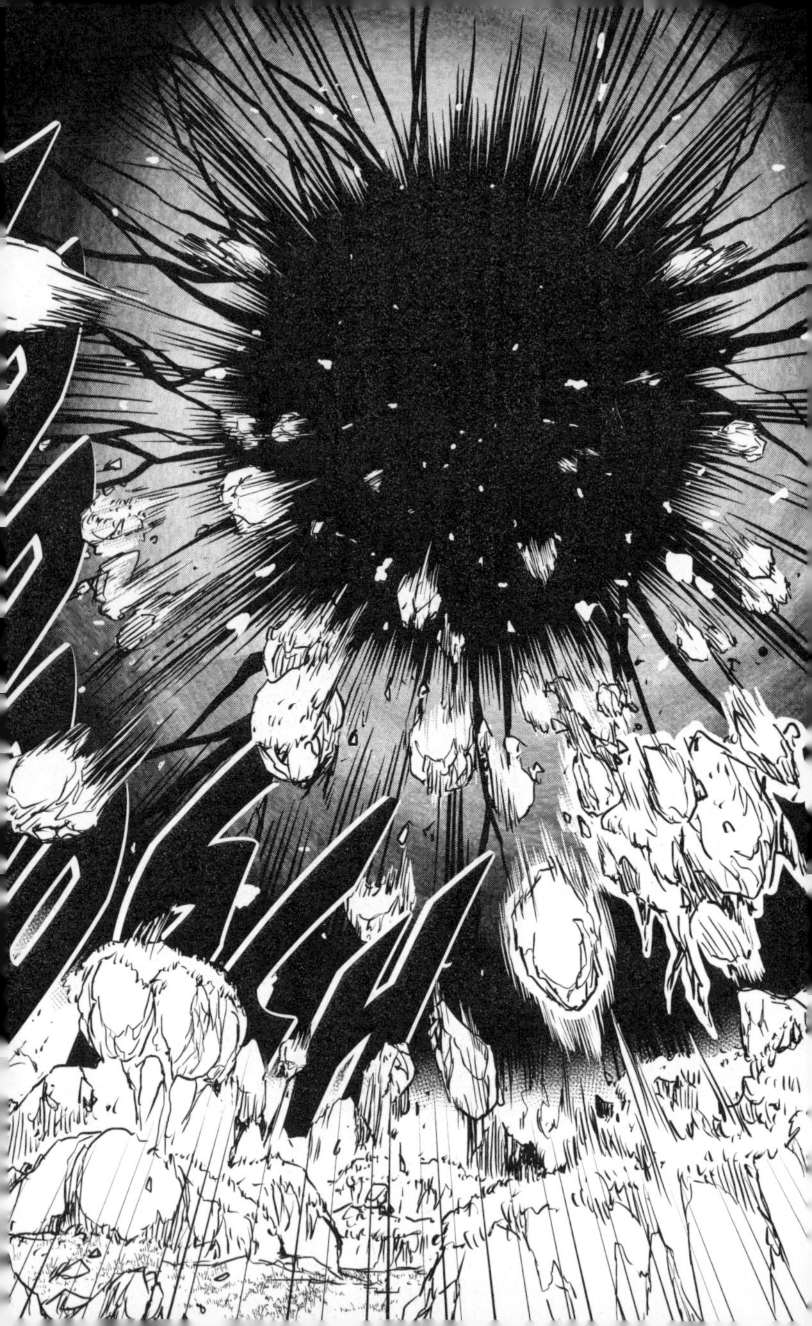

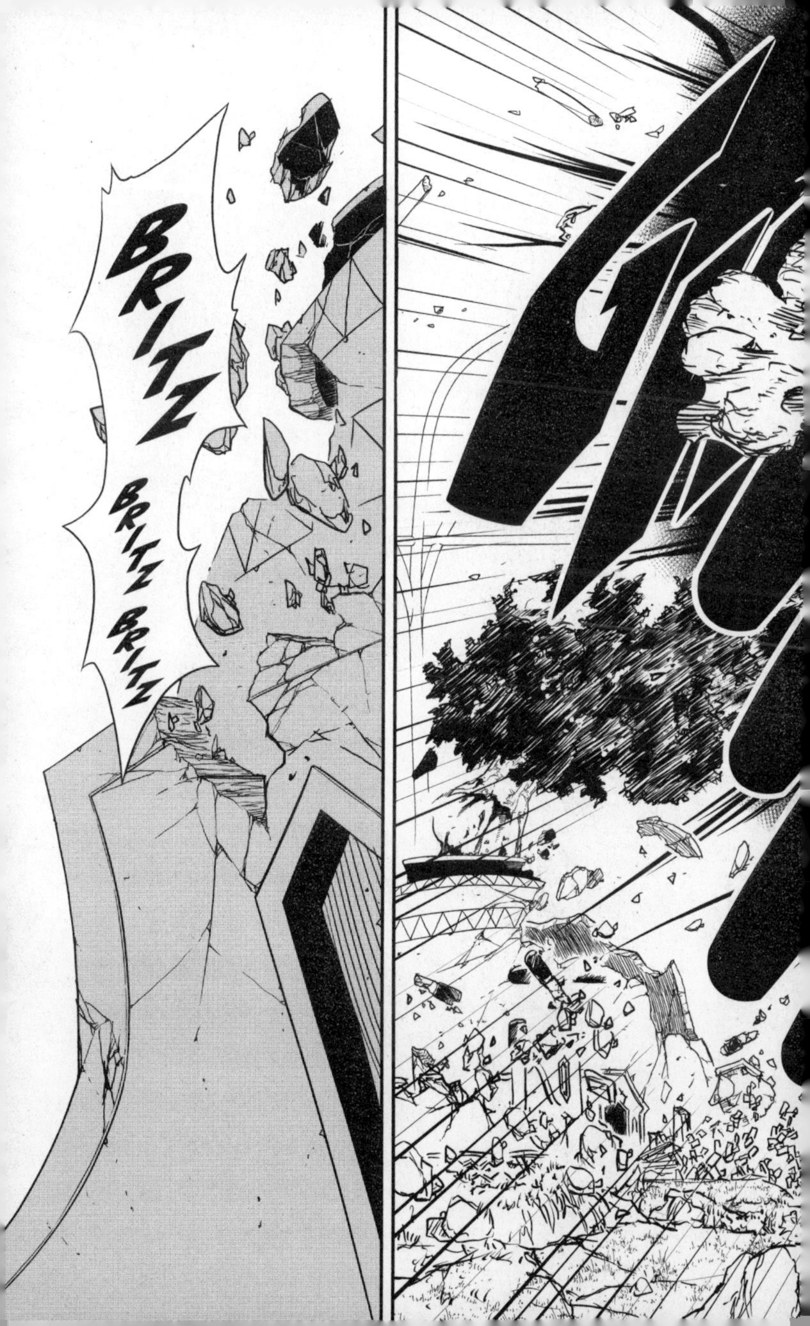
BRITZ
BRITZ BRITZ

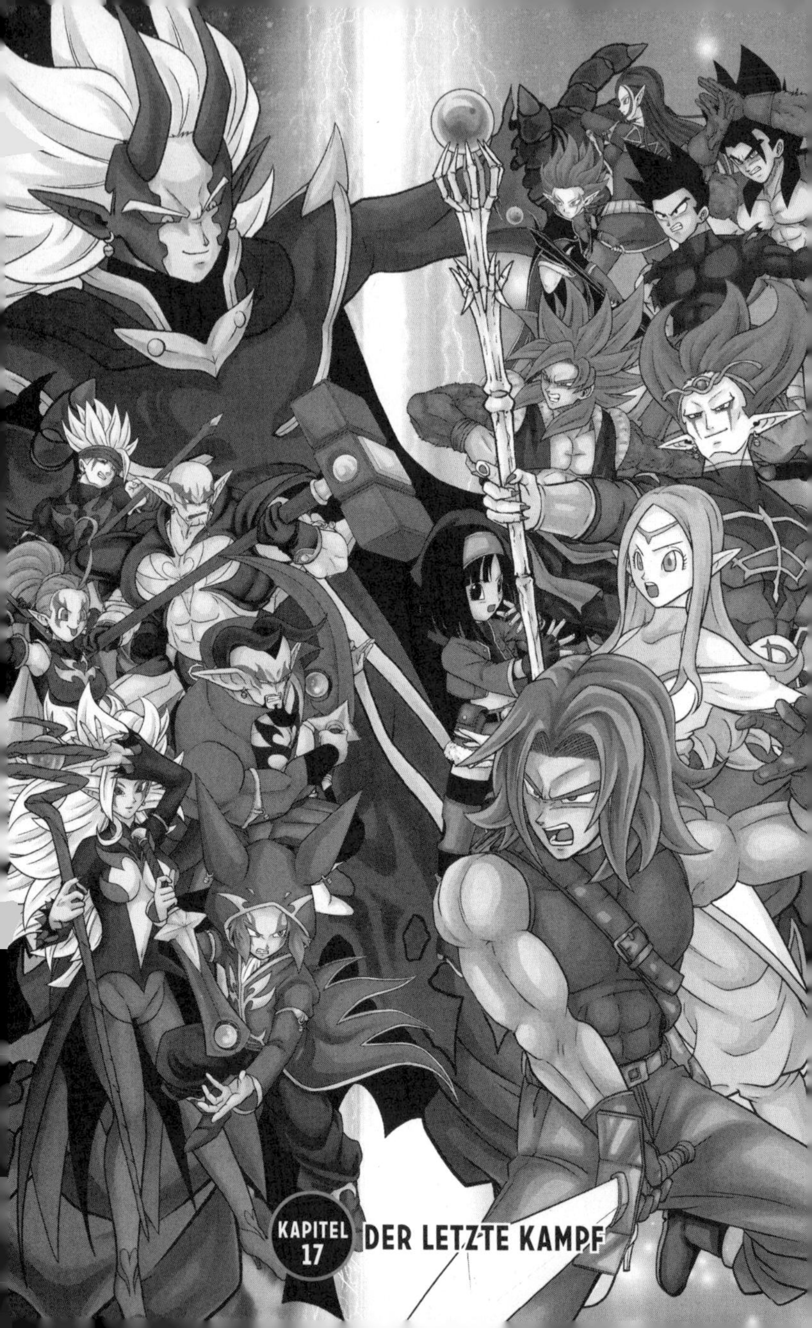
KAPITEL 17
DER LETZTE KAMPF

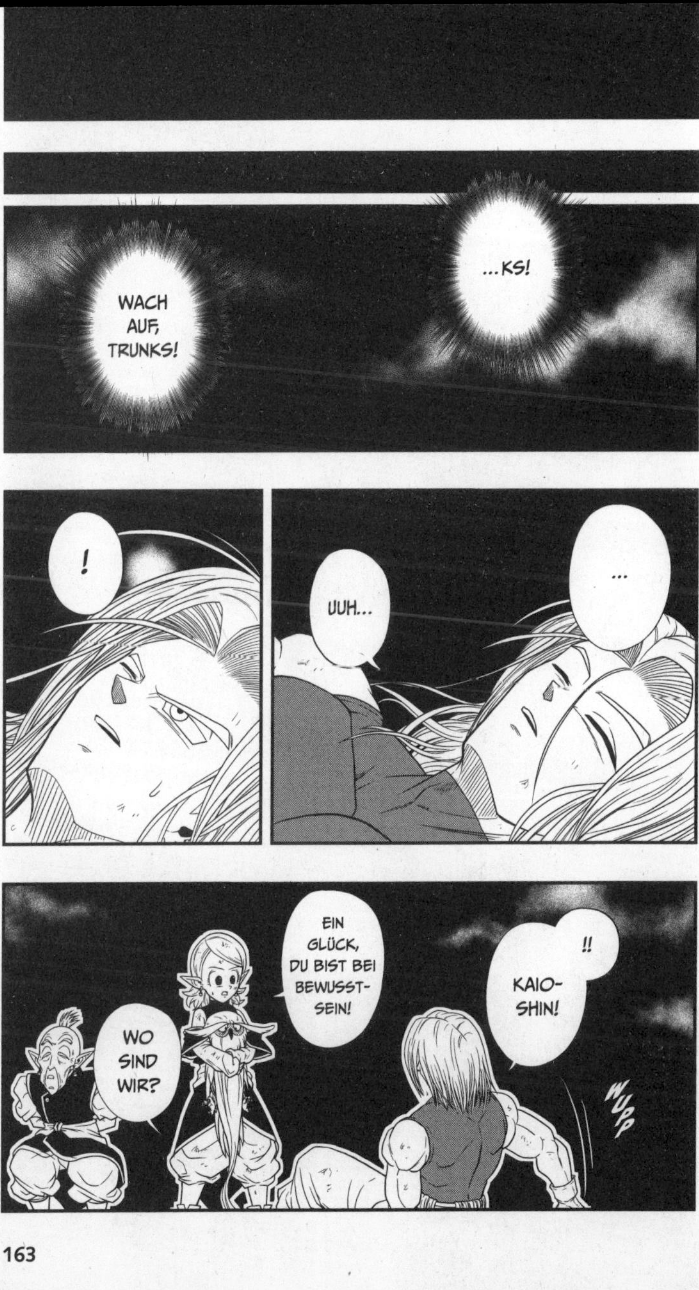
WACH AUF, TRUNKS!
...KS!
!
UUH...
...
!!
KAIO-SHIN!
EIN GLÜCK, DU BIST BEI BEWUSST-SEIN!
WO SIND WIR?
WUPP

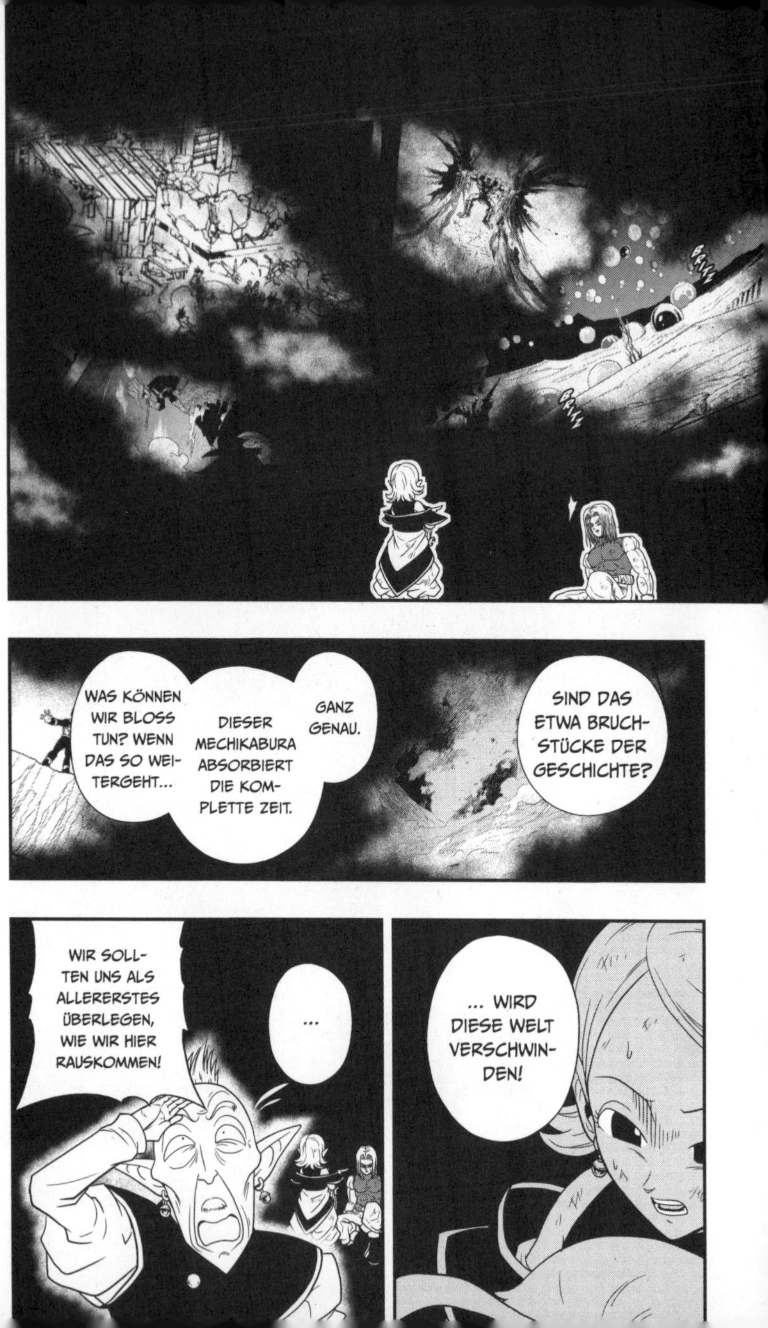
BRIZZ
BRIZZ
SIND DAS ETWA BRUCHSTÜCKE DER GESCHICHTE?
GANZ GENAU.
DIESER MECHIKABURA ABSORBIERT DIE KOMPLETTE ZEIT.
WAS KÖNNEN WIR BLOSS TUN? WENN DAS SO WEITERGEHT...
... WIRD DIESE WELT VERSCHWINDEN!
...
WIR SOLLTEN UNS ALS ALLERERSTES ÜBERLEGEN, WIE WIR HIER RAUSKOMMEN!

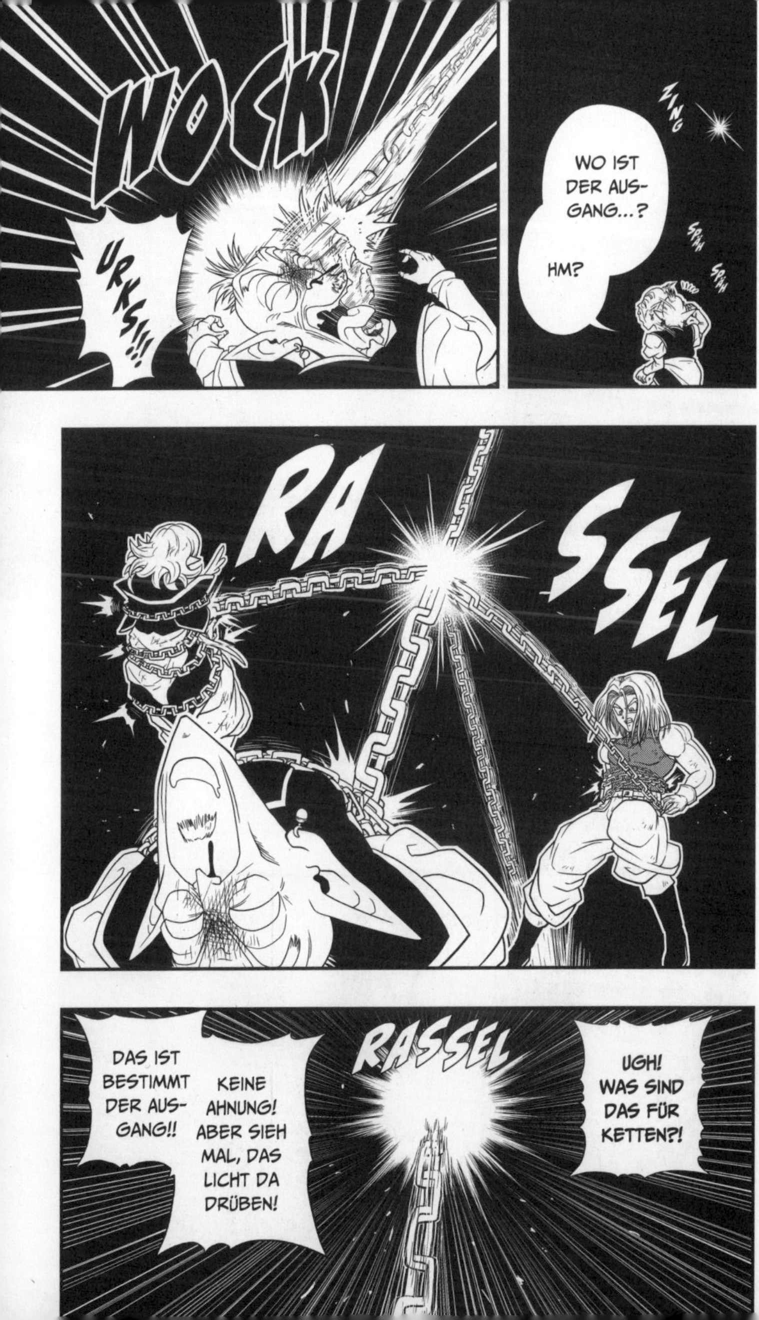
ZING
WO IST DER AUS-GANG...?
HM?
SPAH
SPAH
WOCK
URKS!!!
RA
SSEL
UGH! WAS SIND DAS FÜR KETTEN?!
RASSEL
KEINE AHNUNG! ABER SIEH MAL, DAS LICHT DA DRÜBEN!
DAS IST BESTIMMT DER AUS-GANG!!

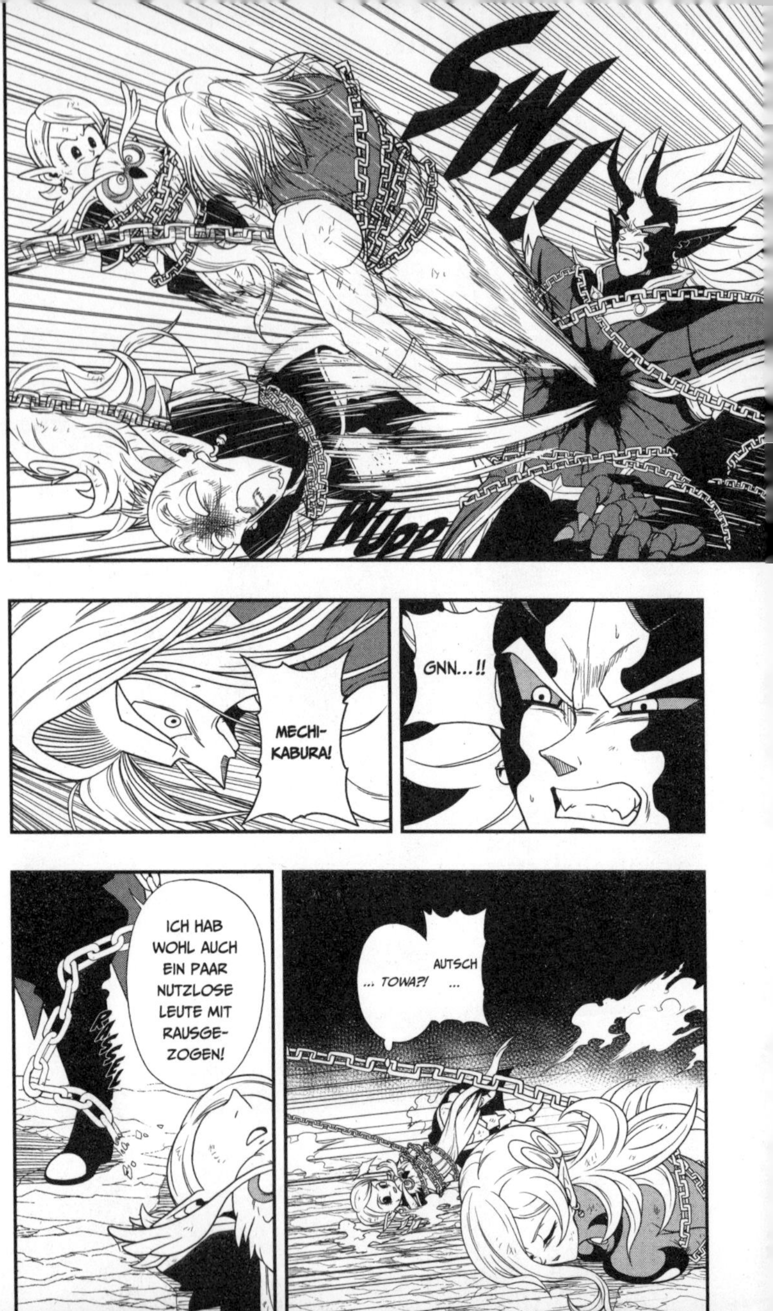
SWU
WUPP
GNN…!!
MECHI-KABURA!
AUTSCH …
… TOWA?!
ICH HAB WOHL AUCH EIN PAAR NUTZLOSE LEUTE MIT RAUSGE-ZOGEN!

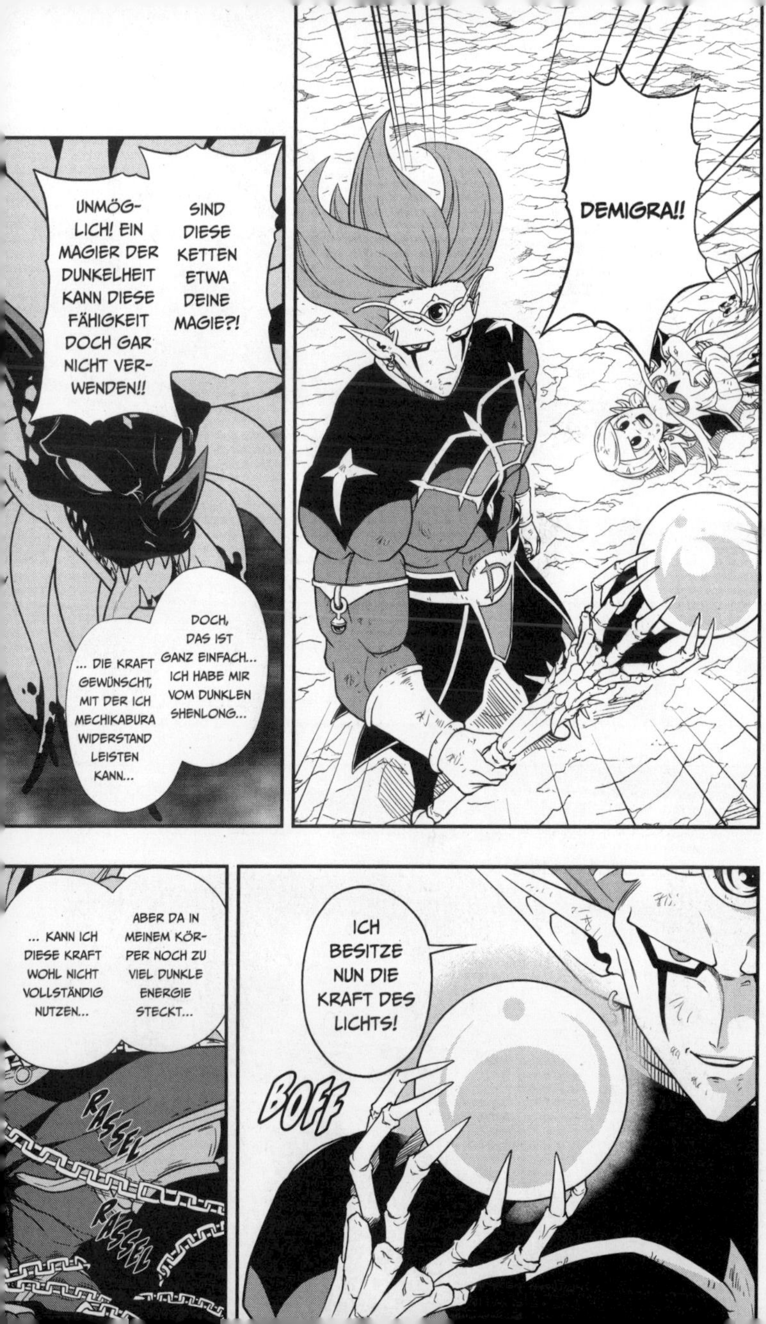
DEMIGRA!!
SIND DIESE KETTEN ETWA DEINE MAGIE?!
UNMÖG-LICH! EIN MAGIER DER DUNKELHEIT KANN DIESE FÄHIGKEIT DOCH GAR NICHT VER-WENDEN!!
DOCH, DAS IST GANZ EINFACH... ICH HABE MIR VOM DUNKLEN SHENLONG...
... DIE KRAFT GEWÜNSCHT, MIT DER ICH MECHIKABURA WIDERSTAND LEISTEN KANN...
ICH BESITZE NUN DIE KRAFT DES LICHTS!
BOFF
ABER DA IN MEINEM KÖR-PER NOCH ZU VIEL DUNKLE ENERGIE STECKT...
... KANN ICH DIESE KRAFT WOHL NICHT VOLLSTÄNDIG NUTZEN...
RASSEL
RASSEL

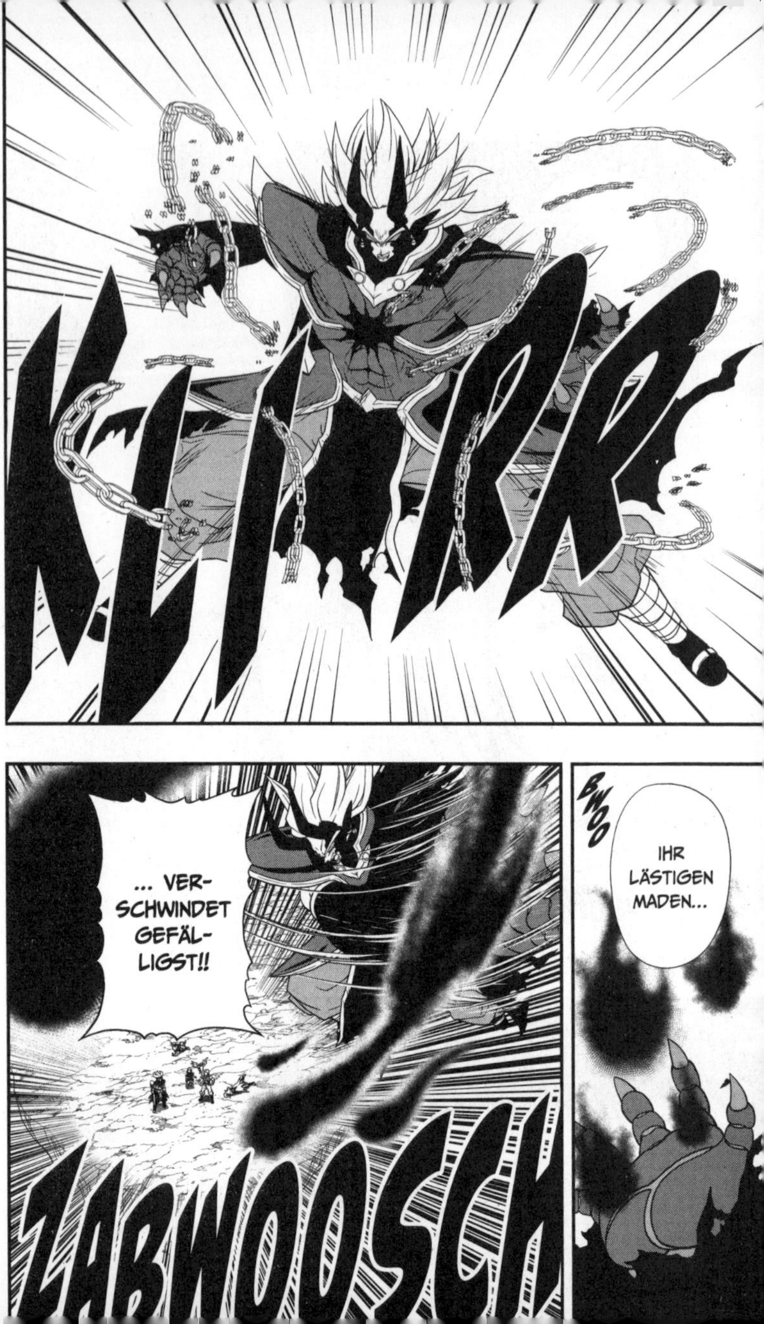
BWOO
IHR LÄSTIGEN MADEN...
... VERSCHWINDET GEFÄLLIGST!!
ZABWOOSCH

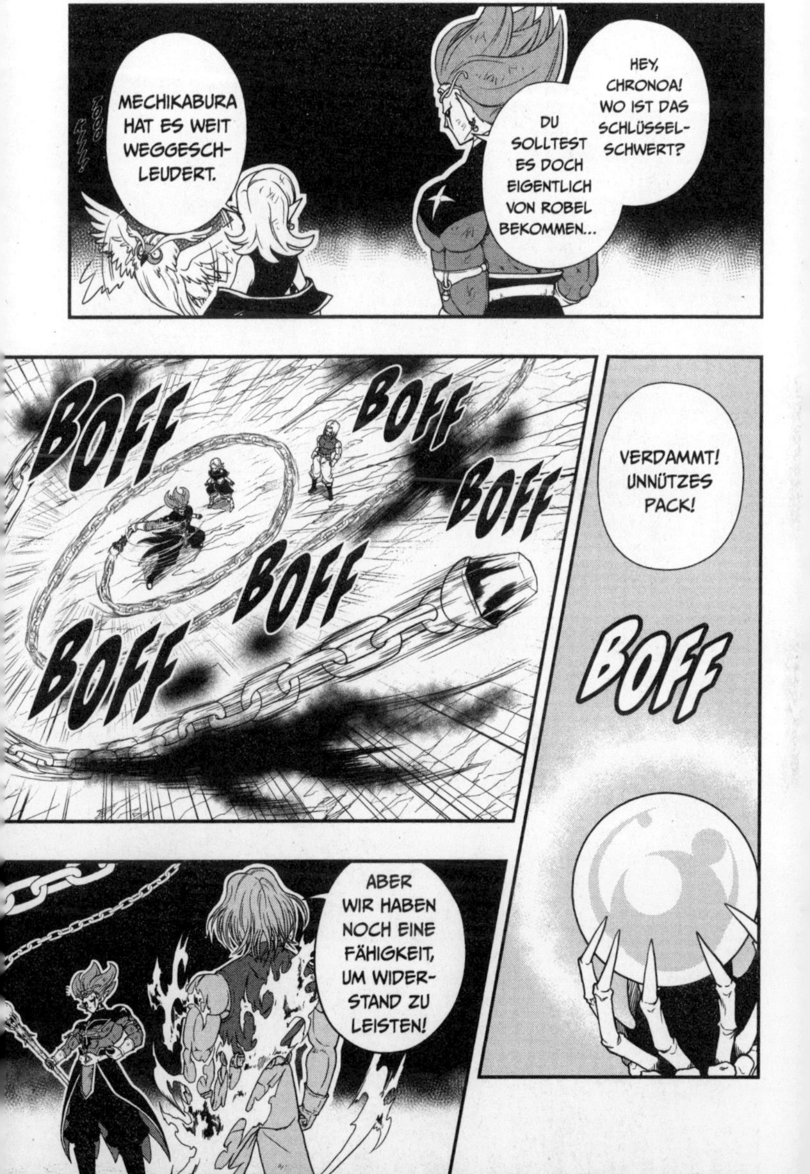
HEY, CHRONOA! WO IST DAS SCHLÜSSEL-SCHWERT?
DU SOLLTEST ES DOCH EIGENTLICH VON ROBEL BEKOMMEN...
MECHIKABURA HAT ES WEIT WEGGESCH-LEUDERT.
VERDAMMT! UNNÜTZES PACK!
BOFF
BOFF
BOFF
BOFF
BOFF
BOFF
ABER WIR HABEN NOCH EINE FÄHIGKEIT, UM WIDER-STAND ZU LEISTEN!

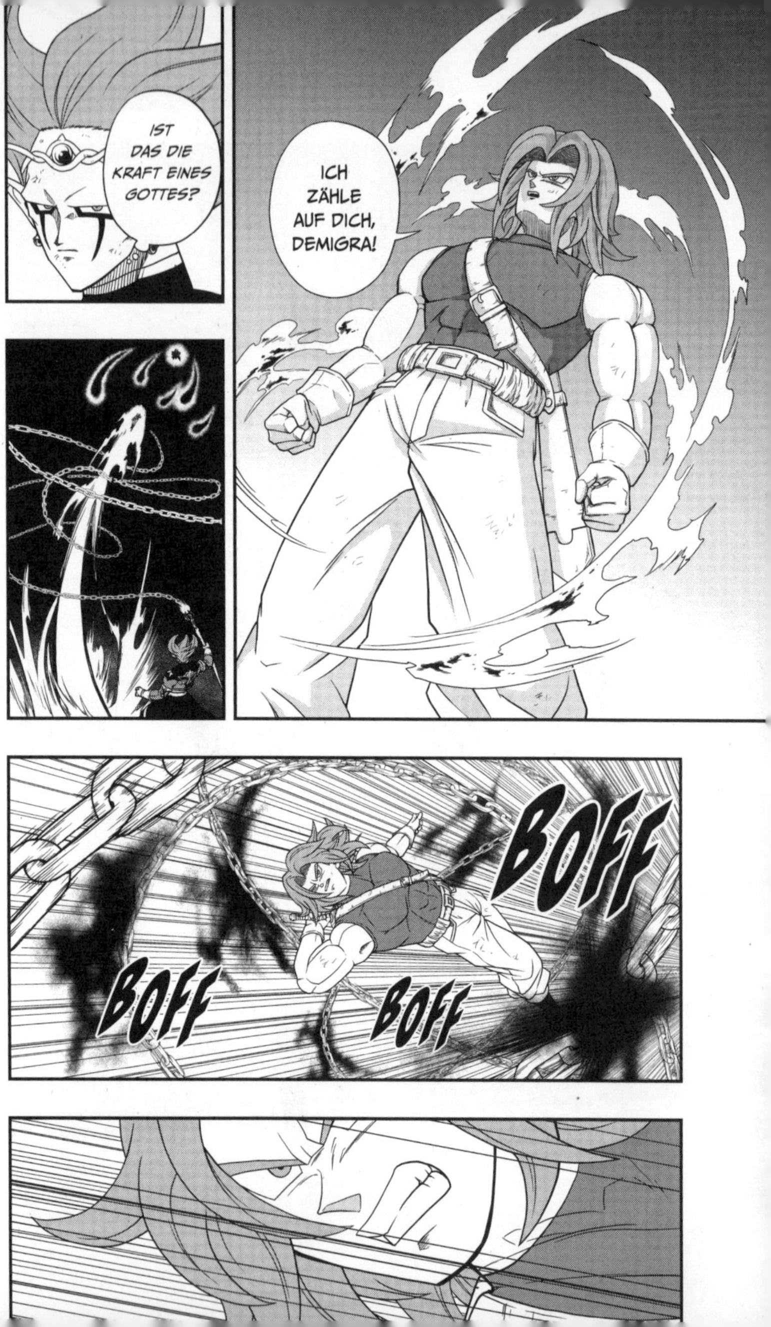
ICH ZÄHLE AUF DICH, DEMIGRA!
IST DAS DIE KRAFT EINES GOTTES?
BOFF
BOFF
BOFF

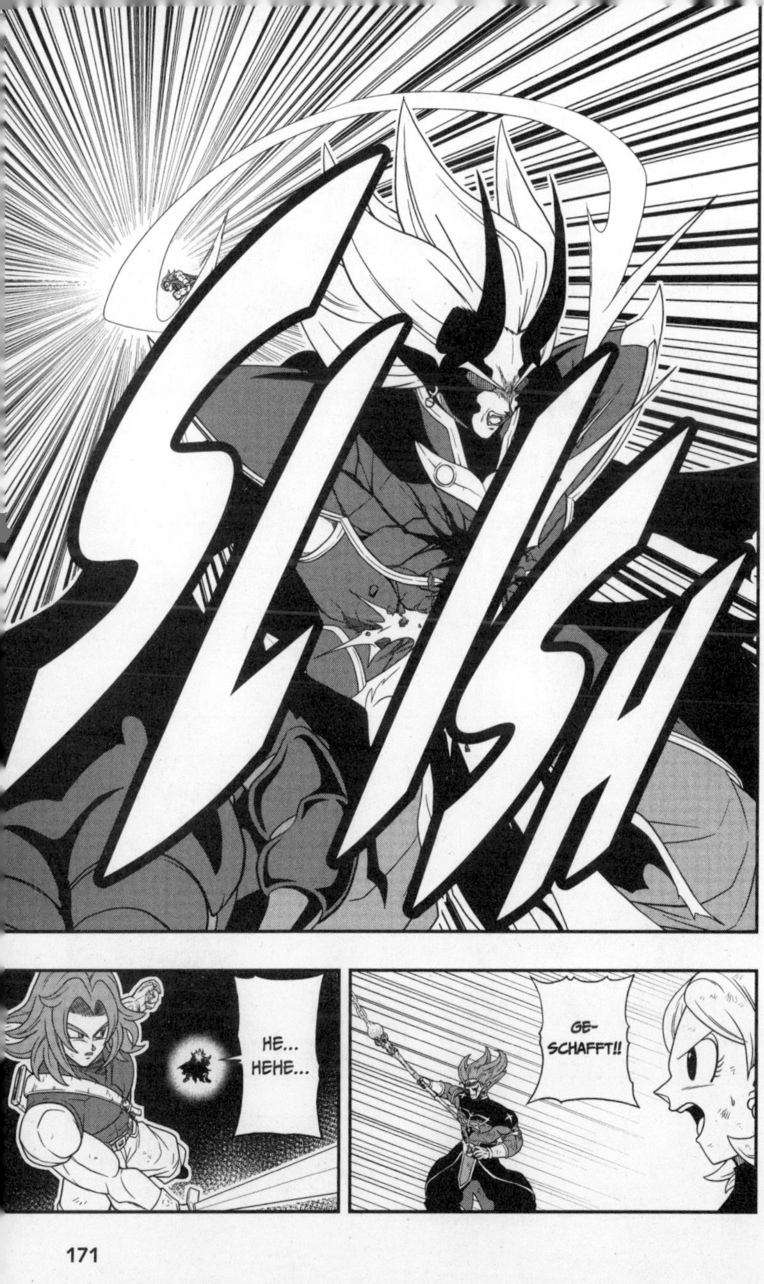
SLASH
GE-
SCHAFFT!!
HE...
HEHE...

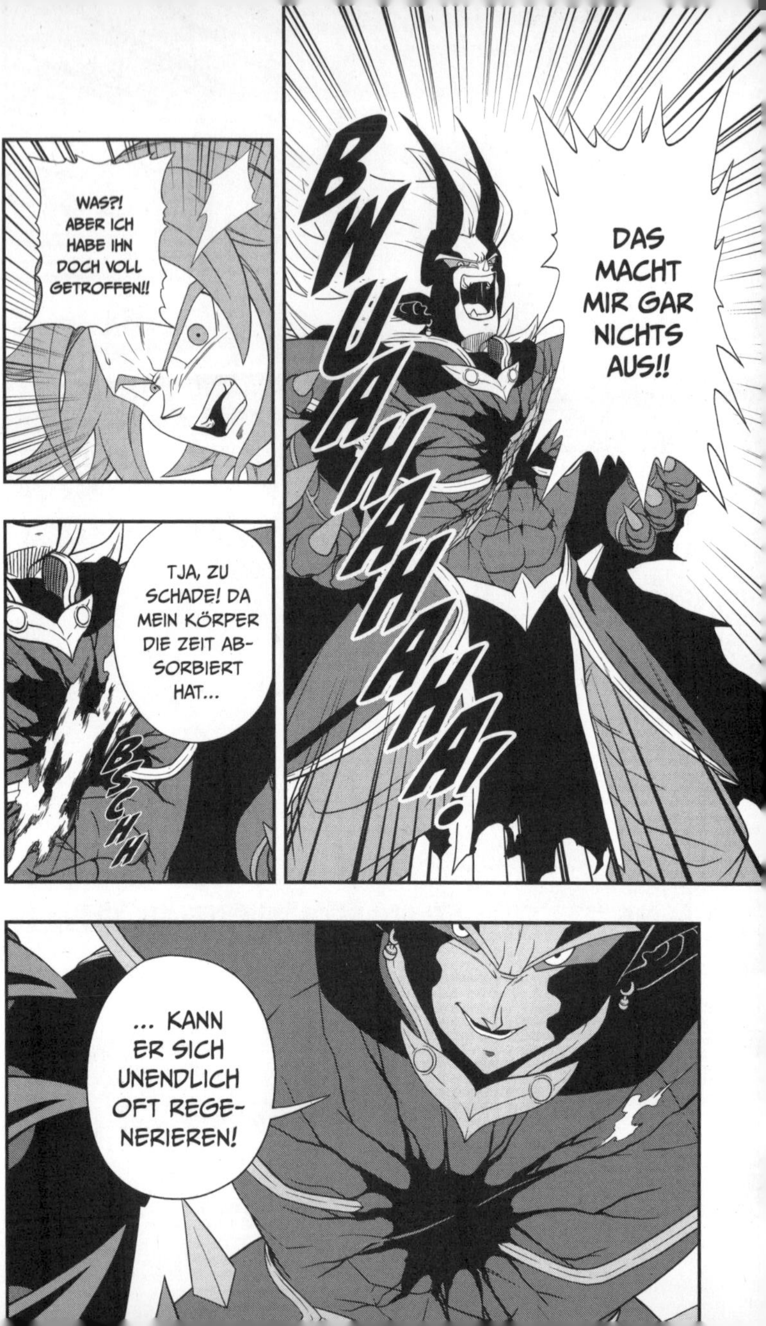
BWUAHAHAHAHA!
DAS MACHT MIR GAR NICHTS AUS!!
WAS?! ABER ICH HABE IHN DOCH VOLL GETROFFEN!!
TJA, ZU SCHADE! DA MEIN KÖRPER DIE ZEIT AB-SORBIERT HAT...
BSCHH
... KANN ER SICH UNENDLICH OFT REGE-NERIEREN!

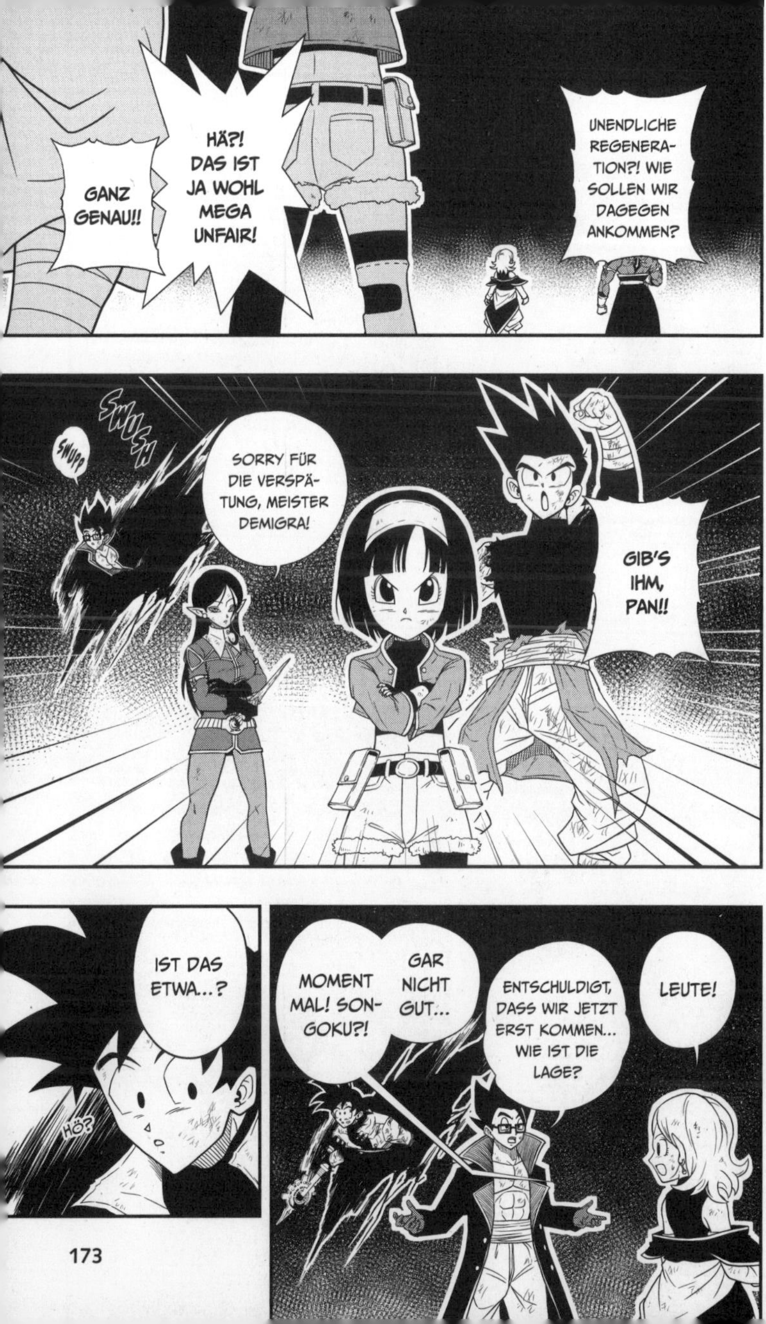
UNENDLICHE REGENERATION?! WIE SOLLEN WIR DAGEGEN ANKOMMEN?
HÄ?! DAS IST JA WOHL MEGA UNFAIR!
GANZ GENAU!!
SWUSH
SWUPP
GIB'S IHM, PAN!!
SORRY FÜR DIE VERSPÄTUNG, MEISTER DEMIGRA!
LEUTE!
ENTSCHULDIGT, DASS WIR JETZT ERST KOMMEN... WIE IST DIE LAGE?
GAR NICHT GUT...
MOMENT MAL! SON-GOKU?!
IST DAS ETWA...?
HÖ?

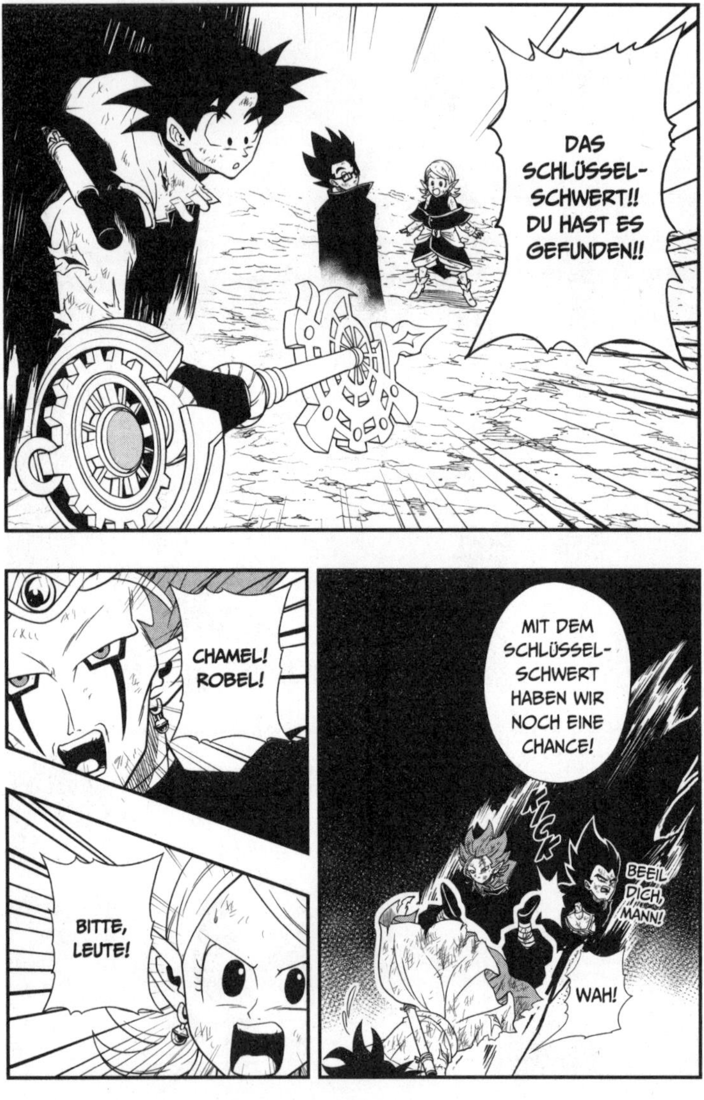
DAS SCHLÜSSEL-SCHWERT!! DU HAST ES GEFUNDEN!!
MIT DEM SCHLÜSSEL-SCHWERT HABEN WIR NOCH EINE CHANCE!
KICK
BEEIL DICH, MANN!
WAH!
CHAMEL! ROBEL!
BITTE, LEUTE!

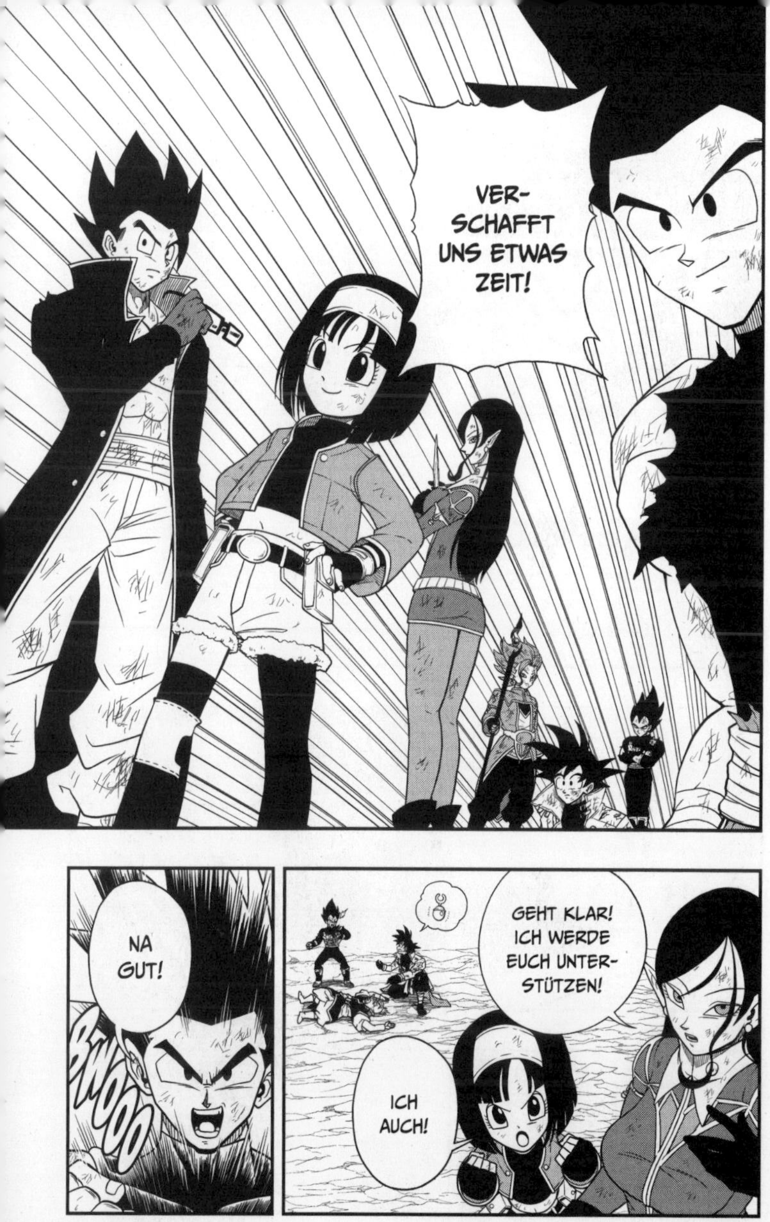
VER-
SCHAFFT
UNS ETWAS
ZEIT!
GEHT KLAR! ICH WERDE EUCH UNTER-STÜTZEN!
ICH AUCH!
NA GUT!

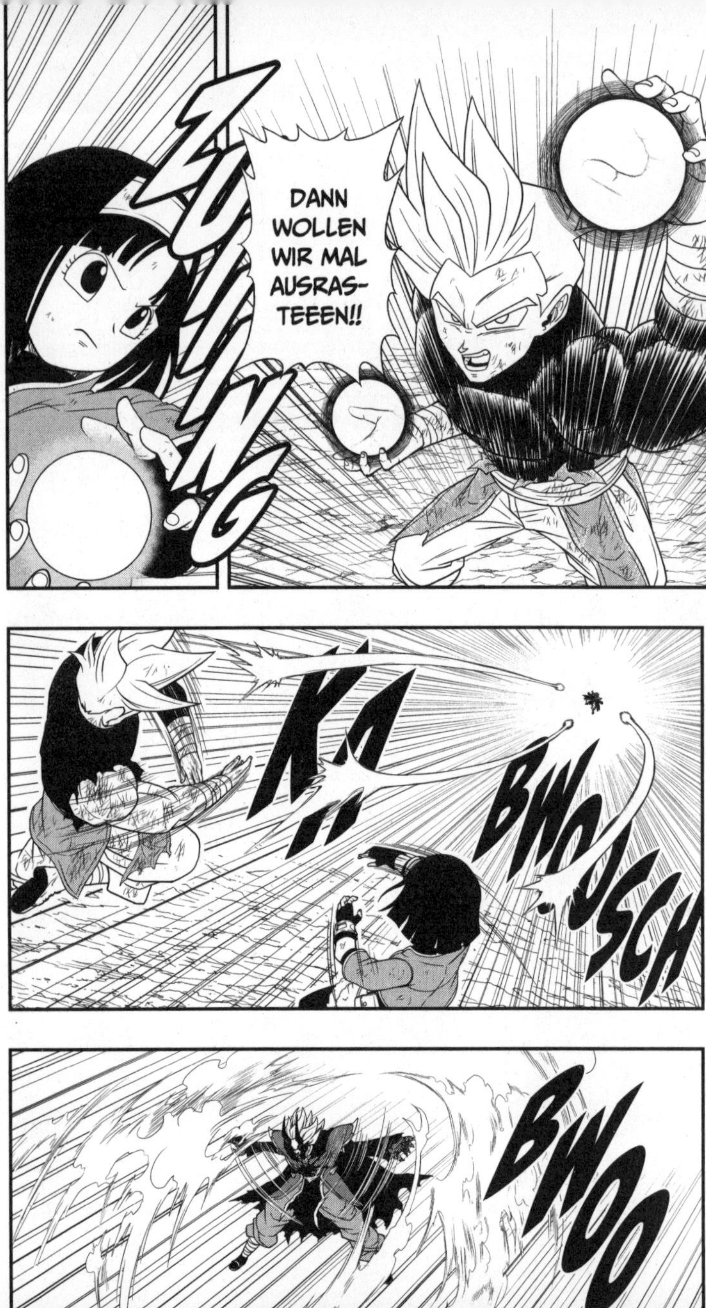
ZUUUNG
DANN WOLLEN WIR MAL AUSRAS-TEEEN!!
KA!!
BWOUSCH
BWOO

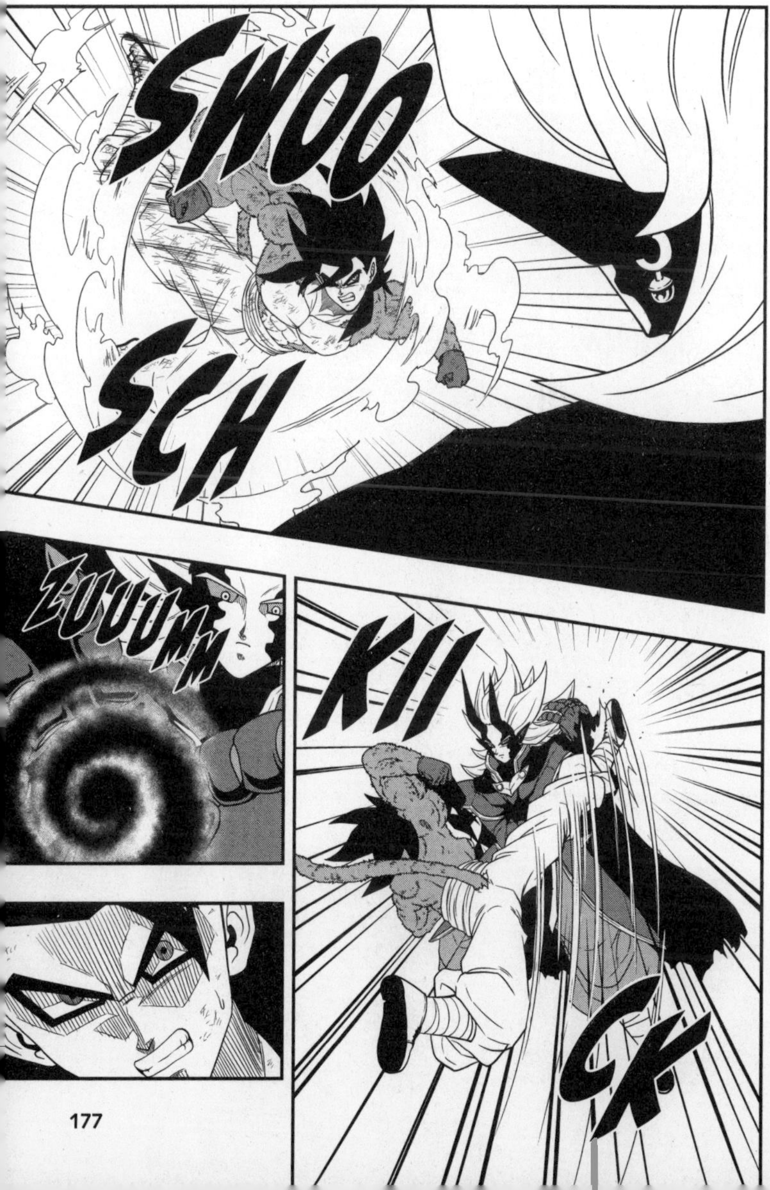
SWOO
SCH
KII
CK
ZUUUMM

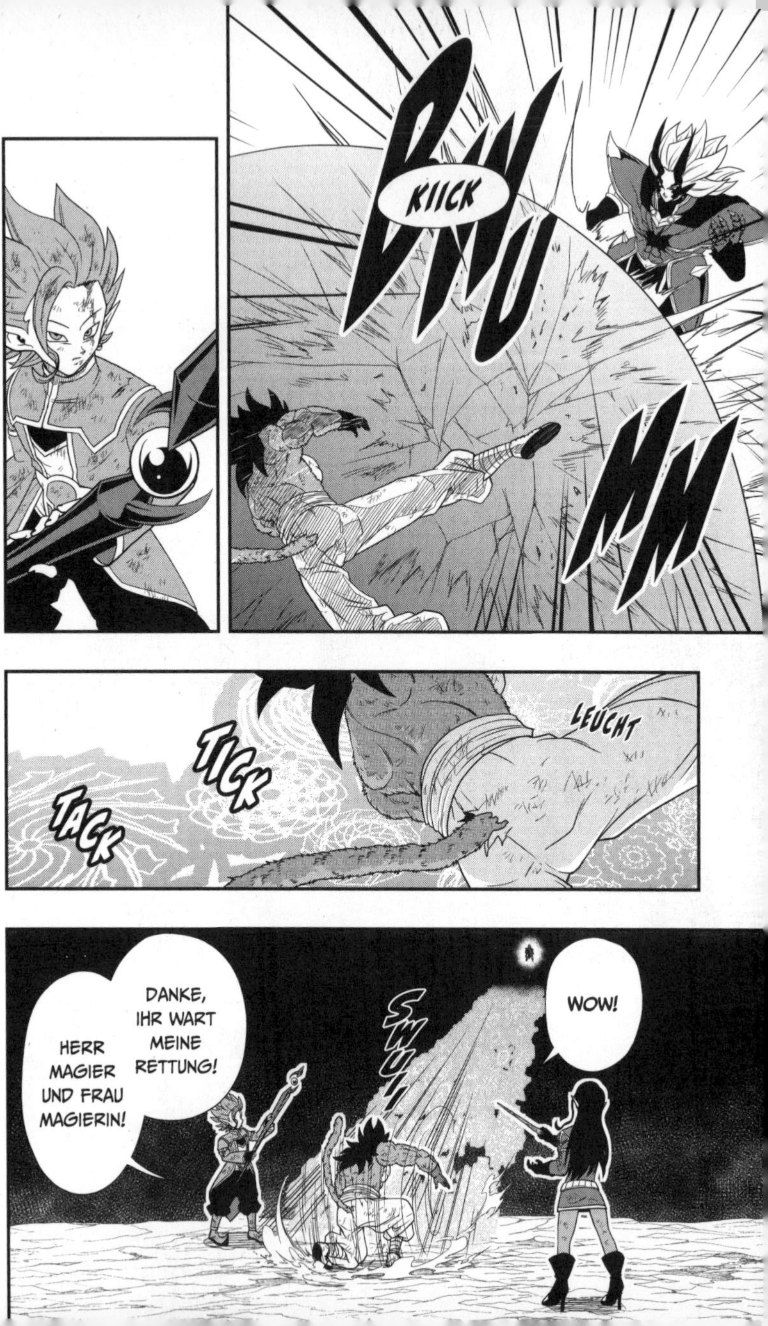
KIICK
LEUCHT
TICK
TACK
WOW!
DANKE, IHR WART MEINE RETTUNG!
HERR MAGIER UND FRAU MAGIERIN!

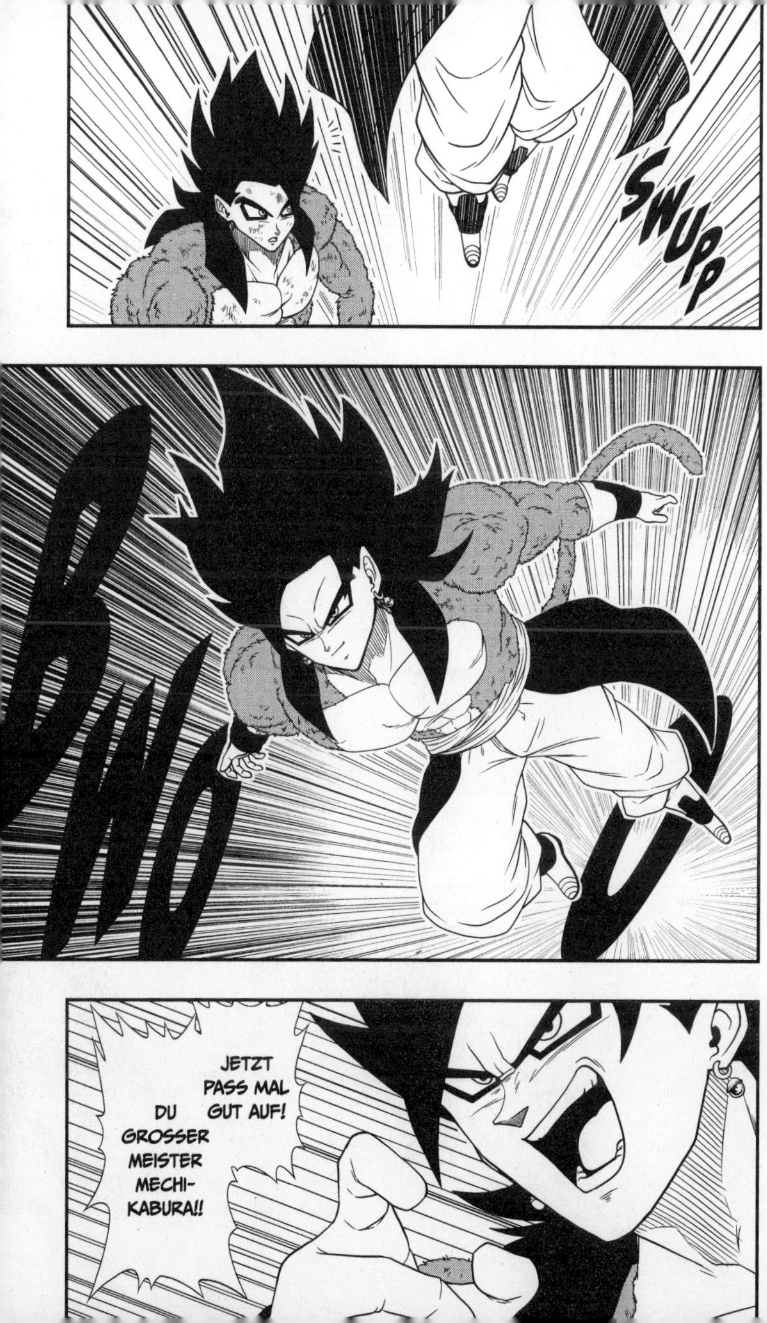
SWUPP
JETZT PASS MAL GUT AUF!
DU GROSSER MEISTER MECHI-KABURA!!

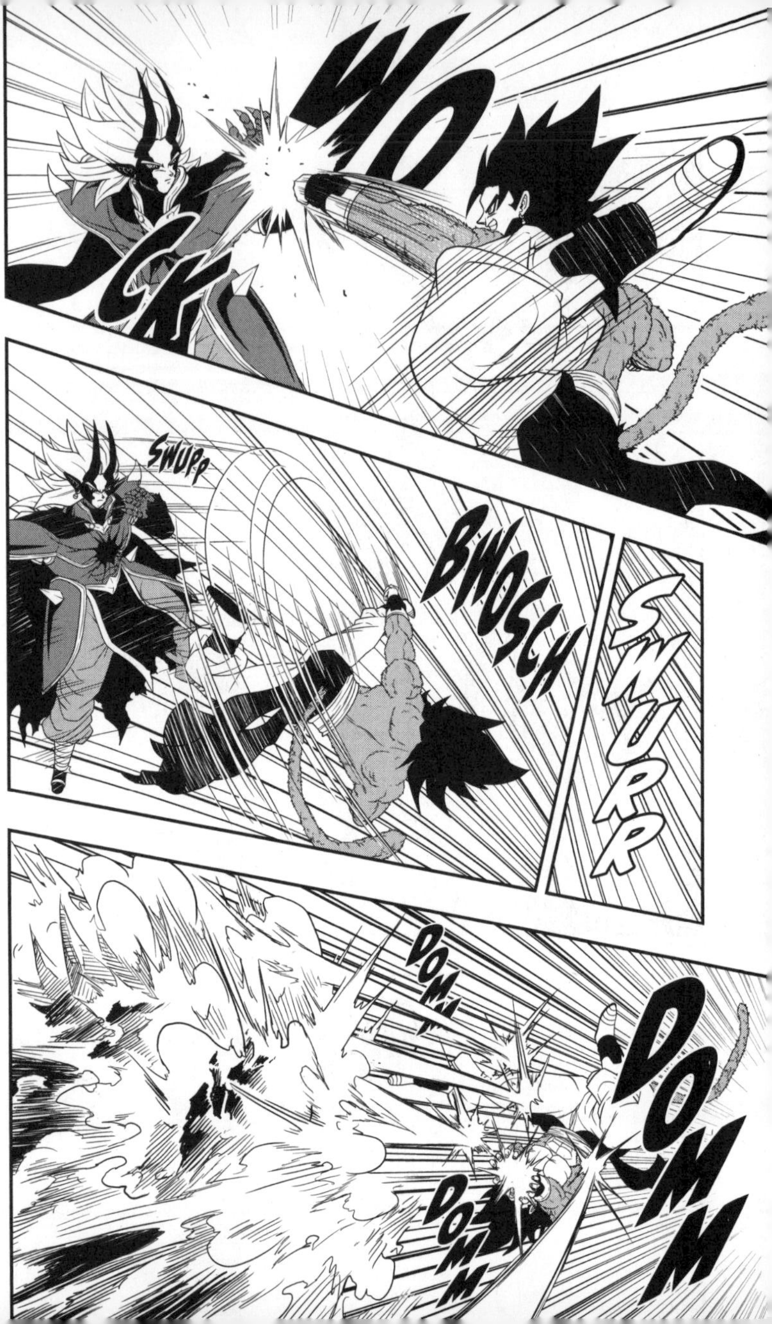
WOCK
SWUPR
BWOSCH
SWUPP
DOMM
DOMM
DOMM

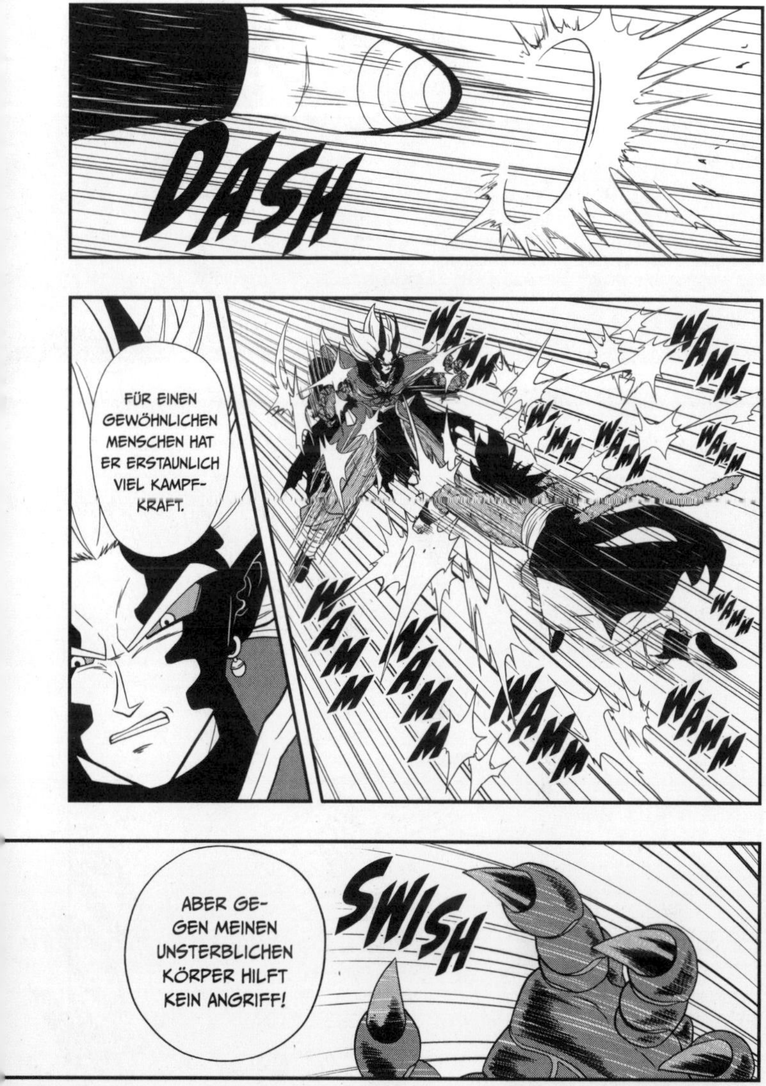
DASH
WAMM WAMM WAMM WAMM WAMM WAMM WAMM WAMM WAMM WAMM WAMM
FÜR EINEN GEWÖHNLICHEN MENSCHEN HAT ER ERSTAUNLICH VIEL KAMPF-KRAFT.
SWISH
ABER GE-GEN MEINEN UNSTERBLICHEN KÖRPER HILFT KEIN ANGRIFF!

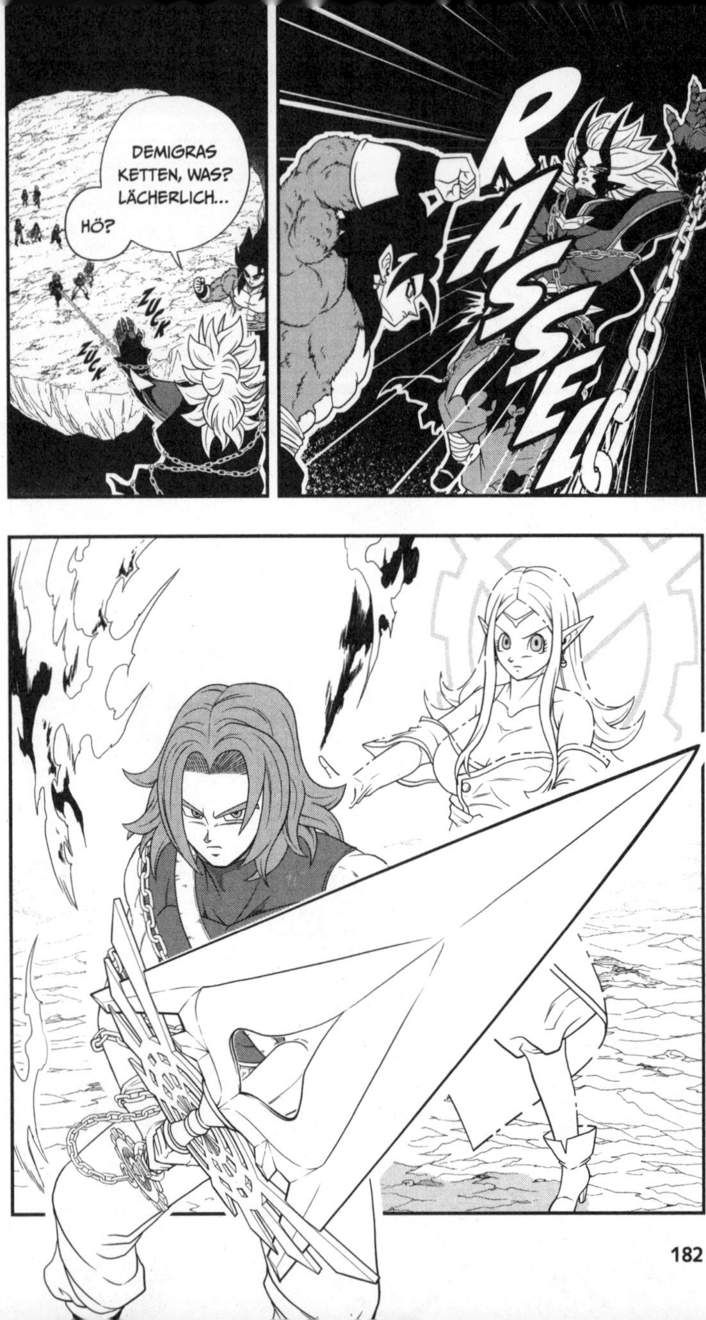
DEMIGRAS
KETTEN, WAS?
LÄCHERLICH...
HÖ?
ZUCK
ZUCK
RASSEL

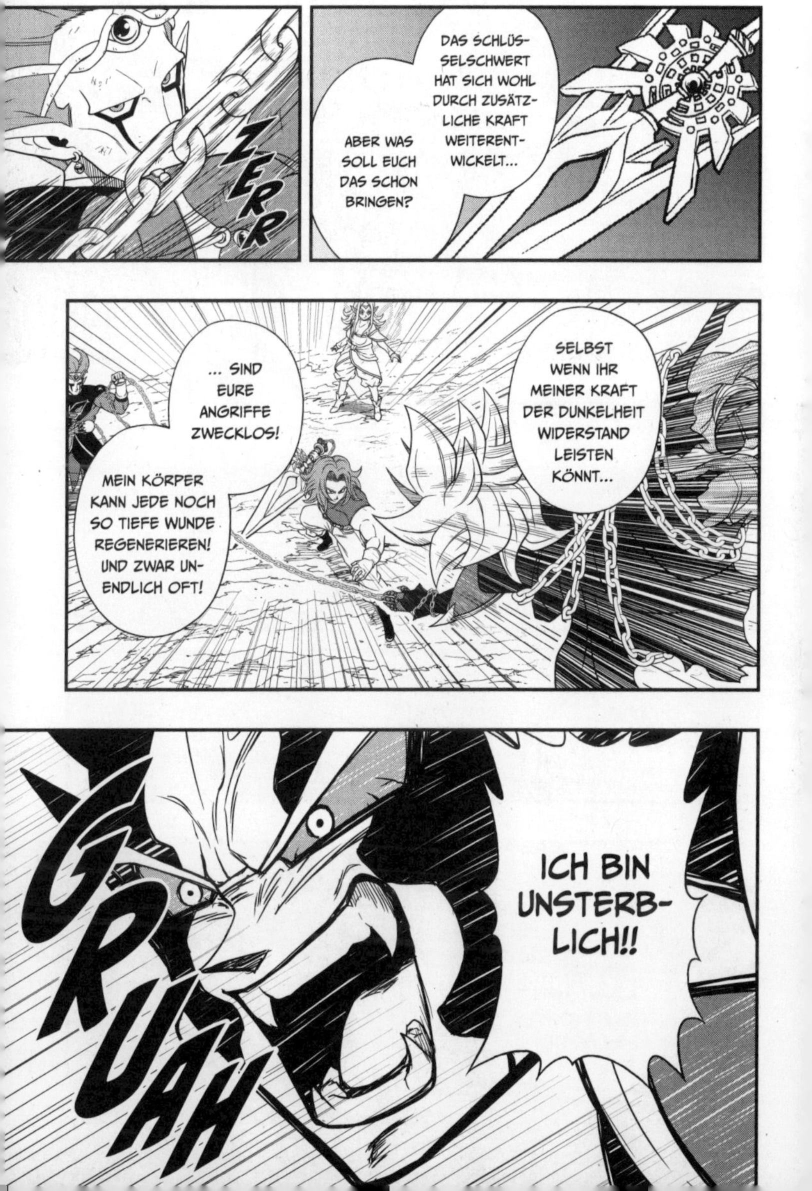
DAS SCHLÜS-SELSCHWERT HAT SICH WOHL DURCH ZUSÄTZ-LICHE KRAFT WEITERENT-WICKELT...
ABER WAS SOLL EUCH DAS SCHON BRINGEN?
ZERR
SELBST WENN IHR MEINER KRAFT DER DUNKELHEIT WIDERSTAND LEISTEN KÖNNT...
... SIND EURE ANGRIFFE ZWECKLOS!
MEIN KÖRPER KANN JEDE NOCH SO TIEFE WUNDE REGENERIEREN! UND ZWAR UN-ENDLICH OFT!
ICH BIN UNSTERB-LICH!!
GRUAH

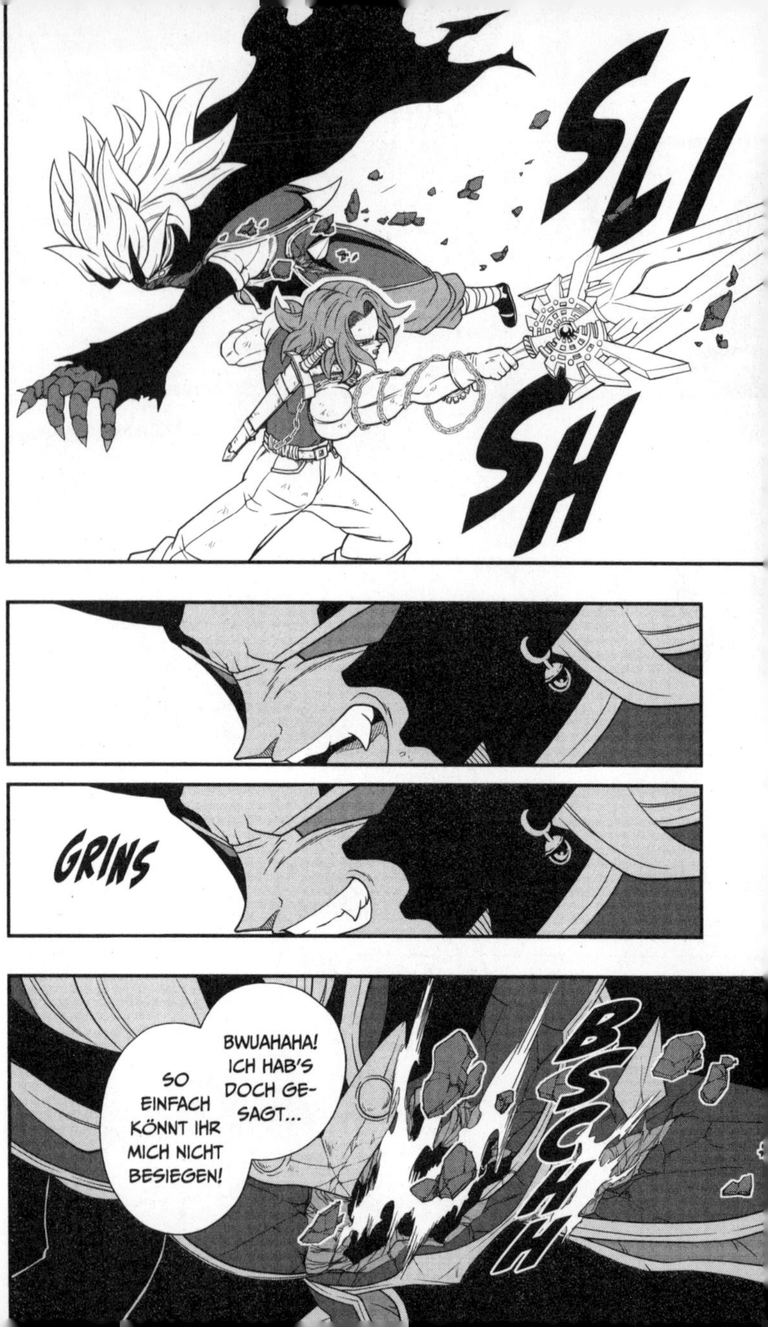
SH
SH
GRINS
BWUAHAHA! ICH HAB'S DOCH GE-SAGT...
SO EINFACH KÖNNT IHR MICH NICHT BESIEGEN!
BSCHHH

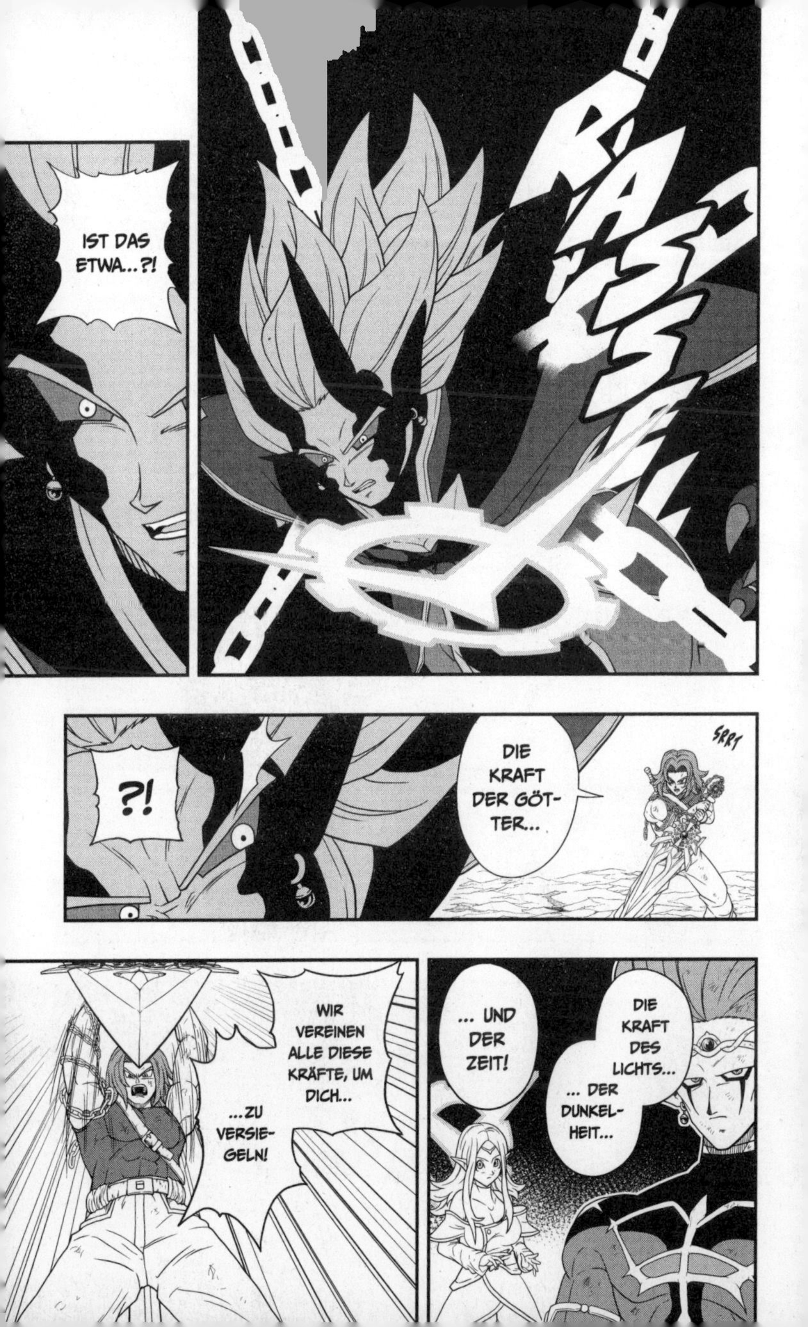
IST DAS ETWA...?!
DIE KRAFT DER GÖTTER...
?!
DIE KRAFT DES LICHTS...
... DER DUNKELHEIT...
... UND DER ZEIT!
WIR VEREINEN ALLE DIESE KRÄFTE, UM DICH...
...ZU VERSIEGELN!

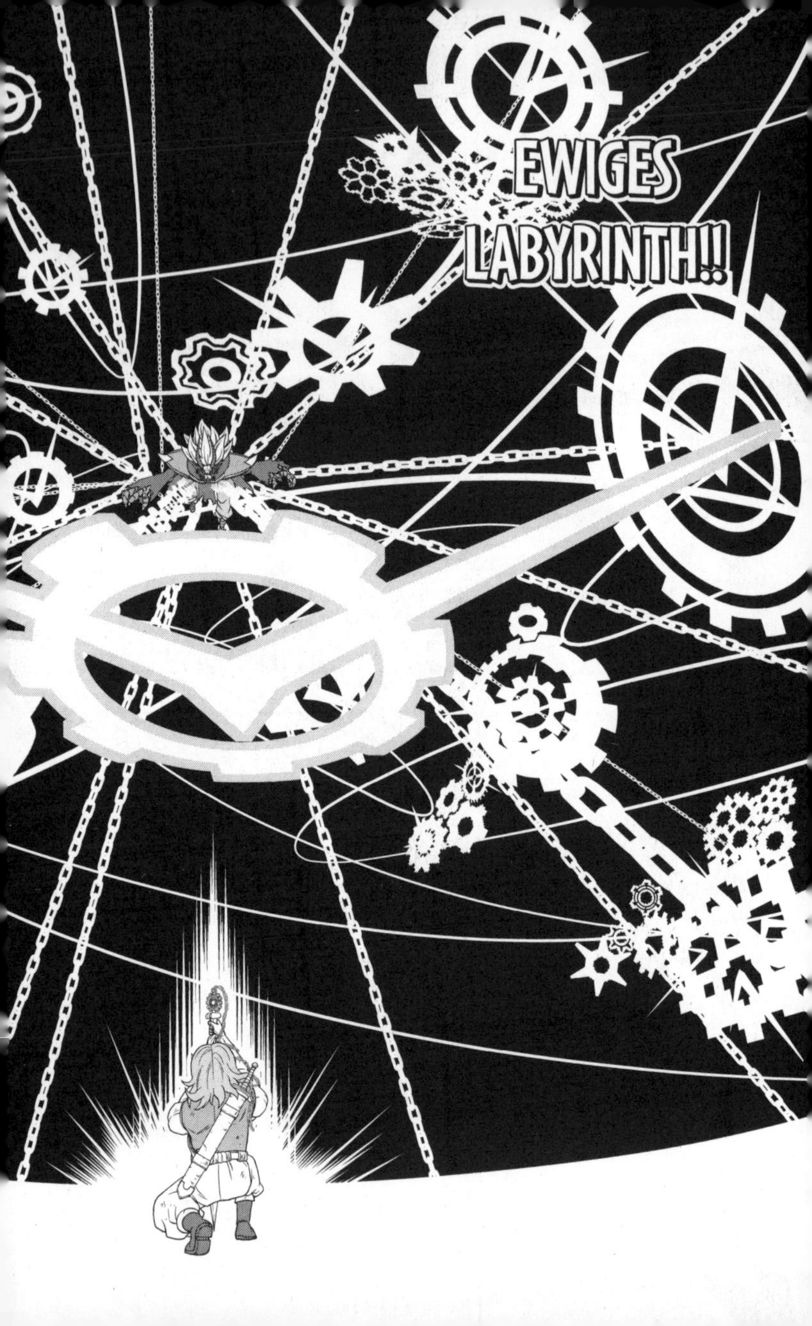
EWIGES LABYRINTH!!

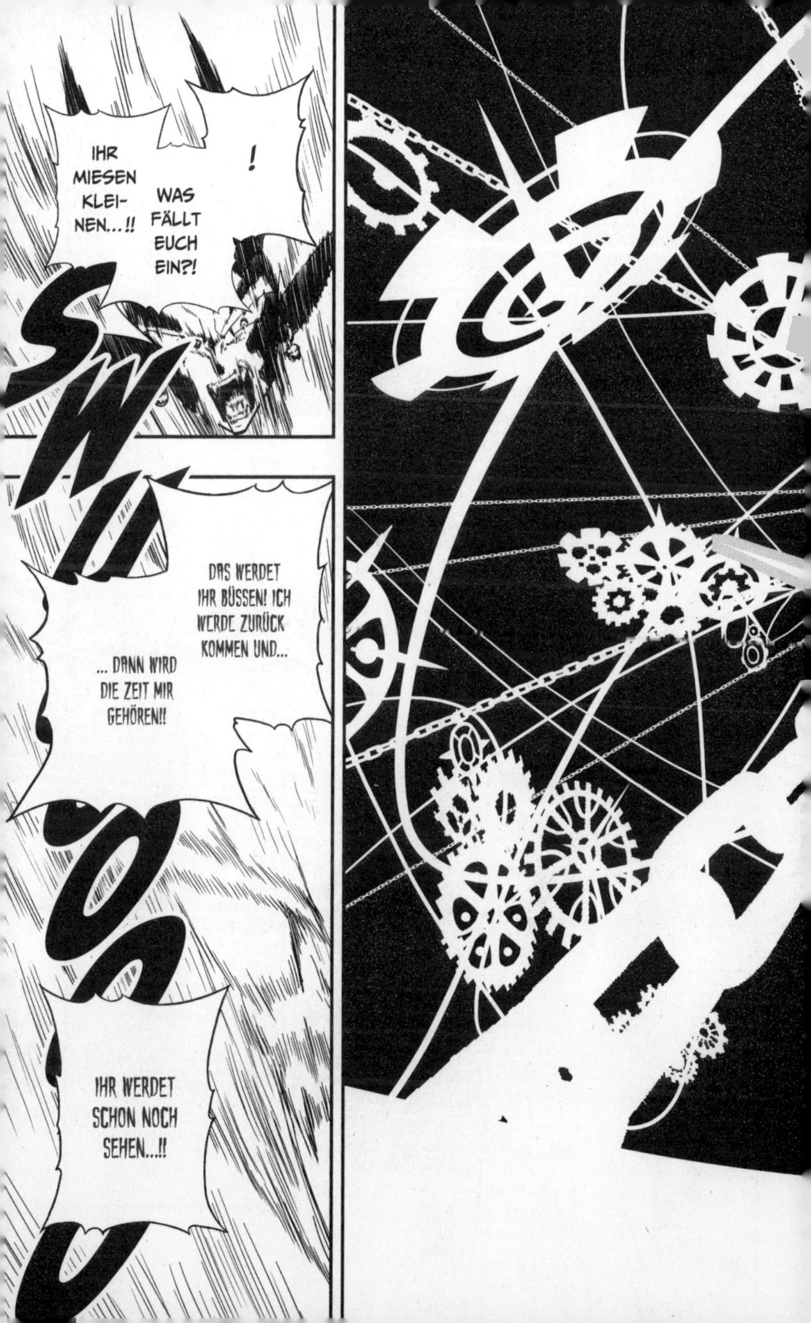
!
WAS FÄLLT EUCH EIN?!
IHR MIESEN KLEI-NEN...!!
DAS WERDET IHR BÜSSEN! ICH WERDE ZURÜCK KOMMEN UND...
... DANN WIRD DIE ZEIT MIR GEHÖREN!!
IHR WERDET SCHON NOCH SEHEN...!!

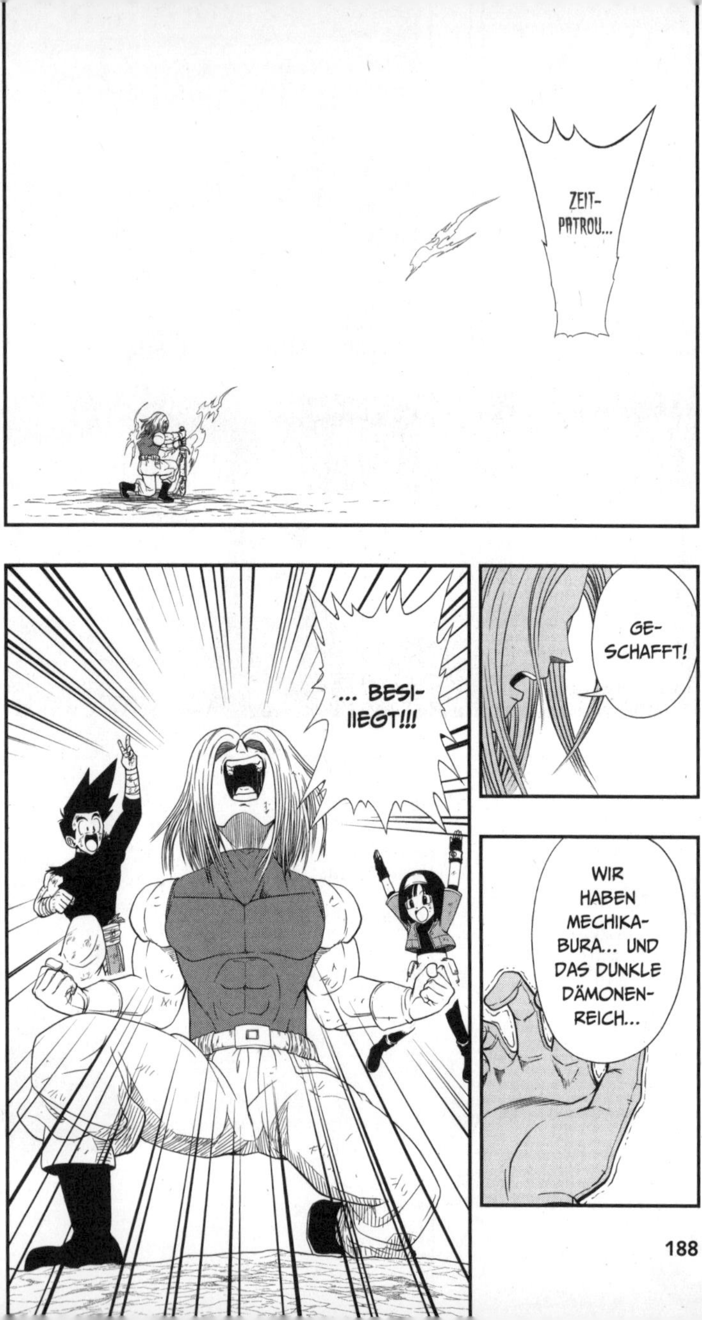
ZEIT-
PATROU...
GE-
SCHAFFT!
WIR
HABEN
MECHIKA-
BURA... UND
DAS DUNKLE
DÄMONEN-
REICH...
... BESI-
IIEGT!!!

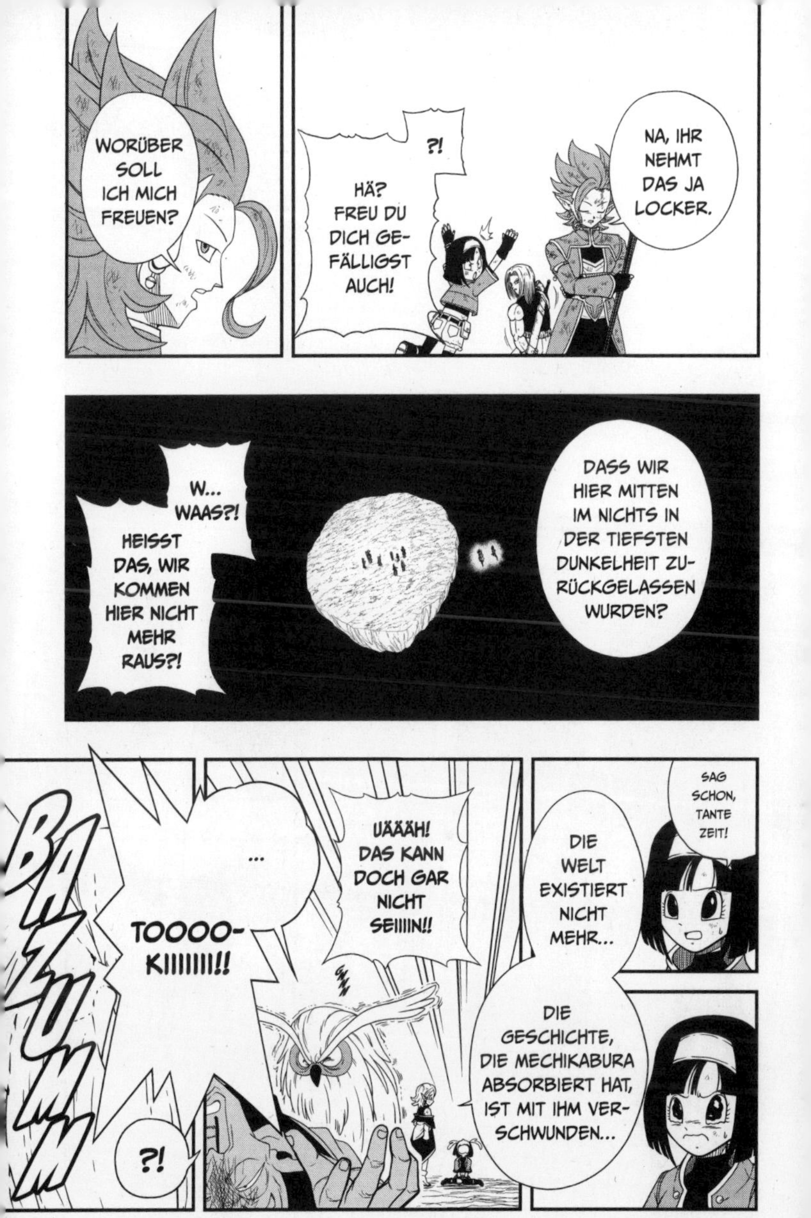

NA, IHR NEHMT DAS JA LOCKER.
?!
HÄ? FREU DU DICH GE-FÄLLIGST AUCH!
WORÜBER SOLL ICH MICH FREUEN?
DASS WIR HIER MITTEN IM NICHTS IN DER TIEFSTEN DUNKELHEIT ZU-RÜCKGELASSEN WURDEN?
W... WAAS?!
HEISST DAS, WIR KOMMEN HIER NICHT MEHR RAUS?!
SAG SCHON, TANTE ZEIT!
DIE WELT EXISTIERT NICHT MEHR...
DIE GESCHICHTE, DIE MECHIKABURA ABSORBIERT HAT, IST MIT IHM VER-SCHWUNDEN...
UÄÄÄH! DAS KANN DOCH GAR NICHT SEIIIIN!!
...
TOOOO-KIIIIIIII!!
?!

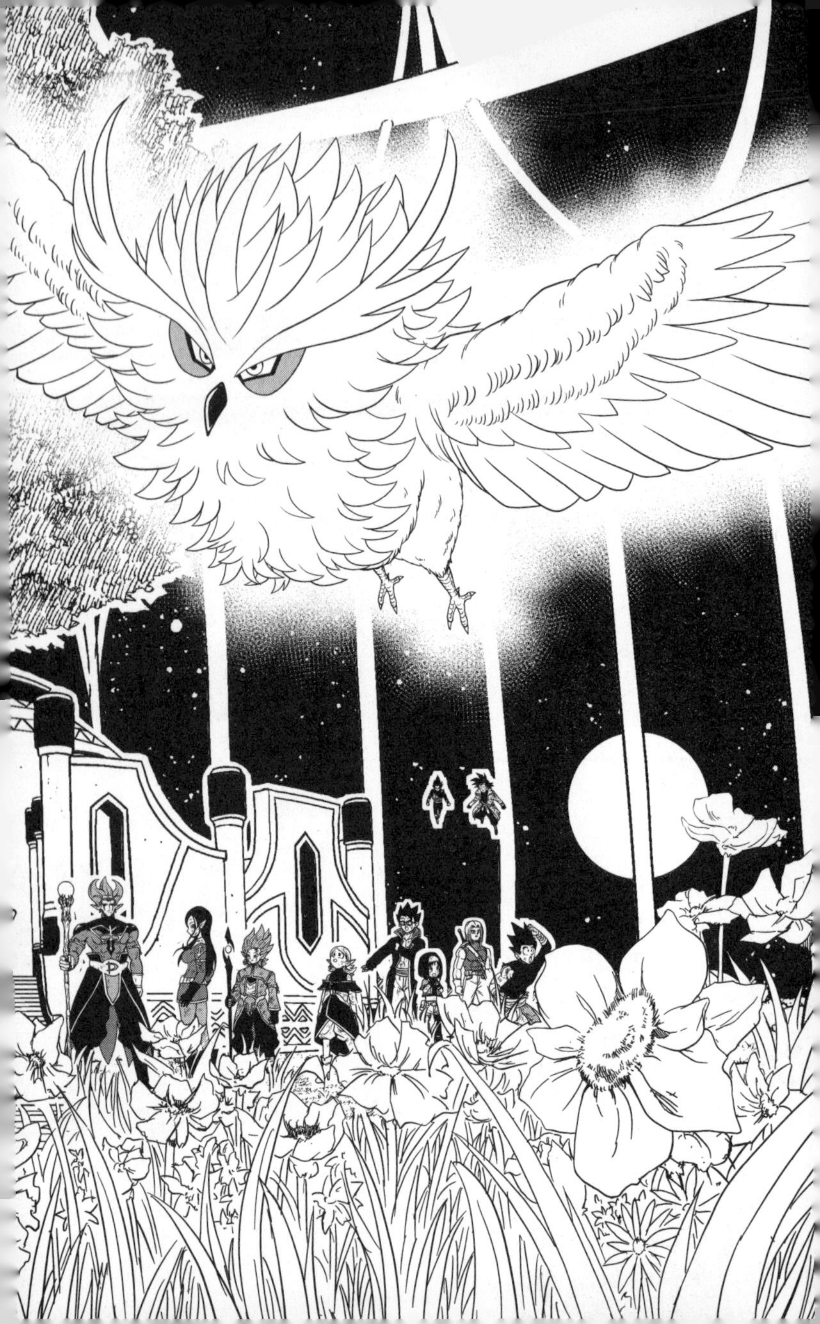

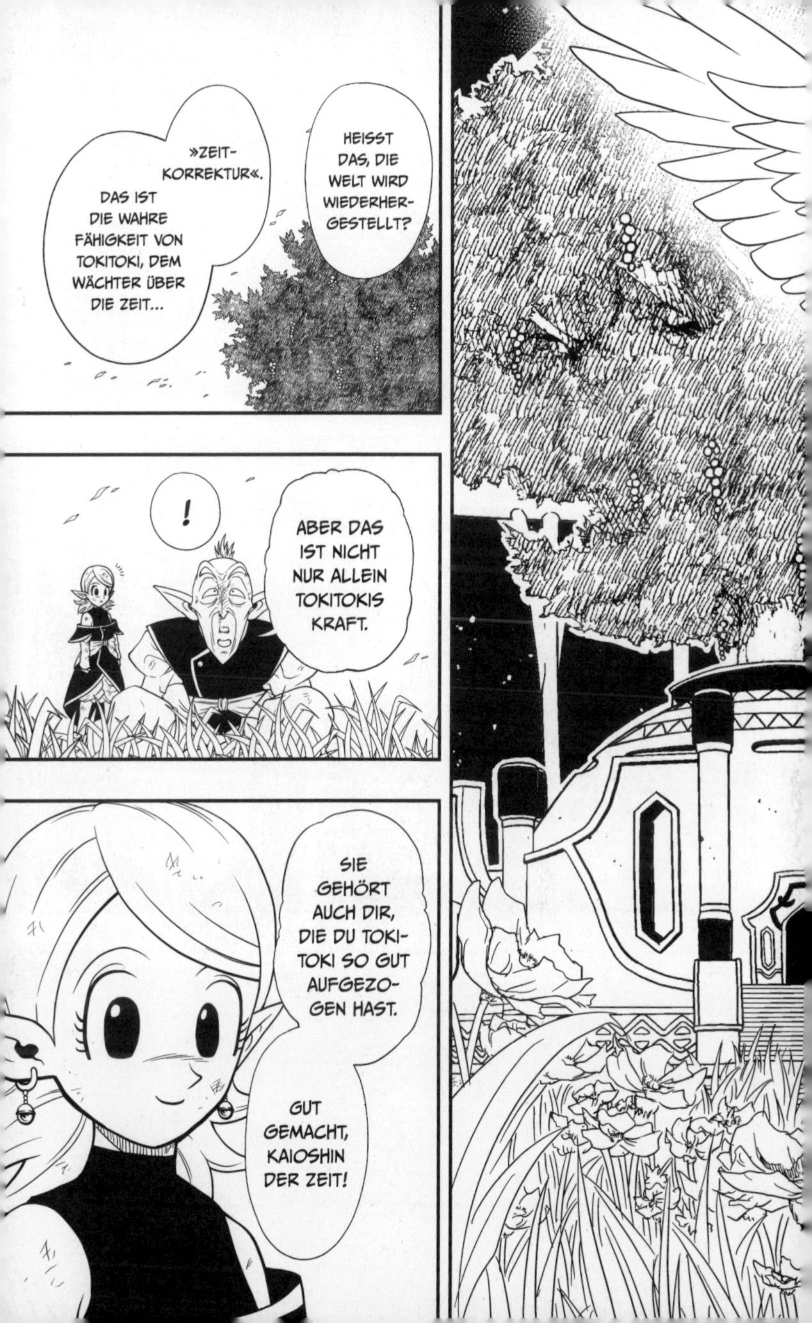
HEISST DAS, DIE WELT WIRD WIEDERHERGESTELLT?
»ZEIT-KORREKTUR«. DAS IST DIE WAHRE FÄHIGKEIT VON TOKITOKI, DEM WÄCHTER ÜBER DIE ZEIT…
!
ABER DAS IST NICHT NUR ALLEIN TOKITOKIS KRAFT.
SIE GEHÖRT AUCH DIR, DIE DU TOKI-TOKI SO GUT AUFGEZO-GEN HAST.
GUT GEMACHT, KAIOSHIN DER ZEIT!

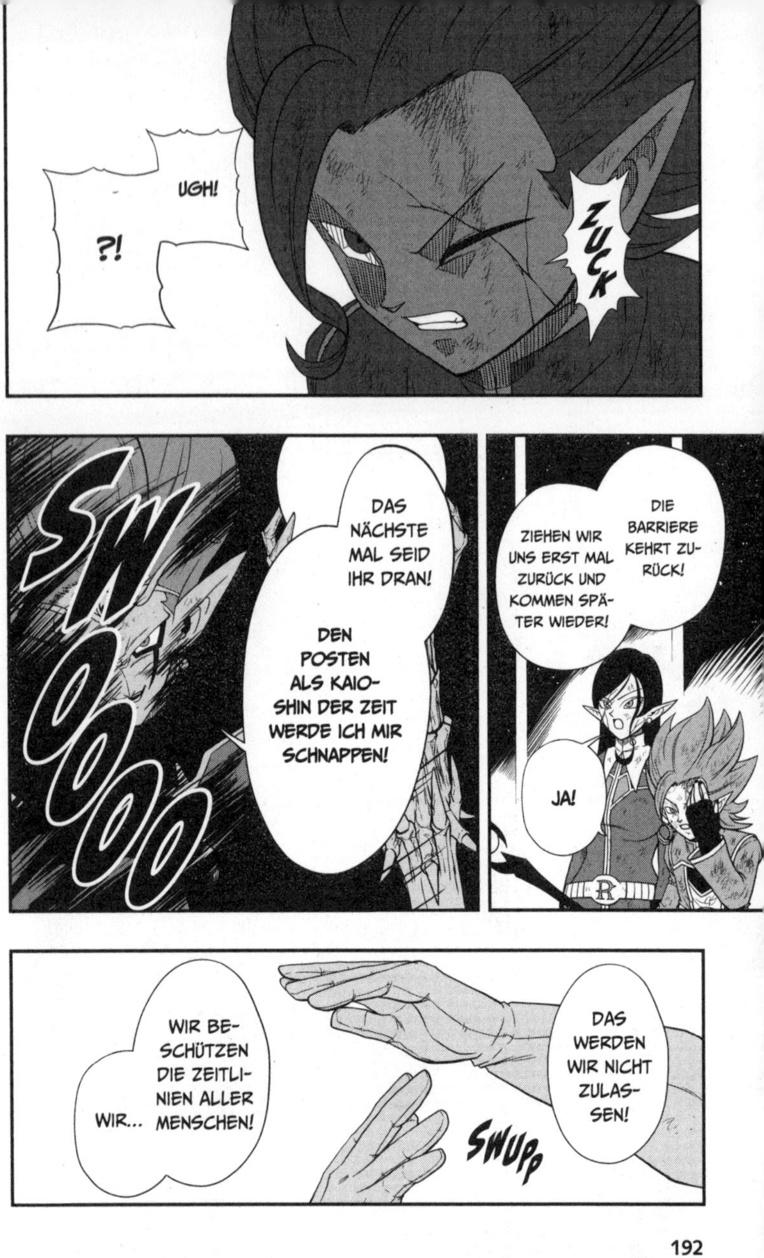
UGH!
?!
ZUCK
DIE BARRIERE KEHRT ZURÜCK!
ZIEHEN WIR UNS ERST MAL ZURÜCK UND KOMMEN SPÄTER WIEDER!
JA!
DAS NÄCHSTE MAL SEID IHR DRAN!
DEN POSTEN ALS KAIOSHIN DER ZEIT WERDE ICH MIR SCHNAPPEN!
SWOOOOOO
DAS WERDEN WIR NICHT ZULASSEN!
WIR...
WIR BESCHÜTZEN DIE ZEITLINIEN ALLER MENSCHEN!
SWUPP

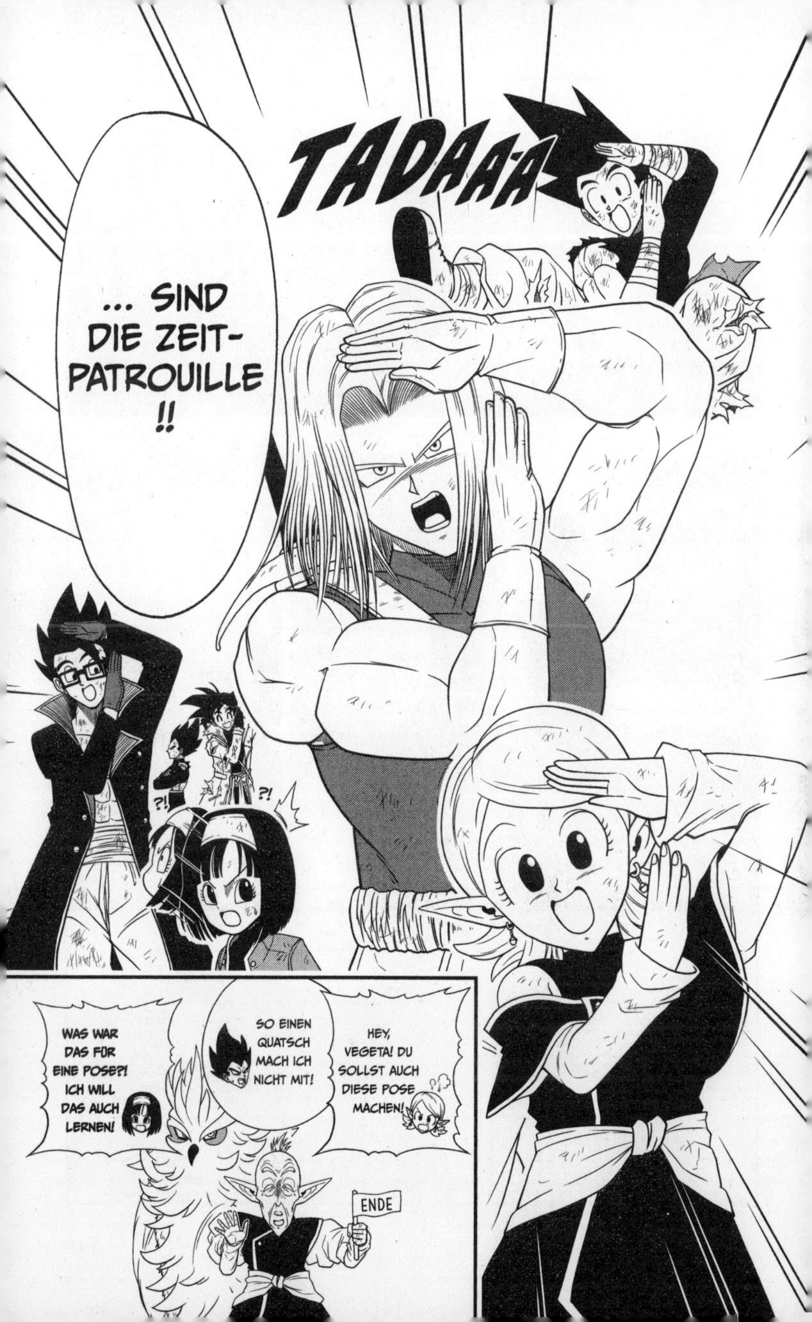
TADAAA
... SIND DIE ZEIT-PATROUILLE !!
?!
?!
HEY, VEGETA! DU SOLLST AUCH DIESE POSE MACHEN!
SO EINEN QUATSCH MACH ICH NICHT MIT!
WAS WAR DAS FÜR EINE POSE?! ICH WILL DAS AUCH LERNEN!
ENDE

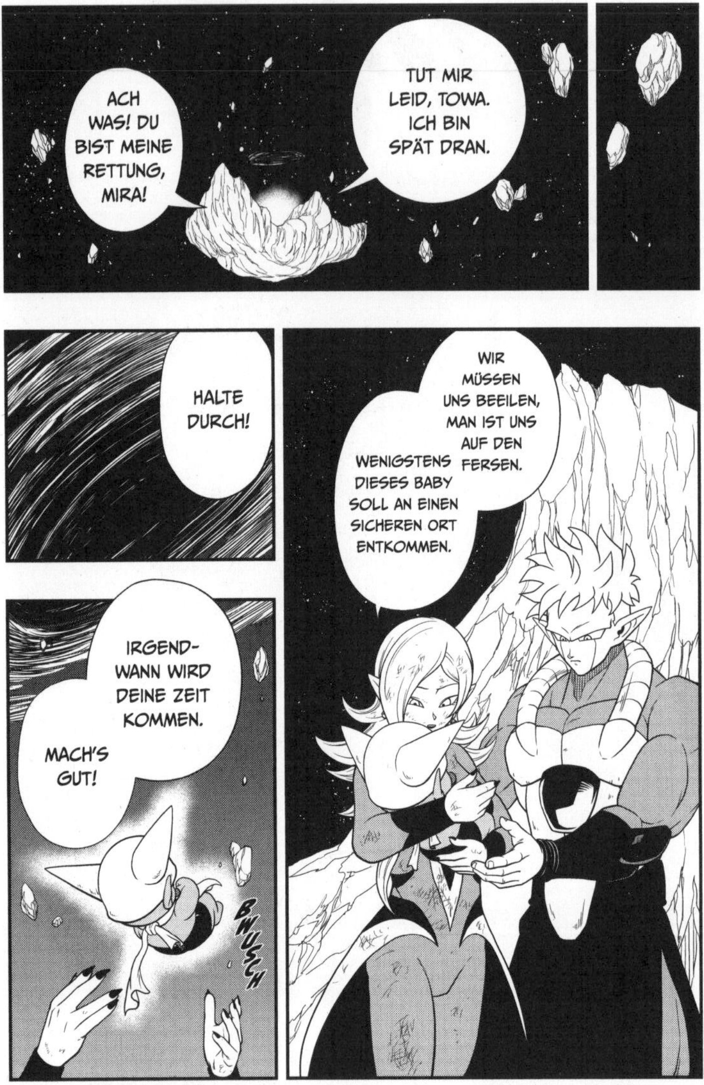
TUT MIR LEID, TOWA. ICH BIN SPÄT DRAN.
ACH WAS! DU BIST MEINE RETTUNG, MIRA!
WIR MÜSSEN UNS BEEILEN, MAN IST UNS AUF DEN FERSEN.
WENIGSTENS DIESES BABY SOLL AN EINEN SICHEREN ORT ENTKOMMEN.
HALTE DURCH!
IRGEND-WANN WIRD DEINE ZEIT KOMMEN.
MACH'S GUT!
BWUSCH

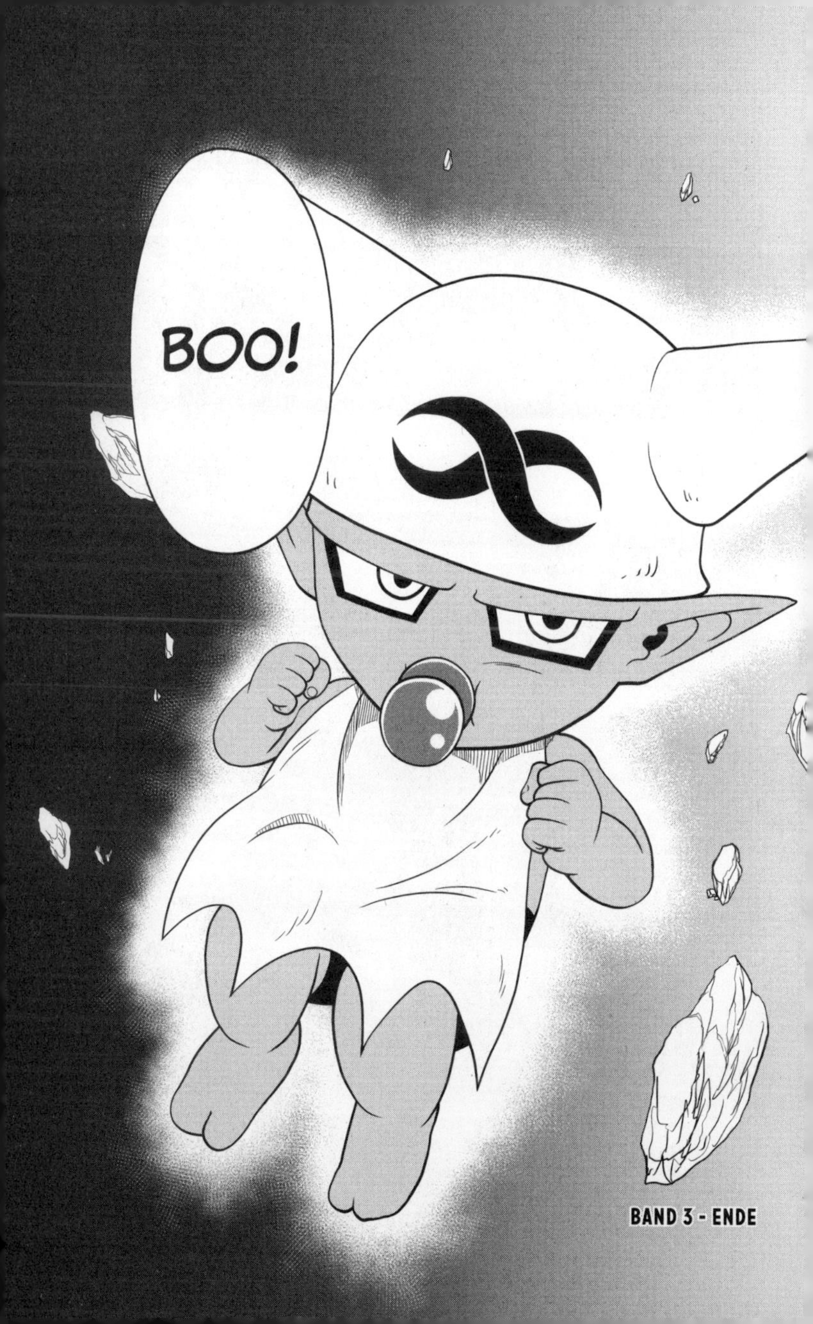
BOO!
BAND 3 - ENDE

CARLSEN MANGA! CHECKLIST

ATTACK ON TITAN – NO REGRETS FULL COLOR EDITION

von Hajime Isayama
€ 14,99 (D) / € 15,50 (A)
O Band 1 & 2
In 2 Bänden abgeschlossen

ATTACK ON TITAN – OUTSIDE

von Hajime Isayama
€ 12,90 (D) / € 13,30 (A)
O AoT– Outside

ATTACK ON TITAN – SHORT PLAY

von Isayama & hounori
€ 8,99 (D) / € 9,30 (A)
O Attack on Titan – short play

ATTACK ON TITAN – THE HARSH MISTRESS OF THE CITY (Nippon Novel)

von Hajime Isayama
€ 10,00 (D) / € 10,30 (A)
O Doppelpack 10/20
In 2 Bänden abgeschlossen

BARFUSS DURCH HIROSHIMA

von Keiji Nakazawa
€ 12,00 (D) / € 12,40 (A)
O Band 2
€ 14,00 (D) / € 14,40 (A)
O Band 1, 3 bis 4

BARRAGE

von Kohei Horikoshi
€ 6,99 (D) / € 7,20 (A)
O Band 1 bis 2
In 2 Bänden abgeschlossen

BATTLE ANGEL ALITA – PERFECT EDITION

von Yukito Kishiro
€ 19,99 (D) / € 20,60 (A)
O Band 1 bis 3
€ 24,99 (D) / € 25,70 (A)
O Band 4
In 4 Bänden abgeschlossen
€ 29,99 (D) / € 30,90 (A)
O Band 4 im Schuber
€ 89,99 (D) / € 92,60 (A)
O Band 1-4 im Schuber

ATTACK ON TITAN ANTHOLOGIE

von Div.
€ 19,99 (D) / € 20,60 (A)
O Attack on Titan Anthologie

ATTACK ON TITAN – BEFORE THE FALL

von Hajime Isayama
€ 6,95 (D) / € 7,20 (A)
O Band 1 bis 17
In 17 Bänden abgeschlossen

ATTACK ON TITAN CHARACTER GUIDE

von Hajime Isayama
€ 12,90 (D) / € 13,30 (A)
O Character Guide

ATTACK ON TITAN – DELUXE

von Hajime Isayama
€ 25,00 (D) / € 25,70 (A)
O Band 1 bis 6
O Band 7 10/20

ATTACK ON TITAN – INSIDE

von Hajime Isayama
€ 12,90 (D) / € 13,30 (A)
O Attack on Titan – Inside

ATTACK ON TITAN – LOST GIRLS

von Isayama, Seko & Fuji
€ 6,99 (D) / € 7,20 (A)
O Band 1 & 2
In 2 Bänden abgeschlossen

ATTACK ON TITAN – LOST GIRLS (Nippon Novel)

von Hiroshi Seko
€ 9,95 (D) / € 10,30 (A)
O AoT– Lost Girls

ATTACK ON TITAN – NO REGRETS

von Hajime Isayama
€ 6,95 (D) / € 7,20 (A)
O Band 1 & 2
In 2 Bänden abgeschlossen

ARTE

von Kei Ohkubo
€ 10,00 (D) / € 10,30 (A)
O Band 1
O Band 2 09/20
O Band 3 11/20
O Band 4 01/21
Bislang 13 Bände in Japan

ASSASSINATION CLASSROOM

von Yusei Matsui
€ 6,50 (D) / € 6,70 (A)
O Band 1 bis 21
In 21 Bänden abgeschlossen
€ 12,99 (D) / € 13,40 (A)
O Character Book

ASSASSINATION CLASSROOM – SCHUBER

von Yusei Matsui
€ 9,95 (D) / € 10,30 (A)
O Band 8 im Schuber
O Band 16 im Schuber
O Band 21 im Schuber
€ 49,90 (D) / € 51,30 (A)
O Band 1-8 im Schuber
€ 49,90 (D) / € 51,30 (A)
O Band 9-16 im Schuber
€ 29,95 (D) / € 30,80 (A)
O Band 17-21 im Schuber

ATTACK ON TITAN

von Hajime Isayama
€ 6,95 (D) / € 7,20 (A)
O Band 1 bis 29
O Band 30 11/20
O Band 31 02/21
Bislang 32 Bände in Japan
€ 9,95 (D) / € 10,20 (A)
O Band 10 im Schuber
O Band 15 im Schuber
O Band 20 im Schuber
O Band 25 im Schuber
O Band 30 im Schuber 11/20
€ 36,00 (D) / € 37,10 (A)
O Bände 1-5 im Schuber
O Bände 6-10 im Schuber
O Bände 11-15 im Schuber
O Bände 16-20 im Schuber
O Bände 21-25 im Schuber
O Bände 26-30 im Schuber 11/20

ATTACK ON TITAN – ANSWERS

von Hajime Isayama
€ 12,90 (D) / € 13,30 (A)
O Attack on Titan – Answers

12 JAHRE

von Nao Maita
€ 5,99 (D) / € 6,20 (A)
O Band 1 bis 13
O Band 14 01/21
In 20 Bänden abgeschlossen

ABE SADA

von Kazuo Kamimura
€ 14,99 (D) / € 15,50 (A)
O Band 1 & 2
In 2 Bänden abgeschlossen

ACID TOWN

von Kyugo
€ 7,95 (D) / € 8,20 (A))
O Band 6 12/20
Bislang 6 Bände in Japan

AKIRA – ORIGINAL EDITION

von Katsuhiro Otomo
€ 19,90 (D) / € 20,50 (A)
O Band 1 bis 3
€ 22,90 (D) / € 23,60 (A)
O Band 4 bis 6
In 6 Bänden abgeschlossen

ALICE IN MURDERLAND

von Kaori Yuki
€ 7,95 (D) / € 8,20 (A)
O Band 1 bis 11
In 11 Bänden abgeschlossen.

ALISIK

von Helge Vogt & Hubertus Rufledt
€ 8,99 (D) / € 9,30 (A)
O Band 1
€ 7,99 (D) / € 8,30 (A)
O Band 2 bis 4
In 4 Bänden abgeschlossen

ALPHA² – NEUEDITION

von Kamineo Kamoi
€ 14,00 (D) / € 14,40 (A)
O Alpha² - Neuedition

ANONYMOUS NOISE

von Ryoko Fukuyama
€ 5,00 (D) / € 6,20 (A)
O Band 1
€ 6,99 (D) / € 7,20 (A)
O Band 2 bis 15
O Band 16 10/20
O Band 17 02/21
In 18 Bänden abgeschlossen

CARLSEN MANGA! CHECKLIST

DIALOGE MIT MIR SELBST

von Kabi Nagata
€ 18,00 (D)/ € 18,50 (A)
O Band 1
O Band 2 01/21
In 2 Bänden abgeschlossen

DIE INSEL DER BESONDEREN KINDER

von Ransom Riggs
& Cassandra Jean
€ 14,90 (D) / € 15,20 (A)
O Die Insel der besonderen Kinder

DIE STADT DER BESONDEREN KINDER

von Ransom Riggs
& Cassandra Jean
€ 14,90 (D) / € 15,40 (A)
O Die Stadt der besonderen Kinder

DOUBT

von Yoshiki Tonogai
€ 7,95 (D) / € 8,20 (A)
O Band 1 bis 3
€ 8,95 (D) / € 9,20 (A)
O Band 4
In 4 Bänden abgeschlossen

DRAGON BALL

von Akira Toriyama
€ 6,50 (D) / € 6,70 (A)
O Band 1 bis 42
In 42 Bänden abgeschlossen

DRAGON BALL MASSIV

von Akira Toriyama
€ 5,00 (D) / € 5,20 (A)
O Band 1
€ 10,00 (D) / € 10,30 (A)
O Band 2 bis 6
O Band 7 09/20
O Band 8 11/20
O Band 9 01/21

DRAGON BALL SD

von Akira Toriyama (Original Story), Naho Ohishi
€ 7,95 (D) / € 8,20 (A)
O Band 1 bis 6
Bislang 6 Bände in Japan

BUDDHA

von Osamu Tezuka
€ 22,90 (D) / € 23,60 (A)
O 1 bis 10
In 10 Bänden abgeschlossen

CHIISAKOBEE

von Minetaro Mochizuki
€ 14,90 (D) / € 15,40 (A)
O Band 1 bis 4
In 4 Bänden abgeschlossen

COYOTE

von Ranmaru Zariya
€ 7,99 (D) / € 8,30 (A)
O Band 1 bis 2
O Band 3 01/21
Bislang 3 Bände in Japan

CROSS ACCOUNT

von Tsunehiro Date
€ 6,99 (D) / € 7,20 (A)
O Band 1 bis 4
In 4 Bänden abgeschlossen

DEFENSE DEVIL

von Youn In-Wan
& Yang Kyung-Il
€ 5,95 (D) / € 6,20 (A)
O Band 1 bis 10
In 10 Bänden abgeschlossen

DEPTH OF FIELD

von Enjo
€ 8,00 (D) / € 8,30 (A)
O Band 1 & 2
In 2 Bänden abgeschlossen

DER LIEBHABER

von Kan Takahama
€ 22,00 (D)/ € 22,70 (A)
O Der Liebhaber 11/20

DER MANN MEINES BRUDERS

von Gengoroh Tagame
€ 10,00 (D) / € 10,30 (A)
O Band 1 bis 4
In 4 Bänden abgeschlossen

DEVILS & REALIST

von Utako Yukihiro
& Madoka Takadono
€ 6,95 (D) / € 7,20 (A)
O Band 2 bis 13
€ 7,95 (D) / € 8,20 (A)
O Band 14
€ 8,95 (D) / € 9,20 (A)
O Band 15
In 15 Bänden abgeschlossen

BLACK BUTLER

von Yana Toboso
€ 6,95 (D) / € 7,20 (A)
O Band 1 bis 28
O Band 29 09/20
€ 14,90 (D) / € 15,40 (A)
O Black Butler Character Guide
Bislang 29 Bände in Japan

BLACK BUTLER ARTWORKS

von Yana Toboso
€ 24,90 (D) / € 25,60 (A)
O Band 2

BLACK LAGOON

von Rei Hiroe
€ 6,95 (D) / € 7,20 (A)
O Band 4
€ 7,95 (D) / € 8,20 (A)
O Band 1-3, 5-8, 10-11
€ 8,95 (D) / € 9,20 (A)
O Band 9
Bislang 11 Bände in Japan

BLOOM INTO YOU

von Nio Naketani
€ 6,99 (D) / € 7,20 (A)
O Band 1 bis 7
€ 7,99 (D) / € 8,30 (A)
O Band 8 11/20
In 8 Bänden abgeschlossen

BLUE FLAG

von Kaito
€ 7,99 (D) / € 8,30 (A)
O Band 1 bis 6
O Band 7 12/20
Bislang 7 Bände in Japan

BLUE GIANT SUPREME

von Shinichi Ishizuka
€ 8,00 (D) / € 8,30 (A)
O Band 1 & 2
O Band 3 11/20
O Band 4 02/21
In 11 Bänden abgeschlossen

BORDER

von Kazuma Kodaka
€ 6,95 (D) / € 7,20 (A)
O Band 1 bis 7
Bislang 7 Bände in Japan

BORUTO – NARUTO THE NEXT GENERATION

von Kishimoto & Kodachi
€ 6,50 (D) / € 6,70 (A)
O Band 1 bis 7
O Band 8 09/20
O Band 9 12/20
Bislang 11 Bände in Japan

BATTLE ANGEL ALITA – LAST ORDER PERFECT EDITION

von Yukito Kishiro
€ 14,99 (D) / € 15,50 (A)
O 1 bis 3, 5 bis 7
O Band 8 09/20
O Band 9 12/20
€ 16,99 (D) / € 17,50 (A)
O Band 4
In 12 Bänden abgeschlossen
€ 90,00 (D) / € 92,60 (A)
O Bände 1 bis 6 im Schuber mit Extra

BATTLE ANGEL ALITA – MARS CHRONICLE

von Yukito Kishiro
€ 6,95 (D) / € 7,20 (A)
O Band 1 bis 6
Bislang 6 Bände in Japan

BECOMING A GIRL ONE DAY

von Akane Ogura
€ 5,99 (D) / € 6,20 (A)
O Band 1 bis 4
In 4 Bänden abgeschlossen

BECOMING A GIRL ONE DAY – ANOTHER

von Akane Ogura
€ 5,99 (D) / € 6,20 (A)
O Band 1 bis 4
In 4 Bänden abgeschlossen

BILLY BAT

von Naoki Urasawa
& Takashi Nagasaki
€ 8,95 (D) / € 9,20 (A)
O Band 2 bis 8, 11 bis 16
€ 12,00 (D) / € 12,40 (A)
O Band 1, 3, 8-11, 17 bis 20
In 20 Bänden abgeschlossen

BL IS MAGIC!

von Oroken
€ 9,99 (D) / € 10,30 (A)
O Band 1 bis 2
O Band 3 09/20
In 4 Bänden abgeschlossen

BL METAMORPHOSEN – GEHEIMNIS EINER FREUNDSCHAFT

von Kaori Tsurutani
€ 8,00 (D)/ € 8,30 (A)
O Band 1 11/20
O Band 2 02/21
Bislang 4 Bände in Japan

CARLSEN MANGA! CHECKLIST

FOOD WARS – SHOKUGEKI NO SOMA

von Tsukuda & Saeki
€ 6,99 (D) / € 7,20 (A)
O Band 1 bis 27
O Band 28 10/20
O Band 29 12/20
O Band 30 02/21
In 36 Bänden abgeschlossen
€ 9,99 (D) / € 10,30 (A)
O Band 20 im Schuber mit Extra
O Band 30 im Schuber mit Extra 02/21
€ 69,90 (D) / € 71,80 (A)
O Bände 1-10 im Schuber
O Bände 11-20 im Schuber
O Bände 21-30 im Schuber 02/21

GANGSTA.

von Kohske
€ 7,95 (D) / € 8,20 (A)
O Band 1 bis 8
Bislang 8 Bände in Japan

GANGSTA: CURSED.

von Kohske/Kamo
€ 7,99 (D) / € 8,30 (A)
O Band 1 bis 5
Bislang 5 Bände in Japan

GEGEN DEN STROM

von Yoshihiro Tatsumi
€ 44,00 (D) / € 44,60 (A)
O Gegen den Strom

GELIEBTER AFFE

von Yoshihiro Tatsumi
€ 19,90 (D) / € 20,50 (A)
O Geliebter Affe

GYO DELUXE

von Junji Ito
€ 24,00 (D)/ € 24,70 (A)
O Gyo Deluxe 12/20

HARU x KIYO

von Akira Ozaki
€ 5,00 (D) / € 5,20 (A)
O Band 1
€ 7,00 (D)/ €7,20 (A)
O Band 2 bis 6
O Band 7 10/20
O Band 8 01/21
In 9 Bänden abgeschlossen

FAIRY TAIL SIDE STORIES

von Hiro Mashima & Kyota Shibano
€ 6,99 (D) / € 7,20 (A)
O Band 1 bis 3
In 3 Bänden abgeschlossen

FAIRY TAIL ZERO

von Hiro Mashima
€ 7,99 (D) / € 8,30 (A)
O Fairy Tail Zero

FAIRY TALE BATTLE ROYALE

von Soraho Ina
€ 7,00 (D) / € 7,20 (A)
O Band 1 bis 2
O Band 3 01/21
Bislang 4 Bände in Japan

FINAL FANTASY – LOST STRANGER

von Hazuki Minase, Itsuki Kameya
€ 12,99 (D) / € 13,40 (A)
O Band 1 bis 3
O Band 4 10/20
Bislang 5 Bände in Japan

FINAL FANTASY – TYPE-0

von Takatoshi Shiozawa
€ 6,99 (D) / € 7,20 (A)
O Band 1 bis 5
In 5 Bänden abgeschlossen
O Der Manga zum Game

FINAL FANTASY – OFFICIAL MEMORIAL ULTIMANIA BOOK

von Takatoshi Shiozawa
€ 39,99 (D) / € 41,20 (A)
O VII - IX
O I-VI 10/20
O X-XIV 03/21
In 3 Bänden abgeschlossen

FOCUS 10

von Martina Peters
€ 6,99 (D) / € 7,20 (A)
O Band 1 bis 7
O Band 8 12/20
In 10 Bänden abgeschlossen

FOLGE DEN WOLKEN NACH NORD-NORDWEST

von Aki Irie
€ 12,00 (D) / € 12,40 (A)
O Band 1 bis 3
O Band 4 02/21
Bislang 4 Bände in Japan

FAIRY TAIL

von Hiro Mashima
€ 6,50 (D) / € 6,70 (A)
O Band 1 bis 63
€ 9,99 (D) / € 10,30 (A)
O Band 60 limitiert
In 63 Bänden abgeschlossen

FAIRY TAIL ARTBOOKS

€ 19,95 (D) / € 20,60 (A)
O Fantasia
O Harvest

FAIRY TAIL BLUE MISTRAL

von Hiro Mashima
€ 5,95 (D) / € 6,20 (A)
O Band 1 bis 3
In 4 Bänden abgeschlossen

FAIRY TAIL – HAPPY'S ADVENTURE

von Kenshiro Sakamoto, Hiro Mashima
€ 7,00 (D) / € 7,20 (A)
O Band 1
Bislang 3 Bände in Japan

FAIRY TAIL – 100 YEARS QUEST

von Hiro Mashima, Atsuo Ueda
€ 7,00 (D) / € 7,20 (A)
O Band 1 bis 3
O Band 4 11/20
Bislang 6 Bände in Japan

FAIRY TAIL+

von Hiro Mashima
€ 8,95 (D) / € 9,20 (A)
O Fairy Tail+

FAIRY TAIL – HAPPYS ADVENTURE

von Hiro Mashima, Kenshiro Sakamoto
€ 7,00 (D) / € 7,20 (A)
O Band 1
O Band 2 09/20
O Band 3 12/20
Bislang 7 Bände in Japan

FAIRY TAIL S

von Hiro Mashima
€ 6,99 (D) / € 7,20 (A)
O Band 1 bis 2

DRAGON BALL SIDE STORIES

von Akira Toriyama, dragongarow LEE
€ 5,00 (D) / € 5,20 (A)
O Yamchu

DRAGON BALL SUPER

von Toriyama & Toyotarou
€ 6,50 (D) / € 6,70 (A)
O Band 1 bis 9
O Band 10 10/20
O Band 11 02/21
€ 9,99 (D) / € 10,30 (A)
O Band 5 im Schuber
O Band 10 im Schuber
€ 29,99 (D) / € 30,90 (A)
O Bände 1-5 im Schuber
O Bände 6-10 im Schuber
Bislang 13 Bände in Japan

DREAMIN' SUN

von Ichigo Takano
€ 6,99 (D) / € 7,20 (A)
O Band 1 bis 9
€ 8,99 (D) / € 9,20 (A)
O Band 10
In 10 Bänden abgeschlossen

DR. STONE

von Inagaki & BOICHI
€ 7,00 (D) / € 7,20 (A)
O Band 1 bis 7
O Band 8 10/20
O Band 9 12/20
Bislang 16 Bände in Japan

EDENS ZERO

von Hiro Mashima
€ 7,00 (D)/ €7,20 (A)
O Band 1 bis 6
O Band 7 10/20
O Band 8 01/21
€ 10,00 (D) / € 10,30 (A)
O Band 7 - limitierte Ausgabe 10/20
Bislang 9 Bände in Japan

EXISTENZEN UND ANDERE ABGRÜNDE

von Yoshihiro Tatsumi
€ 19,90 (D) / € 20,50 (A)
O Existenzen und ...

FAIRY GIRLS

von Hiro Mashima
€ 6,99 (D) / € 7,20 (A)
O Band 1 bis 4
In 4 Bänden abgeschlossen

CARLSEN MANGA! CHECKLIST

JUNJO ROMANTICA

von Shungiku Nakamura
€ 6,95 (D) / € 7,20 (A)
O Band 1, 5, 7-9, 11-12, 19-21
O Band 22 12/20
€ 10,00 (D) / € 10,30 (A)
O Band 2-4, 6, 10, 13-18
Bislang 23 Bände in Japan

KAMISAMA DARLING

von Kyoko Aiba
€ 6,99 (D) / € 7,20 (A)
O Band 1 bis 8
In 8 Bänden abgeschlossen

KATSURA & TORIYAMA SHORT STORIES

von Akira Toriyama und Masakazu Katsura
€ 6,95 (D) / € 7,20 (A)
O Katsura & Toriyama Short Stories

KILLING BITES

von Shinya Murata & Kazasa Sumita
€ 7,95 (D) / € 8,20 (A)
O Band 1 bis 11
O Band 12 10/20
O Band 13 02/21
Bislang 15 Bände in Japan

KLEINE KATZE CHI

von Konami Kanata
€ 9,95 (D) / € 10,30 (A)
O Band 1 bis 12
In 12 Bänden abgeschlossen

KOROSENSEI QUEST!

von Yusei Matsui & Kizuku Watanabe
€ 6,50 (D) / € 6,70 (A)
O Band 1 bis 4
O Band 5 01/21
In 5 Bänden abgeschlossen

LADY SNOWBLOOD (NEUEDITION)

von Kazuo Koike & Kazuo Kamimura
€ 19,99 (D) / € 20,60 (A)
O Band 1 & 2
€ 16,99 (D) / € 17,50 (A)
O Band 3
In 3 Bänden abgeschlossen

I HEAR THE SUNSPOT

von Yuki Fumino
€ 7,99 (D) / € 8,30 (A)
O Band 1
€ 9,99 (D) / € 10,30 (A)
O Band 2 10/20
Bisher 2 Bände in Japan

I HEAR THE SUNSPOT – LIMIT

von Yuki Fumino
€ 7,99 (D) / € 8,30 (A)
O Band 1 11/20
O Band 2 12/20
In 3 Bänden abgeschlossen

IM – GREAT PRIEST IMHOTEP

von Makoto Morishita
€ 6,99 (D) / € 7,20 (A)
O Band 1 bis 8
O Band 9 09/20
O Band 10 12/20
In 11 Bänden abgeschlossen

IN THIS CORNER OF THE WORLD

von Fumiyo Kouno
€ 12,99 (D) / € 13,40 (A)
O Band 1 bis 3
In 3 Bänden abgeschlossen

IS DOROTHY IN A BAD TEMPER?

von Sora Hoonoki
€ 6,99 (D) / € 7,20 (A)
O Band 1 bis 3
In 3 Bänden abgeschlossen

JAPANISCH FÜR MANGA-FANS

von Thora Kerner & Jin Baron
€ 16,00 (D) / € 16,50 (A)
O Sammelband

JUDGE

von Yoshiki Tonogai
€ 7,95 (D) / € 8,20 (A)
O Band 1 bis 5
€ 8,95 (D) / € 9,20 (A)
O Band 6
In 6 Bänden abgeschlossen

JUMPING

von Asahi Tsutsui
€ 7,00 (D) / € 7,20 (A)
O Band 1 & 2
O Band 3 09/20
O Band 4 12/20
In 4 Bänden abgeschlossen

H.P.LOVECRAFTS DER HUND UND ANDERE GESCHICHTEN

von Gou Tanabe
€ 12,00 (D) / € 12,40 (A)
O H.P. Lovecrafts Der Hund ...

H.P. LOVECRAFTS DER LEUCHTENDE TRAPEZOEDER

von Gou Tanabe
€ 12,00 (D) / € 12,40 (A)
O H.P. Lovecrafts Der leuchtende Trapezoeder 02/21

H.P.LOVECRAFTS DIE FARBE AUS DEM ALL

von Gou Tanabe
€ 12,00 (D) / € 12,40 (A)
O H.P. Lovecrafts Die Farbe aus dem All

HUNTER X HUNTER

Yoshihiro Togashi
€ 6,95 (D) / € 7,20 (A)
O 1 bis 36
Bislang 36 Bände in Japan

I AM A HERO IN IBARAKI

von Kengo Hanazawa
€ 8,99 (D) / € 9,30 (A)
O I am a Hero in Ibaraki

I AM A HERO IN NAGASAKI

von Kengo Hanazawa
€ 8,99 (D) / € 9,30 (A)
O I am a Hero in Nagasaki

I AM A HERO IN OSAKA

von Kengo Hanazawa
€ 8,99 (D) / € 9,30 (A)
O I am a Hero in Osaka

I AM SHERLOCK

von TAKATA & Io
€ 7,00 (D)/ € 7,20 (A)
O Band 1 bis 4
In 4 Bänden abgeschlossen

I HAD THAT SAME DREAM AGAIN

von Yoru Sumino, Idumi Kirihara
€ 7,00 (D)/ € 7,20 (A)
O Band 1
O Band 2 09/20
O Band 3 12/20
In 3 Bänden abgeschlossen

HE'S MY VAMPIRE

von Aya Shouoto
€ 6,95 (D) / € 7,20 (A)
O Band 1 bis 10
In 10 Bänden abgeschlossen

HIGHSCHOOL OF THE DEAD

von Daisuke Sato & Shouji Sato
€ 6,95 (D) / € 7,20 (A)
O Band 1 bis 5, 7
Bislang 7 Bände in Japan

HITOTSUBANA

von Minami
€ 8,00 (D) / € 8,30 (A)
O Band 1 bis 4
O Band 5 09/20
O Band 6 12/20
In 7 Bänden abgeschlossen

HOW TO DRAW MANGA

von Hikaru Hayashi u. a.
€ 9,95 (D) / € 10,30 (A)
O Manga-Charaktere in Bewegung
€ 16,90 (D) / € 17,40 (A)
O Ninja und Samurai
€ 17,90 (D) / € 18,40 (A)
O Manga-Figuren entwickeln
€ 19,90 (D) / € 20,50 (A)
O Manga-Skizzen zeichnen
O Character Design – Tipps und Tricks
O Manga aus der richtigen Perspektive
O Oberflächen und Strukturen
O Manga-Figuren in ihrer Umwelt
O Perfekte Proportionen im Manga
O Grundlagen der Manga-Kunst
€ 24,90 (D) / € 25,60 (A)
O Manga-Geschichten entwickeln
O Kolorieren mit Copic-Stiften
O Kolorieren mit Aquarellbuntstiften

H.P. LOVECRAFTS BERGE DES WAHNSINNS

von Gou Tanabe
€ 18,00 (D)/ € 18,50 (A)
O Band 1
O Band 2 11/20
In 2 Bänden abgeschlossen

CARLSEN MANGA! CHECKLIST

MY HERO ACADEMIA
von Kohei Horikoshi
€ 6,99 (D) / € 7,20 (A)
O Band 1 bis 23
O Band 24 09/20
O Band 25 11/20
O Band 26 02/21
Bislang 27 Bände in Japan
€ 10,00 (D) / € 10,30 (A)
O My Hero Academia - Ultra Archive
O Band 25 Limitierte Edition 11/20
€ 12,99 (D) / € 13,40 (A)
O My Hero Academia - Ultra Analysis 12/20

MY HERO ACADEMIA SMASH
von Kohei Horikoshi, Hirofumi Neda
€ 5,00 (D) / € 5,20 (A)
O Band 1 bis 5
Bislang 5 Bände in Japan

MY ROOMMATE IS A CAT
von Tsunami Minatsuki, Asu Futatsuya
€ 7,00 (D) / € 7,20 (A)
O Band 1 & 2
O Band 3 11/20
Bislang 6 Bände in Japan

MY SECRET WHICH I CANNOT TELL YOU
von Kyoko Aiba
€ 6,99 (D) / € 7,20 (A)
O My Secret Which I Cannot Tell You

NARUTO
von Masashi Kishimoto
€ 6,50 (D) / € 6,70 (A)
O Band 1 bis 72
In 72 Bänden abgeschlossen
O Der siebte Hokage und der scharlachrote Frühling
€ 9,95 (D) / € 10,30 (A)
O Naruto: Die Schriften des Sha
O Naruto: Die Schriften des Tō
€ 12,95 (D) / € 13,40 (A)
O Naruto: Die Schriften des Jin
€ 19,95 (D) / € 20,60 (A)
O Artbook »Naruto Uzumaki«

NARUTO MASSIV
von Masashi Kishimoto
€ 5,00 (D) / € 5,20 (A)
O Band 1
€ 9,99 (D) / € 10,30 (A)
O Band 2 bis 24
In 24 Bänden abgeschlossen

MIMIC ROYAL PRINCESS
von Yukihiro & Musashino
€ 6,95 (D) / € 7,20 (A)
O Band 1 bis 5
Bislang 5 Bände in Japan

MOB PSYCHO 100
von ONE
€ 6,66 (D) / € 6,90 (A)
O Band 1 bis 15
O Band 16 10/20
In 16 Bänden abgeschlossen

MONSTER – PERFECT EDITION
von Naoki Urasawa
€ 20,00 (D) / € 20,60 (A)
O Band 1 bis 5
O Band 6 11/20
O Band 7 02/21
In 9 Bänden abgeschlossen

MORIARTY THE PATRIOT
von Ryosuke Takeuchi
€ 9,99 (D) / € 10,30 (A)
O Band 1 bis 8
O Band 9 12/20
Bislang 12 Bände in Japan

MOTHER'S SPIRIT
von Enzo
€ 7,99 (D) / € 8,30 (A)
O Band 1 & 2
Bislang 2 Bände in Japan

MOTOKARE RETRY
von En Hanaya
€ 6,99 (D) / € 7,20 (A)
O Band 1 bis 7
In 7 Bänden abgeschlossen

MOVING FORWARD
von Nagamu Nanaji
€ 5,00 (D) / € 5,20 (A)
O Band 1
€ 7,00 (D) / € 7,20 (A)
O Band 2 bis 4
O Band 5 11/20
O Band 6 02/21
In 11 Bänden abgeschlossen

MURCIÉLAGO
von Yoshimura Kana
€ 7,99 (D) / € 8,30 (A)
O Band 1 bis 12
O Band 13 01/21
Bislang 17 Bände in Japan

MANGA LOVE STORY
von Katsu Aki
€ 6,95 (D) / € 7,20 (A)
O Band 70-74
O Band 75 12/20
Bislang 80 Bände in Japan

MANGA-ZEICHENSTUDIO
von Kaneda Koubou u.a.
€ 19,90 (D) / € 20,50 (A)
O Hände und Füße
O Gesichter und Emotionen
O Manga Master Book
O Grundlagen der Anatomie
O Mädchen in coolen Posen
O Emotionen und Mimik ausdrucksstark zeichnen
O Manga Basics
O Figuren & Hintergründe
€ 20,00 (D) / € 20,60 (A)
O Charmante Charaktere
€ 24,90 (D) / € 25,60 (A)
O Spannende Geschichten erzählen

MASHIMA-EN
von Hiro Mashima
€ 6,95 (D) / € 7,20 (A)
O Band 1 & 2
In 2 Bänden abgeschlossen

MASHIMA HERO'S
von Hiro Mashima
€ 7,00 (D) / € 7,20 (A)
O Mashima HERO'S 02/21

MEINE LESBISCHE ERFAHRUNG MIT EINSAMKEIT
von Kabi Nagata
€ 15,00 (D) / € 15,50 (A)
O Meine lesbische Erfahrung mit Einsamkeit

MELANCHOLISCHER MORGEN, EIN
von Shoko Hidaka
€ 6,95 (D) / € 7,20 (A)
O Band 1 & 2
€ 7,95 (D) / € 8,20 (A)
O Band 3 bis 7
€ 9,95 (D) / € 10,30 (A)
O Band 8
In 8 Bänden abgeschlossen

MERMAID PRINCE
von Kaori Ozaki
€ 8,00 (D) / € 8,30 (A)
O Mermaid Prince

LETZTE REISE DER SCHMETTERLINGE, DIE
von Kan Takahama
€ 14,90 (D) / € 15,40 (A)
O Die letzte Reise der Schmetterlinge

LIBERI-PROJEKT, DAS
von Tamasaburo
€ 6,95 (D) / € 7,20 (A)
O Band 1 bis 3
In 3 Bänden abgeschlossen

LITTLE WITCH ACADEMIA
von Keisuke Sato, Ryo Yoshinari, Yoh Yoshinari
€ 6,99 (D) / € 7,20 (A)
O Band 1 bis 3
€ 24,00 (D) / € 24,70 (A)
O Band 1 bis 3 im Sammelschuber
In 3 Bänden abgeschlossen

LIQUOR & CIGARETTE
von Ranmaru Zariya
€ 8,00 (D) / € 8,30 (A)
O Einzelband

LUPUS IN FABULA
von Kamineo
€ 7,95 (D) / € 8,20 (A)
O Band 1 bis 3
In 3 Bänden abgeschlossen

MACHIMAHO – MAGICAL GIRL BY ACCIDENT
von Souryu
€ 7,99 (D) / € 8,30 (A)
O Band 1 bis 5
O Band 6 11/20
Bislang 8 Bände in Japan

MAGUS OF THE LIBRARY
von Mitsu Izumi
€ 12,00 (D) / € 12,40 (A)
O Band 1
€ 14,00 (D) / € 14,40 (A)
O Band 2
€ 16,00 (D) / € 16,50 (A)
O Band 3
Bislang 4 Bände in Japan

MAID-SAMA
von Hiro Fujiwara
€ 5,95 (D) / € 6,20 (A)
O Band 1 bis 18
In 18 Bänden abgeschlossen
O Maid-sama Marriage

CARLSEN MANGA! CHECKLIST

PLEASE LOVE ME

von Aya Nakahara
€ 5,00 (D) / € 5,20 (A)
O Band 1
€ 7,00 (D) / € 7,20 (A)
O Band 2 bis 5
O Band 6 09/20
O Band 7 12/20
In 10 Bänden abgeschlossen

PLUTO: URASAWA X TEZUKA

von Tezuka, Urasawa & Nagasaki
€ 14,90 (D) / € 15,30 (A)
O Band 1
€ 12,90 (D) / € 13,30 (A)
O Band 2 bis 7
€ 16,90 (D) / € 17,40 (A)
O Band 8
In 8 Bänden abgeschlossen

POISON CITY

von Tetsuya Tsutsui
€ 7,99 (D) / € 8,30 (A)
O Band 1 & 2
In 2 Bänden abgeschlossen

PONE – POSUKA DEMIZU ARTBOOK

€ 20,00 (D) / € 20,60 (A)
O Pone - Posuka Demizu Artbook

Q (KU)

von Tatsuya Shihira
€ 7,99 (D) / € 8,30 (A)
O Band 1 bis 3
€ 8,99 (D) / € 9,30 (A)
O Band 4
In 4 Bänden abgeschlossen

REAKTOR 1F – EIN BERICHT AUS FUKUSHIMA

von Kazuto Tatsuta
€ 12,99 (D) / € 13,40 (A)
O Band 1 bis 3
In 3 Bänden abgeschlossen

RENTAL GIRLFRIEND

von Reiji Miyajima
€ 7,00 (D) / € 7,20 (A)
O Band 1 bis 4
O Band 5 10/20
O Band 6 12/20
O Band 7 02/21
Bislang 14 Bände in Japan

OPUS

von Satoshi Kon
€ 14,90 (D) / € 15,40 (A)
O Band 1 & 2
In 2 Bänden abgeschlossen

ORANGE

von Ichigo Takano
€ 7,99 (D) / € 8,30 (A)
O Band 1 bis 6
Bislang 6 Bände in Japan

OUR SUMMER HOLIDAY

von Kaori Ozaki
€ 7,99 (D) / € 8,30 (A)
O Our Summer Holiday

OVERLORD

von Maruyama & Miyama
€ 6,99 (D) / 7,20 (A)
O Band 1 bis 11
O Band 12 09/20
Bislang 13 Bände in Japan

OVERLORD Official Comic À La Carte Anthology

von Kugane Maruyama, diverse
€ 7,00 (D) / € 7,20 (A)
O Band 1 & 2
O Band 3 11/20
Bislang 3 Bände in Japan

PANDORAHEARTS

von Jun Mochizuki
€ 6,95 (D) / € 7,20 (A)
O Band 1-3, 5-17, 19, 21
€ 7,95 (D) / € 8,20 (A)
O Band 18, 20
€ 8,95 (D) / € 9,20 (A)
O Band 22 & 23
€ 10,00 (D) / € 10,30 (A)
O Band 4
€ 14,00 (D) / € 14,40 (A)
O Band 24
In 24 Bänden abgeschlossen

PERSONAL PARADISE NEUEDITION

von Melanie Schober
€ 6,99 (D) / € 7,20 (A)
O Personal Paradise
O Miss Misery
O Assassin Angel
O Killer Kid I
O Killer Kid II
O Brave Brother 1.0
O Brave Brother 2.0
€ 9,99 (D) / € 10,30 (A)
O Brave Brother 1.0 lim. Ausgabe mit Schuber

OLD BOY

von Tsuchiya Garon & Minegishi Nobuaki
€ 12,00 (D) / € 12,40 (A)
O Band 1 bis 4
In 4 Bänden abgeschlossen

ONE PIECE

von Eiichiro Oda
€ 6,50 (D) / € 6,70 (A)
O Band 1 bis 94
O Band 95 10/20
O Band 96 01/21
Bislang 96 Bände in Japan
€ 8,95 (D) / € 9,20 (A)
O One Piece Red
O One Piece Blue
€ 9,95 (D) / € 10,30 (A)
O One Piece Blue Deep
O One Piece Yellow
€ 12,95 (D) / € 13,40 (A)
O One Piece Green

ONE PIECE: FLUCH DES HEILIGEN SCHWERTS

von Eiichiro Oda
€ 7,95 (D) / € 8,20 (A)
O Band 1 & 2
In 2 Bänden abgeschlossen

ONE PIECE PARTY

von Andoh & Oda
€ 6,50 (D) / € 6,70 (A)
O Band 1 bis 5
Bislang 6 Bände in Japan

ONE PIECE – SANJIS LECKERE PIRATENREZEPTE

von Eiichiro Oda
€ 24,90 (D) / € 25,60 (A)
O Einzelband

ONE PIECE QUIZ BOOK

von Eiichiro Oda
€ 14,00 (D) / € 14,40 (A)
O Band 1

ONE PIECE Z

von Eiichiro Oda
€ 9,95 (D) / € 10,20 (A)
O Band 1 & 2
In 2 Bänden abgeschlossen

ONE WEEK FRIENDS

von Matcha Hazuki
€ 6,99 (D) / € 7,20 (A)
O Band 1 bis 7
In 7 Bänden abgeschlossen

NARUTO – THE MOVIE: GEHEIMMISSION IM LAND DES EWIGEN SCHNEES

von Masashi Kishimoto & JUMP Comics
€ 7,95 (D) / € 8,20 (A)
O Band 1 & 2
In 2 Bänden abgeschlossen

NARUTO – THE MOVIE: DIE LEGENDE DES STEINS GELEL

von Masashi Kishimoto
€ 7,95 (D) / € 8,20 (A)
O Band 1 & 2
In 2 Bänden abgeschlossen

NARUTO – THE MOVIE: SHIPPUDEN

von Masashi Kishimoto
€ 12,95 (D) / € 13,40 (A)
O Naruto - The Movie: Shippuden
O Naruto - The Movie: Shippuden-Fesseln
O Naruto - The Movie: Shippuden - Die Erben des Willens des Feuers
O Naruto - The Movie: Shippuden - Lost Tower

NARUTO – THE MOVIE: SONDERMISSION IM LAND DES MONDES

von Masashi Kishimoto
€ 7,95 (D) / € 8,20 (A)
O Band 1 & 2
In 2 Bänden abgeschlossen

NEON GENESIS EVANGELION

von Gainax & Yoshiyuki Sadamoto
€ 6,95 (D) / € 7,20 (A)
O Band 1 bis 14
In 14 Bänden abgeschlossen

NO EXIT

von Haruhi Seta
€ 6,99 (D) / € 7,20 (A)
O Band 1 bis 13
In 14 Bänden abgeschlossen

OKITENEMURU

von Hitori Renda
€ 7,99 (D) / € 8,20 (A)
O Band 1 bis 9
In 9 Bänden abgeschlossen

CARLSEN MANGA! CHECKLIST

SOUL EATER SOUL ART
von Atsushi Ohkubo
€ 24,90 (D) / € 25,60 (A)
O Band 2

SPLATOON
von Sankichi Hinodeya
€ 6,99 (D) / € 7,20 (A)
O Band 1 bis 8
O Band 9 11/20
Bislang 12 Bände in Japan

STILLE WASSER
von Kan Takahama
€ 16,90 (D) / € 17,40 (A))
O Stille Wasser

SUNNY
von Taiyo Matsumoto
€ 16,00 (D) / € 16,50 (A)
O Band 1 10/20
O Band 2 01/21
In 6 Bänden abgeschlossen

SÜSSE KATZE CHI: CHI'S SWEET ADVENTURES
von Konami Kanata, Kinoko Natsume
€ 8,00 (D) / € 8,30 (A)
O Band 1
O Band 2 10/20
O Band 3 01/21
In 4 Bänden abgeschlossen

SUPER DRAGON BALL HEROES
von Yoshitaka Nagayama
€ 6,50 (D) / € 6,70 (A)
O Band 1 & 2
Bislang 3 Bände in Japan

SUPER DRAGON BALL HEROES UNIVERSE MISSION
von Yoshitaka Nagayama
€ 6,50 (D) / € 6,70 (A)
O Band 1 12/20
Bislang 2 Bände in Japan

TAKANE UND HANA
von Yuki Shiwasu
€ 5,00 (D) / € 5,20 (A)
O Band 1
€ 6,99 (D) / € 7,20 (A)
O Band 2 bis 11
O Band 12 10/20
O Band 13 01/21
In 18 Bänden abgeschlossen

SHIKIGAMI
von Yasaiko Midorihana
€ 10,00 (D) / € 10,30 (A)
O Einzelband

SKETCH EVERY DAY
von Simone Grünewald
€ 20,00 (D) / € 20,60 (A)
O Sketch Every Day 10/20

SKIP BEAT!
von Yoshiki Nakamura
€ 6,95 (D) / € 7,20 (A)
O Band 1 bis 43
O Band 44 10/20
Bislang 45 Bände in Japan

SHURIKEN UND FALTENROCK
von Matsuri Hino
€ 6,99 (D) / € 7,20 (A)
O Band 1 & 2
In 2 Bänden abgeschlossen

SKULL PARTY
von Melanie Schober
€ 6,95 (D) / € 7,20 (A)
O Band 1 bis 4
In 4 Bänden abgeschlossen

SNACK WORLD
von Level-5, sho.t
€ 7,00 (D) / € 7,20 (A)
O Band 1
O Band 2 11/20
In 2 Bänden abgeschlossen

SOUL EATER
von Atsushi Ohkubo
€ 6,50 (D) / € 6,70 (A)
O Band 1 bis 24
€ 7,95 (D) / € 8,20 (A)
O Band 25
In 25 Bänden abgeschlossen

SOUL EATER MASSIV
von Atsushi Ohkubo
€ 5,00 (D) / € 5,20 (A)
O Band 1 10/20
€ 8,00 (D) / € 8,30 (A)
O Band 2 12/20
O Band 3 02/21
In 12 Bänden abgeschlossen

SOUL EATER GUIDE BOOK
von Atsushi Ohkubo
€ 8,95 (D) / € 9,20 (A)
O Soul Eater Guide Book

SCHNEEBALLEN
von Inga Steinmetz
€ 12,00 (D) / € 12,40 (A)
O Schneeballens Fall
€ 14,00 (D) / € 14,40 (A)
O Schneeballen – Verliebt in Japan

SCHOKOHEXE, DIE
von Rino Mizuho
€ 6,50 (D) / € 6,70 (A)
O Band 1-8, 10-16
O Band 17 01/21
€ 10,- (D) € 10,30 (A)
O Band 9
Bislang 18 Bände in Japan

SEARCH AND DESTROY
von Osamu Tezuka, Atsushi Kaneko
€ 15,00 (D) / € 15,50 (A)
O Band 1 12/20
In 3 Bänden abgeschlossen

SEKAIICHI HATSUKOI
von Shungiku Nakamura
€ 6,95 (D) / € 7,20 (A)
O Band 1, 3, 8-12
€ 10,- (D) € 10,30 (A)
O Band 2, 4-7
€ 6,95 (D) €7,20 (A)
O Band 13 02/21
Bislang 14 Bände in Japan

SEVEN DEADLY SINS
von Suzuki Nakaba
€ 6,50 (D) / € 6,70 (A)
O Band 1 bis 32
O Band 33 09/20
O Band 34 11/20
O Band 35 01/21
In 41 Bänden abgeschlossen

SHERLOCK
von Jay, Gatiss & Moffat
€ 12,99 (D) / € 13,40 (A)
O Band 1, 2 und 4
€ 14,99 (D) / € 15,50 (A)
O Band 3
€ 39,99 (D) / € 41,20 (A)
O Band 1 bis 3 im Schuber
Bislang 4 Bände in Japan

SHIBA – EIN HUND ZUM VERLIEBEN
von Mayumi Muroyama
€ 7,00 (D) / € 7,20 (A)
O Shiba – Ein Hund zum Verlieben 09/20

REQUIEM OF THE ROSE KING
von Aya Kanno
€ 9,99 (D) / € 10,30 (A)
O Band 1 bis 10
O Band 11 12/20
Bislang 13 Bände in Japan

ROCK THE CLOCKWORK WORLD
von Hidezaku Gomi
€ 6,99 (D) / € 7,20 (A)
O Band 1 bis 3
In 3 Bänden abgeschlossen

RYUKO
von Eldo Yoshimizu
€ 14,99 (D) / € 15,50 (A)
O Band 1 bis 2
In 2 Bänden abgeschlossen

SACRIFICE TO THE KING OF BEASTS
von Yu Tomofuji
€ 6,99 (D) / € 7,20 (A)
O Band 1 bis 9
O Band 10 11/20
Bislang 13 Bände in Japan

SAKURA – I WANT TO EAT YOUR PANCREAS
von Yoru Sumino
€ 7,99 (D) / € 8,20 (A)
O Band 1 & 2
In 2 Bänden abgeschlossen

SAMURAI8
von Masashi Kishimoto, Akira Okubo
€ 7,00 (D) / € 7,20 (A)
O Band 1 bis 3
O Band 4 11/20
O Band 5 02/21
In 5 Bänden abgeschlossen

SANTA MARIA HEARTLAND
von Rise Torio
€ 8,50 (D) / € 8,80 (A)
O Santa Maria Heartland 10/20

SCHATTENARIE
von Zofia Garden & Anne Delseit
€ 6,95 (D) / € 7,20 (A)
O Band 1 & 2
In 2 Bänden abgeschlossen

CARLSEN MANGA! CHECKLIST

WALKINDER, DIE

von Abi Umeda
€ 6,99 (D) / € 7,20 (A)
O Band 1 bis 11
O Band 12 09/20
O Band 13 12/20
Bislang 17 Bände in Japan

WEEKLY SHONEN HITMAN

von Kouji Seo
€ 7,00 (D) / € 7,20 (A)
O Band 1 12/20
O Band 2 02/21
Bislang 10 Bände in Japan

WER BIST DU ZUR BLAUEN STUNDE

von Yuhki Kamatani
€ 10,00 (D) / € 10,30 (A)
O Band 1 bis 3
€ 12,00 (D) / € 12,40 (A)
O Band 4
In 4 Bänden abgeschlossen

WET MOON

von Atsushi Kaneko
€ 19,90 (D) / € 20,50 (A)
O Band 1 & 2
€ 24,90 (D) / € 25,60 (A)
O Band 3
In 3 Bänden abgeschlossen

YAKUZA GOES HAUSMANN

von Kousuke Oono
€ 7,50 (D) / € 7,80 (A)
O Band 1 bis 3
O Band 4 01/21
Bislang 5 Bände in Japan

YAMADA-KUN AND THE SEVEN WITCHES

von Miki Yoshikawa
€ 5,95 (D) / € 6,20 (A)
O Band 1 bis 28
In 28 Bänden abgeschlossen

ZWEI ESPRESSO

von Kan Takahama
€ 12,90 (D) / € 13,30 (A)
O Zwei Espresso

TRIAGE X

von Shouji Sato
€ 6,95 (D) / € 7,20 (A)
O Band 1 bis 5
€ 7,95 (D) / € 8,20 (A)
O Band 6 bis 18
O Band 19 09/20
Bislang 21 Bände in Japan

TRIAGE X – TRIBUTE

von Shouji Sato
€ 7,95 (D) / € 8,20 (A)
O Triage X - Tribute

UNLUCKY YOUNG MEN

von Fujiwara/Otsuka
€ 19,90 (D) / € 20,50 (A)
O Band 1 & 2
In 2 Bänden abgeschlossen

UNSERE FARBEN

von Gengoroh Tagame
€ 10,00 (D) / € 10,30 (A)
O Band 1 09/20
O Band 2 01/21
In 3 Bänden abgeschlossen

UZUMAKI DELUXE

von Junji Ito
€ 28,00 (D) / € 28,80 (A)
O Uzumaki Deluxe

VAMPIRE KNIGHT – MEMORIES

von Matsuri Hino
€ 6,99 (D) / € 7,20 (A)
O Band 1 bis 4
O Band 5 01/21
Bislang 6 Bände in Japan

VIGILANTE – MY HERO ACADEMIA ILLEGALS

von Horikoshi, Furuhashi & Court
€ 6,99 (D) / € 7,20 (A)
O Band 1 bis 7
O Band 8 01/21
Bislang 9 Bände in Japan

VINLAND SAGA

von Makoto Yukimura
€ 7,95 (D) / € 8,20 (A)
O Band 1 bis 22
O Band 23 10/20
Bislang 23 Bände in Japan

THE GOLDEN SHEEP

von Kaori Ozaki
€(D) 8,00 / €(A) 8,30
O Band 1 & 2
O Band 3 09/20
In 3 Bänden abgeschlossen

THE HEROIC LEGEND OF ARSLAN

von Yoshiki Tanaka
€ 6,99 (D) / € 7,20 (A)
O Band 1 bis 10
O Band 11 09/20
O Band 12 02/21
Bislang 13 Bände in Japan
€ 7,50 (D) / € 7,80 (A)
O The Heroic Legend of Arslan Doppelpack 1+2

THE PROMISED NEVERLAND

von Shirai & Demizu
€ 6,99 (D) / € 7,20 (A)
O Band 1 bis 13
O Band 14 09/20
O Band 15 11/20
O Band 16 01/21
In 20 Bänden abgeschlossen

THE ROYAL TUTOR

von Higasa Akai
€ 6,99 (D) / € 7,20 (A)
O Band 1 bis 11
O Band 12 10/20
Bislang 14 Bände in Japan
€ 7,50 (D) / € 7,80 (A)
O The Royal Tutor Doppelpack 1+2

3/11 – TAGEBUCH NACH FUKUSHIMA

von Yuko Ichimura & Tim Rittmann
€ 12,90 (D) / € 13,30 (A)
O 3/11–Tagebuch nach Fukushima

TO THE ABANDONED SACRED BEASTS

von Maybe
€ 6,99 (D) / € 7,20 (A)
O Band 1 bis 9
O Band 10 01/21
Bislang 10 Bände in Japan

TORIYAMA SHORT STORIES

von Akira Toriyama
€ 5,95 (D) / € 6,20 (A)
O Band 2 bis 4, 7
€ 6,95 (D) / € 7,20 (A)
O Band 6
€ 7,95 (D) / € 8,20 (A)
O Band 5
Bislang 8 Bände in Japan

TANIGUCHI, JIRO

von Jiro Taniguchi
€ 12,90 (D) / € 13,.30 (A)
O Der Gourmet 2
€ 14,90 (D) / € 15,40 (A)
O Der spazierende Mann
O Der Gourmet
€ 16,00 (D) / € 16,50 (A)
O Der Kartograph
O Die Schrift des Windes
O Von der Natur des Menschen
€ 16,90 (D) / € 17,40 (A)
O Ihr Name war Tomoji
€ 20,00 (D) / € 20,60 (A)
O Im Jahrtausendwald
€ 22,00 (D)/ € 22,70 (A)
O Unruhige Geister und stille Gefährten
€ 25,00 (D) / € 25,70 (A)
O Der spazierende Mann (erw. Neuausgabe) 02/21
€ 28,00 (D) / € 28,80 (A)
O Der Himmel ist blau, die Erde ist weiß – Gesamtausgabe
€ 29,90 (D) / € 30,80 (A)
O Venedig

TEMPEST CURSE

von Martina Peters
€ 6,95 (D) / € 7,20 (A)
O Band 1 bis 3
In 3 Bänden abeschlossen

THE ART OF SPLATOON

€ 40,00 (D) / € 41,20 (A)
O The Art of Splatoon

THE BOOK OF LIST - GRIMM'S MAGICAL ITEMS

von Izuco Fujiya
€ 6,95 (D) / € 7,20 (A)
O Band 1 bis 5
€ 8,95 (D) / € 9,20 (A)
O Band 6
In 6 Bänden abeschlossen

THE CASE STUDY OF VANITAS

von Jun Mochizuki
€ 7,99 (D) / € 8,30 (A)
O Band 1 bis 7
Bislang 8 Bände in Japan

THE DEMON PRINCE

von Aya Shouoto
€ 6,95 (D) / € 7,20 (A)
O Band 1 bis 15
O Band 16 11/20
In 16 Bänden abgeschlossen
€ 7,50 (D) / € 7,80 (A)
O The Demon Prince Doppelpack 1+2 10/20

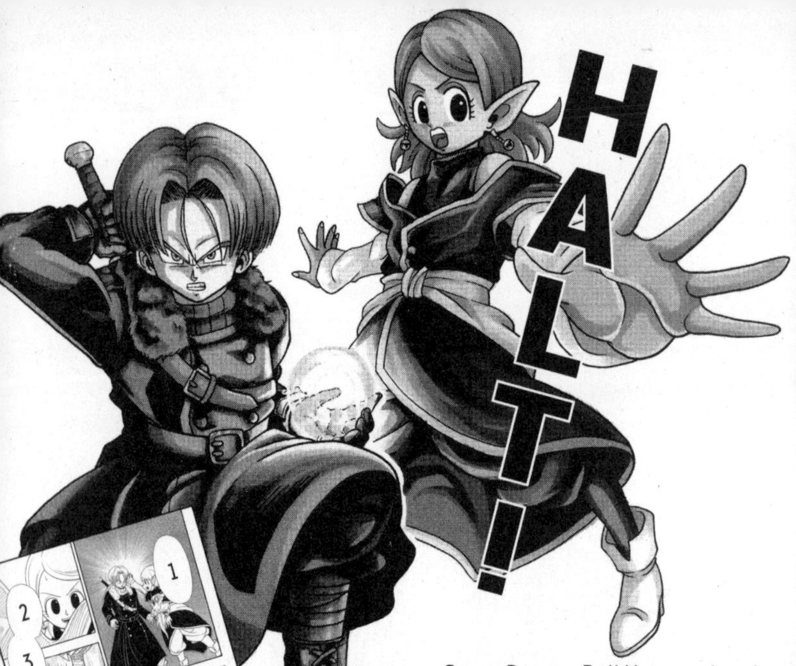

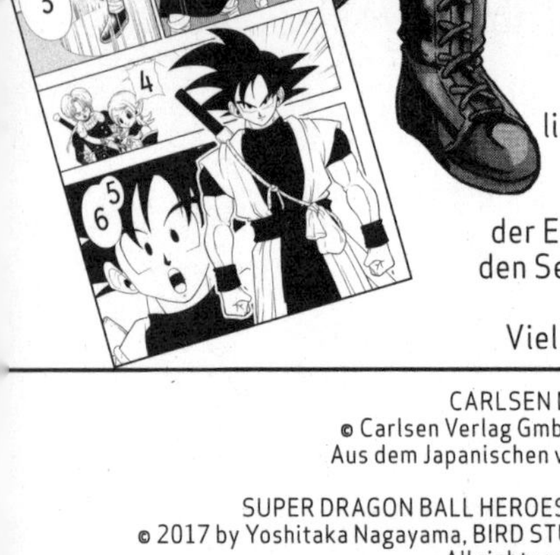

»Super Dragon Ball Heroes« ist eine japanische Serie, und in Japan wird von hinten nach vorn und von rechts nach links gelesen. Man schlägt diesen Manga also hinten auf und blättert ihn nach vorn durch. Auch die Bilderfolgen und der Erzähl- bzw. Lesefluss funktionieren auf den Seiten von rechts oben nach links unten – wie in der kleinen Grafik hier gezeigt. Viel Spass mit »Super Dragon Ball Heroes«!

CARLSEN MANGA

Aus dem Japanischen von Cordelia Suzuki

SUPER DRAGON BALL HEROES ANKOKU MAKAI MISSION!

First published in Japan in 2017 by SHUEISHA Inc., Tokyo.
German translation rights in Germany, Austria, Luxembourg and German-speaking Switzerland arranged by SHUEISHA Inc. through VME PLB SAS, France.
Redaktion: Petra Lohmann · Textbearbeitung: Steffen Haubner
Grafik: Sonnenfisch Production – Laura Bartels · Herstellung: Wiebke Düsedau
Alle deutschen Rechte vorbehalten · ISBN: 978-3-551-79822-0

Carlsen Manga! News –
jeden Monat neu per E-Mail!
www.carlsenmanga.de
www.carlsen.de

FSC www.fsc.org
MIX
Papier aus verantwortungsvollen Quellen
FSC® C083411